書目題跋叢書

藏園群書經眼録

（二）

史部 · 傅增湘 撰

中華書局

藏園羣書經眼録卷三

史 部 一

紀 傳 類

史記一百三十卷 漢司馬遷撰　褚少孫、唐司馬貞補

明黄之寀刻白文本。有黄筆朱筆墨筆評點，並録歸震州有光評點。
有跋録後：

"予舊有震川先生批本史記，乃蔣子遵太守家臨本，甲辰借臨一
過。後又從晉陵楊農先前輩家借所藏本覆校，蓋同出一本所臨
也。吳晚亭館丈語次言崔侍御家亦有震川批本，人多從借臨，蓋
崔君能不吝，以流布爲喜故耳。因轉借覆閱，頗有異同，其黄圈多
得肯綮。先生與王子敬小柬，子長大手筆多於黄圈識之。意先生
評本不一，兩本或非一時所閱，因別用此本臨之。丁未七月"

每册鈐汪由敦印二方。（余藏）

史記集解一百三十卷 漢司馬遷撰　劉宋裴駰集解

北宋刊遞修本，半葉十行，每行十九字，注雙行二十五六七字不等，
白口，左右雙闌。版心題史本紀幾或世家幾，下方記刊工姓名，有牛
賢、朱宗、朱保、石貴、印貴、安明、周成、吳安、吳圭、洪吉、何光、何
先、何立、陳信、陳忠、陳擇、陳昌、陳吉、陳宥、陳浩、陳言、吕吉、胡

恭、孫安、□安、張珪、張聚、張宣、張安、么珪、鄭璋、鄭彥、鄭安、許宗、許簡、許亮、趙昌、趙建、稽起、華連、湯立、凌安、郎政、沈成、沈誠、施元、楊琪、楊守、衛玉、徐雅、徐真、屠亨、屠式、屠室、屠聚、錢真、蔣宗、蓮、金、祥。以上爲原版。又牛實、牛可道、毛諫、毛諒、王惠、王琭、王華、王受、包正、史彥、江道、江通、阮于、宋倈、宋捄、宋榮、吳亮、吕堅、林英、胡滂、張敏、趙宗、俞忠、全、徐政、徐忠、徐昇、徐杲、徐高、徐從、孫勉、孫祥、劉中、劉閭、劉廷、劉延、陳晢、陳全、陳迎、陳彥、顧淵、顧忠、章珎、章楷、黄宇、黄暉、嚴端。以上補板。首卷首行題史記集解序，次行低八格題裴駰二字，三行序文起。序後接連正文，題五帝本紀第一，次行題史記一。以下各卷均大題在下，小題在上，每卷空一格標小題。

配南宋黄善夫刊本五卷，爲列傳四十一至四十五。半葉十行，每行十八字，注小字雙行二十三字，細黑口，左右雙闌，版心上記字數，左闌外記篇名，每卷小題在上，大題在下。

配元大德本九卷，爲本紀五六、世家十八至二十、二十二至二十五。半葉十行，每行二十二字，注雙行同，黑口，四周雙闌，版心上方右記饒學、或堯學、或饒路學、或路學、或堯泮、或錦江、或番學補刊等字，一面記字數，下方記刊工姓名。每卷小題在上，大題在下。

按：此書海内孤本，數百年來不見著録，余丁巳歲得於文奎堂書坊。微聞書出山右故家，賈人初獲時亦不無奢望，挾之遍扣京津諸藏書名家之門，咸斥爲南監爛版之最晚印本，歲餘無肯受者。遂漫置架底，任其塵封蠹蝕，乃爲余無意獲之，物有遇有不遇，信然！不然長安逐鹿者多，其價將十倍而未止，豈區區微力所克舉哉！沅叔。

史記集解一百三十卷　漢司馬遷撰　劉宋裴駰集解

北宋刊本，版匡高六寸六分，闊四寸五分，半葉十四行，行二十五至七字不等，注雙行，白口，左右雙闌，版心上記第幾册、本紀幾，中記葉數，下記刊工姓名。鈐有徐乾學藏印。

按：此本刻工極古朴，與端方藏百衲本史記第一種同。（常熟瞿氏鐵琴銅劍樓藏，乙卯八月三十日訪書虞山，見于罟里瞿宅）

史記集解一百三十卷 漢司馬遷撰 劉宋裴駰集解 存世家一至九，十四至十九，列傳二十一至四十一，四十九至七十，共得五十八卷

北宋刊本，半葉十四行，每行二十五至八字不等，白口，左右雙闌，板心下方偶有記刻工姓名者。注雙行三十三至五字。宋諱貞字不缺筆。

按：余昔年見端匋齋方藏宋百衲本史記為劉燕庭喜海故物，其中十四行本正是此刻，存者凡六十八卷，而與此不複者得二十九卷，合之已三分有二矣。（日本內藤虎藏，己巳十月二十八日奈良瓶花村恭仁山莊閱）

史記集解一百三十卷 漢司馬遷撰 劉宋裴駰集解 存六十七卷

△七一八〇

宋紹興間淮南路轉運司刊元明遞修本，大字，半葉九行，行十六字，注雙行二十至二十三四字不等，細黑口，左右雙闌。板心上記字數，在陽葉半面，下記刊工人名一二字，有王全、王佑、王華、宋寔、李彥、陳彥、楊謹、楊守道、華再興、戴佑、韓仔、戚聰旺等，其中最古樸之板皆不記字數，疑即原本矣。間有略圓活者，當是補版。別有極粗率者數葉，則恐元時再補矣。黃紙印。

又有數卷，亦九行十六字，字有鋒棱，若大觀瘦金體，白口，左右雙闌，版心魚尾上記字數居中。即世所稱之蜀大字本。有吳雲跋。（南潯劉翰怡承幹嘉業堂藏，乙卯九月三日見於滬上）

史記集解一百三十卷 漢司馬遷撰 劉宋裴駰集解 存二十九卷

宋淮南路轉運司刊本，大字，半葉九行，行十六字。亦號稱蜀大字本，而與上本相較刀口迥然不同，毫無含蓄之意，疑亦宋時翻刻矣。（甘翰臣藏書。癸丑）

史記集解一百三十卷 漢司馬遷撰 劉宋裴駰集解

宋紹興十年邵武東鄉朱中奉宅刊本，中版心，半葉十二行，每行二十二字，注雙行同。卷三十三以後半葉十三行，每行二十五六字不等。卷二十八內間有半葉十四行者，每行二十七至二十九字不等，注雙行三十六七字，白口左右雙闌。序文八行，每行十五字。目錄後有牌子三行，如下式：

　　邵武東鄉朱中奉宅
　　刊行校勘卽無訛舛
　　紹興庚申八月朔記

每葉鈐"蘭陵家藏書籍"朱文印，爲日本飛鳥井伯爵故物。

按：此本鐵畫銀鈎，字體彫工與瞿氏藏周易相類，是南渡初建本之精者。又，此書行欵前後不同，或有因此致疑者。然以余所見，宋刊監本纂圖重言重意互注禮記半葉十行十八字，卷十五以後則爲每行十九字。又見元刊音注全文春秋括例始末左傳句讀直解，半葉十二行二十一至二十四字，卷三以後有十三行十四行不等，并有縮至十一行者。宋元本間有如此者，不足怪也。（日本內藤虎氏藏書，己巳十月二十八日閱）

史記集解一百三十卷 漢司馬遷撰　劉宋裴駰集解　存序目、卷一至四、五十四至六十、八十七至九十五、一百一十三至一百一十八、一百二十至一百二十六，共三十三卷

宋刊元明遞修本，半葉十行，每行十八九字，注雙行二十七八字不等，白口，四周雙闌，版心上記大小字數，下記刊工姓名。元補板大黑口。明補板細黑口，板心上方記弘治三年，或有國子監三字，下方記監生某人。目錄後有元代刊補官銜名六行：

　"元統三年五月日刊補完成　儒司該吏高德懋樊道佑　所委監工鎮江路丹徒縣儒學教諭楊文龍　江浙等處儒學提舉司吏目阿里仁美登仕郎江浙等處儒學副提舉陳旅　承事郎江浙等處儒學提舉余謙。"

沈曾植氏跋云：

"南監集解向來校刊家不甚注意,余獨重視之,而苦無佳印本。今日與淳化本并几同觀,乃知此是淳化嫡子也。紹興九年詔下諸郡,索國子監元頒善本校對重刊,此其是歟?元統重修銜名亦有關考證者。寐翁。"

按:淳化本史記卽余所藏景祐本,此本行歀正同,而桓字已缺末筆,則沈寐叟所定爲紹興重刊殆無疑義矣。乙丑正月藏園主人記。(余藏)

史記集解一百三十卷 漢司馬遷撰　劉宋裴駰集解

明正德十年白鹿書院刊本,十行十九字,注雙行。前裴駰序,次三皇本紀,次目錄。本書首行題五帝本紀第一,次列五帝名五行,第七行頂格題史記一。

按:此書癸丑夏得于廠市,乃正德時九江白鹿書院刊本。序二葉已佚,自他本影補。楊鄰蘇老人守敬見此,詫爲難得,謂當與宋本同珍,爲書長跋於卷首。

史記集解一百三十卷 漢司馬遷撰　劉宋裴駰集解　缺卷八十至一百

明末毛氏汲古閣刊本。清葉樹廉臨明黃淳耀評點。有跋錄後:

"康熙壬子之歲建戌之月朔廿八日在京廎閱史記訖,其文深閎,不可猝究,止于句讀而已。樹廉。"

"乙卯冬十二月,借得嚴舜工所藏黃陶庵閱本,用黃筆謄訖。陶庵先生立節立義於此本評論見其梗概,奉讀之際,如見嚴師友焉。樸學齋葉樹廉。"

鈐有葉氏印記及嚴福、嚴普藏印。(余藏)

史記集解一百三十卷 漢司馬遷撰　劉宋裴駰集解　缺二十卷,共存一百一十卷

明寫本。皮紙,濶簾紋二寸許,鈔手極舊,恐在明初。九行十六字,注雙行二十字,是照宋淮南路轉運司刊本影寫者。有銜名兩行:

　　"左迪功郎充無爲軍軍學教授潘旦校對　右承直郎充淮南路轉運

　　司幹辦公事石蒙正監雕。"

此二行在曆書第四卷、表第八、列傳三十五、二十七、五十、六十六均

有。藍紙書衣，明代原裝。

缺卷如下：本紀五卷，卷三、四、九、十、十一。表二卷，卷一、二。世家十三

卷，卷三至八，十至十三，十七至十九，總計缺二十卷。（己未六月南游，文友堂魏

經腴函告，旋寄樣書來，因屬出重值收之）

忠謨謹按：此書別有跋，收入藏園羣書題記三集卷一。

史記索隱三十卷 唐司馬貞撰

汲古閣本。有舊人校。據題，綠筆以中統本校至十二卷止。十三卷

題云："以後校對同異均用朱筆照改"。卷首鈐有"宋本"二字印，似

朱筆爲宋本也。校例殊不明晰。鈐有"拜經樓"印。夾有松靄籤，錄

如下：

　　"擎齋學士于此書意在校版而不在校書，如臨之訛林也，泉之訛泉

　　也，授之訛受放之訛效也，裔與允之均屬避諱也，⺃爲古互字，但

　　當改點而不必竟改互也。此類未正難以悉數，隨舉數條，觀者當

　　自得之。壬寅重九日。"（庚午十月二十四日收自韓左泉手。價一百元）

史記集解索隱一百三十卷 漢司馬遷撰　劉宋裴駰集解　唐司馬貞索隱

△八四四

宋乾道七年建安蔡夢弼東塾刊本，半葉十二行，行二十二字，注雙行

二十八字，白口，左右雙闌，版心雙魚尾，下魚尾下記葉數。首史記

索隱序，十二行二十一二字不等，四周雙闌。本書首葉第一行"三

皇本紀第一上"，下空五格，題"史記一上"，次行低四格題"小司馬氏

撰并注"。卷末空一行頂格題"三皇本紀第一上"，下空六格，題"史

記一上"。後空一行，空四格題：

　　建谿蔡夢弼傅卿親校刻梓於東
　　塾時歲乾道七月春王正上日書

序後空一行題：

建安蔡夢弼傅卿謹案京
蜀諸本校理真梓於東塾

六國表、秦楚之際月表，漢興以來諸侯年表、樂書、曆書後亦均有此二行。目錄後有一行，文曰：

三峰樵隱蔡夢弼傅卿校正

五帝本紀後有二行，文曰：

建谿三峰蔡夢弼傅卿
親校謹刻梓於望道亭

周本紀後同。殷本紀後有二行，文曰：

建谿三峰樵隱蔡夢弼
傅卿親校刻梓於東塾

按：此書刻工勁秀，南宋初建本之精者，史記集解索隱合刻者以此爲最早。楊氏海源閣四經四史之一，辛未三月十三日觀於天津鹽業銀行庫房。

史記集解索隱一百三十卷 漢司馬遷撰　劉宋裴駰集解　唐司馬貞索隱

宋淳熙三年張杅桐川郡齋刊淳熙八年耿補刊本，半葉十二行，行二十三四五六字不等，注雙行二十七字，細黑口，四周單闌。前集解序，大字九行十六字。次目錄，題大字“史記目錄”，分帝紀、年表、八書、世家、列傳，各自爲卷第。如年表十卷下題“第一卷，三代年表”。避宋諱不甚謹。字體瘦勁，與余藏小字通鑑同，蓋浙本之早者。每卷標題小題在上，大題在下。間有鈔補之葉，亦明人手筆。

藏印如下：

“劉氏家藏”白、“漢王孫”白、“毛扆之印”白、“斧季”朱、“中吳毛斧季圖書記”朱、“毛斧季收藏印”朱、“毛氏藏書子孫永寶”朱文大印、“汲古閣藏書記”朱、“毛子九讀書記”朱、“毛晉”朱、“子九氏”朱、“毛鳳苞印”朱白文、“子晉氏”朱白文、“汲古閣”朱文大印、“毛扆”朱、“慶澤流芳”白、“汝和”朱、“友荆”白、此三印甚古。“宋本”朱、“汪士鐘印”白、“民部尚書郎”

朱、"閬源審定"白、"汪"朱、"文琛"白、"臣印文琛"。

楹書隅録以爲淳熙丙申廣漢張杅守桐川時用蜀小字本重雕者。

又,内有配本三卷,本紀五至七卷。宋刊巾箱本,十四行二十八字,注雙行三十二字,白口,左右雙闌,版心下方記刊工姓名。鈐有"敬之"朱文大印,極古舊。(甲戌九月十二日見於陶蘭泉所)

史記集解索隱一百三十卷 　漢司馬遷撰　　劉宋裴駰集解　　唐司馬貞索隱

存本紀卷八至十二;表一至三,六至十;書一至四,六至八;世家八至三十;列傳一至五十六,計九十九卷

宋淳熙三年丙申張杅桐川郡齋刊淳熙八年辛丑耿秉補刊本,半葉十二行,每行三十五字,注雙行同,白口,左右雙闌。版心記字數及刊工姓名,可辨者有吕祜、李幾、李英、李良、張明、高彦、徐喆、徐榮、徐忠、宋端、供坦、章忠、章珍、昌彦諸人。避宋諱至慎字止。前有淳熙辛丑耿秉序,淳熙丙申張杅序,蓋張杅初刻於桐川,削去褚少孫補書。耿秉爲郡,復以褚書依次補刊集解之後,繼以索隱,而無正義。此卽錢曾欲求其書不可得者。陸心源跋謂以校王、柯、毛本及武英殿本,均有勝處,集解索隱糾正尤多,洵異書也。

按:此本向所未見,密行細字,體格方整而堅實,與紹興兩浙東路茶鹽司刊本通鑑相類,補版則纖弱矣。前後序皆鈔補。黄丕烈舊藏,而題跋無之,百宋一廛賦亦不及,豈晚收者耶!(日本静嘉堂藏書,己巳十一月十三日閲)

史記集解索隱一百三十卷 　漢司馬遷撰　　劉宋裴駰集解　　唐司馬貞索隱

年表七鈔配,八、九以汪諒本補　　　　　　　　　　　△五二三五

蒙古中統段子成刊本,半葉十四行,行二十五字,注雙行同,白口,四周雙闌。版心上記字數,下記人名一字,左闌外上記篇名。前有中統二年校理董蒲序。十行十六七字。間有補板,則黑口,無版心字數。藏印列下方:

"澹生堂經籍記"朱、"曠翁手識"白、"山陰祁氏藏書之章"、"春湖書

齋"朱、"天目書堂"朱、"欣遇草堂之章"、"惠階校閲"朱。

按：楹書隅録載此本，闌外不記篇名，錢警石所舉誤脱字皆不誤，是別一刻本，且序文中統上加皇元二字，尤爲翻刻之證。此帙則真中統本也，與錢氏所記皆合。（辛未三月十日董廉之送閲，旋以一千一百五十元收之）

史記集解索隱一百三十卷 <small>漢司馬遷撰　劉宋裴駰集解　唐司馬貞索隱</small>

蒙古中統二年平陽道段子成刊本，半葉十四行，行二十五字，白口，四周雙闌，版心上記字數，下記刊工人名，左闌外有耳記篇名。間有補版，則黑口單闌，闌外無耳，無刊工人名。

鈐"古瓦山房尤氏珍藏印"。（癸丑）

史記集解索隱一百三十卷 <small>漢司馬遷撰　劉宋裴駰集解　唐司馬貞索隱</small>

明刊本，半葉十四行，行二十五字，注雙行同，黑口四周雙闌。前有中統二年歲在辛酉季春望日校理董浦序。十行十八字，後半葉鈔補七行。有集解索隱注，無正義。前有楊紹和手跋，録如後：

"錢曉徵詹事養新録記所見史記舊槧，一宋乾道蔡傅卿本，一宋淳熙耿直之本，一元中統本，云海寧吳槎客藏，計其時亦在南宋之季。嘉興錢警石丈校史記雜識中亦有中統本，稱假自拜經樓，蓋即詹事所見之本也。予於吳本未得目驗，錢校曾録副藏之。此本首載中統二年校理董浦序，與吳本同，然核之錢丈雜識殊歧異。雜識謂猶避宋諱，此本則否。又每葉末行外上角標題篇名，此本亦無之。至田敬仲世家標題後齊世家，尤錢丈所譏爲臆造，此本並不誤。且以校本勘對，合者固十九，而所謂譌者脱者此本多不譌不脱，<small>如五帝紀登熊湘，注益陽縣譌益縣耳。夏本紀以出入五言女聽，脱聽字之類，不勝枚舉。</small>判然出於兩刻。予按中統二年其時尚稱蒙古，迨至元八年十一月始改國號曰元，董浦序中統上署皇元二字，自是後人追改，必非段氏原刊之舊。顧追改者既稱皇元，則猶是元翻可知。由是推之，吳本與此皆元代從段刊重雕之本，故於雜識所云密行細字大致略同，特此本已補填宋諱，校讐之功復加審耳。詹事直以吳本刊於中統時，則非也。予又藏有建陽尹覆本，標題欵式全經竄易，望而知爲明人陋版，愈證此本的屬元槧無疑矣。蔡、耿兩本詹事所見者俱歸余齋，因並以此附之，俾相鼎峙云。彦和主人記，時甲子仲秋。"

按：余昔年曾收得中統本史記全帙，其字體方整，氣息樸厚，版式略爲狹長，與此大不類，余以爲乃真中統本，故其體格尚與宋刊相近。若此本字體散漫，刻工草率，決爲明覆本無疑。余別藏有明正統時游明刻本，持與此本相較，其版式刊工正同，則決爲游明本可知矣。楊氏未見真中統本，故其言游移不決如此也。藏園。（藻玉堂送閱。己卯十一月二十八日）

史記集解索隱正義一百三十卷 漢司馬遷撰　劉宋裴駰集解　唐司馬貞索隱　張守節正義　存河渠書、平準書，計二卷

宋刊本，半葉十行，每行十八字。細黑口，左右雙闌，版心上魚尾下記"史記河書七"，或"河書七"，左闌外標"河渠書"三字。

按：是書精雕初印，稜角峭厲，是建本之最精者，卽黃善夫本也。張菊生元濟前輩曾於正文齋收得殘帙，凡六十九卷。是田伏侯獲自東瀛者。此册前有"妙覺寺常住□典"楷書朱文木記，正與張本同，知此卷又殘帙之餘也。乙卯夏袁抱存克文舉是帙相貽，余別以紹熙四年吳炎刊本東萊標註老泉先生文集一卷報之。乙丑春日藏園記。

史記集解索隱正義一百三十卷 漢司馬遷撰　劉宋裴駰集解　唐司馬貞索隱　張守節正義　卷一一七至一二二配中統二年段子成刊本

△一一二七九

元至元二十五年彭寅翁崇道精舍刊本，半葉十行，行二十一字，注雙行同，黑口，左右雙闌，版心下記字數，闌外有耳。目錄九行，大字。目後有隸書牌子二行，文曰：

> 安成郡彭寅翁
> 栞於崇道精舍

十二諸侯年表後有牌子二行，文曰：

> 安成郡彭寅
> 翁鼎新刊行

按：史記舊刻宋本傳世者，檢各家目録及余所目覩者，可得十餘種，而元刻傳世者轉絶罕，自中統段子成本、九路本外，惟此彭寅翁本。然中統二年當宋景定二年，尚未建號爲元，故世謂之蒙古本，未可降與元本等，則世傳元刊祇九路及彭氏二本耳。九路本余祇存殘本二十卷，十行二十二字，刊於上饒。此外舉世未聞藏全帙者。彭氏本流傳亦稀，余生平所見常熟瞿氏有七十七卷，即張氏愛日精廬舊藏。沈子培曾植藏二十餘卷，廬江劉惠之藏一部。配入別本數卷。此本順德李苟農先生文田舊藏，其孫棪携携之北來，以蟲傷水泡，決計捨去。余以千金獲之，因屬良工精心補綴，閱一年有半而始就。整潔明净，焕然改觀矣。"（己卯）

忠謨謹按：此書有跋，收入藏園羣書題記三集卷一。

史記集解索隱正義一百三十卷 漢司馬遷撰　劉宋裴駰集解　唐司馬貞索

隱　張守節正義　存卷二至六、四十六至七、五十至五十五、六十六至七、九十二至四、九十七至一百四、一百十一至十二，計二十三卷，十一册

元刊本，十行二十一字，版心上記字數間有在下者。及"史卷幾"。

按：此書沈子培曾植藏，號爲宋刊，余告以實元彭寅翁崇道精合刊本。瞿氏藏有殘本，余嘗獲見。（癸丑）

史記集解索隱正義一百三十卷 漢司馬遷撰　劉宋裴駰集解　唐司馬貞索

隱　張守節正義

明正德十二年廖鎧刊本，十行十八字，注雙行二十三四字，細黑口，左右雙闌。版心上方記每册葉數總號，中記"史記夏紀幾"或"傳幾"，下記本卷葉數，闌外記篇名。標題小題在上，大題在下。卷末

記本卷史計若干字,注計若干字,一切行欵均與王延喆本同,疑亦從
黃善夫本出也。前有正德十二年閩中廖鎧序:

"太史公作史記百三十篇,繇黃帝以降,訖于孝武之世,凡傳記之
所故載,靡有遺矣。然學者多尊師其文而莫得其書,有志之士憾
焉!予曩游南都,觀國子之所積,則年歲久遠,琬琰刓蝕,蓋自中
統抵今,翻刻者尠,是以良本廢蝕,闕漏罔稽,魚魯益繁,豕亥靡
擇,斯固士大夫之責爾矣。於是困心衡慮,博采旁搜,十有餘年,
始得斯本,若獲鳳麟,奚但拱璧。乙亥冬,隨侍家伯出鎮關西,遂
謀于梓,用暢夙懷。然其所有則但紀、表、世、傳,而八書逸焉。間
雖補之縉紳所藏,則訛文已甚,脫簡彌滋。於是殫心窮思,日就月
將,參眂羣册、斷擬至理,頗若苟完斯典,不墜前聞。自丙子三月
至此,踰歲刻成,咸謂當有以志所由來,故輒爾漫及,匪隙微效,第
永茲文。若夫孟堅所論,龍駒所稱,則自有博雅君子折衷於聖人
之道,而是非得失固難以一人之言盡萬世之論者也。至於黃老之
談,蓋當時所尚,行已有徵,非先之也。其云善敍事理,辯而不華,
質而不俚,文直事核,不虛美,不隱惡,斯可爲名言實錄矣。夫列
傳先夷齊而後管晏,所以尊高節而賤功名也。老莊申韓至同傳
焉,其意云何?小司馬思欲續成先志,乃謂靜躁不同,德刑斯舛,
遠近乖張,詞義踦駁,欲柱史共漆園同傳,公子與商君並列,則所
以云慘礉少恩,皆原於道德之意,而老子深遠矣者,豈未嘗熟讀而
深思耶!蓋既成一家之言耳,安能悉合於衆人之意!鄙諺有云:
'閉門造車、出門合轍',難矣哉!難矣哉!
正德十二年丁丑秋七月甲午閩中廖鎧序"(己巳)

史記集解索隱正義一百三十卷　漢司馬遷撰　劉宋裴駰集解　唐司馬貞索隱　張守節正義

明嘉靖四年金臺汪諒刊本。十行十八字,白口,左右雙闌。每卷首
小題在上,大題在下,與震澤王氏本及秦藩本同,所微異者,大題在

下，以小字旁書。首行有"莆田柯維熊校正"七字。目錄後有牌子二行，文曰：

> 明嘉靖四年乙酉
> 金臺汪諒氏刊行

前有嘉靖四年鉛山費懋中序，後有六年柯維熊跋。費序稱諒得舊本重刻，懇大行人柯君徵奇遍求諸家舊本，參互考定，歷兩歲而始就，視陝西之刻尤號精絶。又言陝西本正義無封禪、河渠、平準三書，柯君悉爲增入云云。

按：費序所稱陝西本即正德十二年廖鎧刊本。此本行欵與黃善夫本同，與王本、秦藩本亦同，當出一源。余嘗取與王本互校，可補王本脫文多條，視王本爲善。然合宋元諸本參之，則汪本誤處亦正不尠。余別有跋詳之，此不贅。（丙子九月）

忠謨謹按：此跋收入藏園羣書題記三集卷一。

史記集解索隱正義一百三十卷 漢司馬遷撰　劉宋裴駰集解　唐司馬貞索隱　張守節正義

明嘉靖四至六年震澤王延喆刊本，十行十八字，注雙行二十三字，白口，左右雙闌。前史記集解序，大字九行十五字，注雙行二十字。序後有隸書牌子，文曰：

> 震澤王氏刻于
> 恩褒四世之堂

目後有篆書牌子，文曰：

> 震澤王
> 氏刻梓

索隱序後有王延喆識語七行，文曰：

> 延喆不敏，嘗聞於　先文恪公曰：國語、左
> 傳經之翼也，遷史、班書史之良也。今吳中
> 刻左傳，郢中刻國語，閩中刻漢書，而史記

尚未板行。延喆因取舊藏宋刊史記重加

校讐，翻刻於家塾，與三書並行於世。工始

嘉靖乙酉臘月；迄於丁亥之三月。林屋山

人王延喆識於七十二峯深處。

鈐有"盧氏藏書"、"盧文弨印"、"紹弓氏"、"抱經堂印"、"文弨讀過"
諸印。

按：此書與宋黃善夫本史記行欵悉合，知所據正黃氏本。然取與對
勘，各卷正義奪佚者有周本紀、孝武本紀以下凡十條一百七十六字，
疑王氏所據底本有殘佚也。然取校清武英殿本，其可以補正者仍有
集解三十五條，不全者七條；索隱二十五條，不同者十九條；正義五
十二條，不全者四十八條；是不失爲善本也。（余藏）

忠謨謹按：此書有跋，收入藏園羣書題記續集卷一。

史記集解索隱正義一百三十卷 漢司馬遷撰　劉宋裴駰集解　唐司馬貞索隱　張守節正義

明嘉靖十三年秦藩朱惟焯刻嘉靖二十九年重修本，十行十八字，注
雙行二十三字，白口，左右雙闌。版心魚尾下題"史記五帝紀一"，下
題"天"、"地"等字，爲每帙之號。每卷後記"史計若干字"，"註若干
字"。前嘉靖甲午秦藩鑒抑道人序，次嘉靖庚戌秦藩允中道人序。
首集解序，次補史記序，次索隱序，次正義序，次史記正義論例諡法
解，次目錄，次三皇本紀。本書首行題"五帝本紀第一"，下題"史記
一"。後有嘉靖甲午陝西布政使黃臣跋。（余藏）

史記集解索隱正義一百三十卷 漢司馬遷撰　劉宋裴駰集解　唐司馬貞索隱　張守節正義

明刊本，十行十八字，注雙行二十三字，白口，雙闌，左闌外有耳記篇
名。每卷標題小題在上，大題在下。此本與王本同式，第闌外有耳
爲足異耳。

秦本紀第三十一葉索隱脱文與王本同。（海源閣楊氏書。癸酉）

史記集解索隱正義一百三十卷 漢司馬遷撰　劉宋裴駰集解　唐司馬貞索

隱　張守節正義

日本古活字本,八行十七字,注雙行同。每卷大題在下,索隱已列入
注中,是亦非從北宋本出矣。然列傳首老子伯夷同爲第一,與余藏
北宋本同,或從宋代別刻出耶! 竢再考之。(丁卯九月十日地安門外冷攤
收得,九十六元)

史記一百三十卷 漢司馬遷撰　劉宋裴駰集解　唐司馬貞索隱　張守節正義

諸本合配,存八十卷

各種版本具列下方:

宋淮南路轉運司刊本:九行十六字,注雙行二十或二十一字,白口,
左右雙闌,版心上記字數,下記刊工姓名。間有元代補葉,則多黑口
矣。存卷如下:

世家一至六、九、十八至二十、二十二至二十五、二十七至三十,列傳十二至二十
三、三十三至三十七、六十七至七十,計三十九卷。

宋黃善夫家塾刊本:十行十八字,注雙行二十三字,細黑口,左右雙
闌,闌外記篇名。卷後記字數,版心間記字數。存卷如下:

世家五至八,計四卷。

蒙古中統二年段子成刊本:十四行二十五字,白口,四周雙闌,左闌
外有耳。存卷如下:

表三,列傳三十至三十二,計四卷。

元至元二十五年彭寅翁崇道精舍刊本:十行二十一字,注雙行同,黑
口,左右雙闌,闌外記篇名,版心上下記字數。存卷如下:

本紀四,列傳二十四至二十九,計七卷。

元大德九路本:十行二十二字,注雙行同,黑口,四周雙闌,版心記
"鐃學"、"路學"、"番學"、"樂平"、"錦江"、"平州"等字。上記字數,
下記刊工姓名。存卷如下:

本紀五,表四、五,書一至八,世家十八、十九、二十一、二十六,列傳一至十

一,計二十六卷。

鈐有"商丘宋犖收藏善本"、"緯簫草堂藏書記"朱文印。在黃善夫本上有"許氏德華"、"何憲真章"白、"悅菴"三印。(辛未三月初十、董廉之送閲,以一千四百元收之)

忠謨謹按:此書有跋,收入藏園羣書題記續集卷一。

史記大全一百三十卷

明正德建寧府刊本,十行二十字,黑口雙闌,版心上作史記卷之第幾,某紀傳,幾葉。每句加小圈,國號及注中某人曰皆加圓圈以別之。前有中統二年董浦序。卷末有木記,錄如後:

"正德十六年十一月内蒙建寧府知府張、邵武府同知鄒同校正過史記大全,計改差訛二百四十五字。書户劉洪改刻"

按:此本在申江見過,楊惺吾認爲宋板。津門李木齋先生藏一部,並此而三矣。木齋藏本將正德年號挖去,下存建寧府校正刊行一行,又篇中小圈及圓圈均刊落淨盡,此本尚存,則固初印也。查此本五卷以後亦無圈圍,則初刊卽惡其不雅而去之矣。惟卷中最荒謬者則將篇第妄加移改。如第三十一卷以後,世家分同姓異姓諸侯爲次,而原次亂矣。齊世家以後卽次以外戚傳、宗室傳,而孔子轉在伯夷傳之後。其他紊亂糾紛不可枚舉,蓋卽楹書隅錄所謂明建陽尹之陋本也。沅叔。

史記題評一百三十卷　明李元陽輯訂　高世魁校正

明嘉靖十六年胡有恒、胡瑞敦刊本,九行二十字,白口,左右雙闌,版心記人名,闌上有諸儒評語。末卷刊有牌記一行,文曰:

"嘉靖十六年丁酉福州府知府胡有恒同知胡瑞敦雕。"(文友堂見。癸丑)

史記題評一百三十卷　明楊慎李元陽輯訂　高世魁校正

明嘉靖十六年胡有恒、胡瑞敦刊本,九行二十字,注雙行,闌上列諸家評語。莫友芝跋云:

"史記題評一百三十卷，嘉靖十六年丁酉太和李元陽中谿按閩所刊，亦具三家註，惟索隱述贊不録。而集諸家評語於書眉，其不係名氏者則中谿説也。其每卷題明李元陽輯訂、高世魁校正，亦有不題者，亦有數卷李元陽上增題楊慎名者。升庵讁戍太和，惟中谿爲至交，此本蓋即升菴輯本，因增益以付雕，故題云爾。明人好尚評論，是書刻有評者蓋昉於此，後凌稚隆爲評林則又因此增益。同治庚午暮春鄂肆收此，以見一代風尚之由。邵亭長記。"（己未）

史記一百三十卷

明張守約刊本，題"大明巡按廣東監察御史張守約重修"。九行二十一字，上有評語，當是史記題評之變名耳。（癸丑）

史記評林一百三十卷　明凌稚隆輯

錢警石先生泰吉校本，有道光辛丑、壬寅、戊申歷次手記，用朱、紫、黃、墨各色校筆。甲辰、咸豐丙辰、己未、庚申。據校各本如下：中統本、游明本、震澤王氏本、汪諒本、秦藩本、汲古本、文瀾閣本、武英殿本、明南雍本、明正德本、慎獨齋。葉石君樹廉校王本。

校勘極細，眉上行間蠅頭小字殆滿。詳視之仍是過録也。

丁丑九月十七日文友堂送閲，記此還之。

史記注補正不分卷　清方苞撰

舊寫本。　有"劉氏晚睅閣收藏圖書印"。（壬戌滬市見）

古史六十卷　宋蘇轍撰

宋刊本，半葉十一行，每行二十二字，注雙行同，白口，左右雙闌。版心上記字數，下記刊工姓名，版心題"古史本紀幾"，或"世家幾"，每卷以數目記數，全書更以千字文一字通記於上方。宋諱避至桓字止，慎字不避。當是紹興時刊本。間有補版，在明正德以前。首自序，不題名氏，次總目，計本紀七，世家十六、列傳三十七。本書小題在上，大題在下。

收藏鈐有"陸沆字冰篁"、"陸僎字樹蘭"、"吳中陸敬字儼若號爽泉所藏"、"平原敬印"、"思原齋收藏"、"陸沆之印"、"靖伯氏"等印。（丁巳歲收得）

古史六十卷　宋蘇轍撰

宋衢州小字本，十四行二十四字，黑口，四周雙闌。與余藏殘本同。何子貞紹基手書雁湖李氏跋一則。葉定侯啟勳撰題識，攷訂甚詳。（甲戌四月十六日觀於長沙葉定侯家）

南史八十卷　唐李延壽撰　存卷二十至二十六又目錄一卷凡五卷

宋刊本，每半葉九行，每行十八字，白口，左右雙闌。版心不記字數，下方列刊工姓名，有王恭、吳棠、金彥、金敦、余政、徐通、徐遺、徐逵、姜仲、李紹、李忠、周彥、何彥、朱貴、張明、張定、張暉、翁祐、彥文、字、宥、宣、憲、永、顯、昌、茂、方等人。無補板。宋諱敬、玄、朗、匡、胤、炅、貞、弘、桓、構、慎均缺末筆，是孝宗時刊本。目錄第二行低七格題"李延壽"三字，第三行低一格書"凡八十卷"四字，第四五行低二格書"本紀十卷，列傳七十卷"，第六行頂格書"宋本紀上第一"，空三格書"南史一"。本書小題在上，大題在下。每卷前目錄接連正文。收藏有"金澤文庫"楷書長方大墨記。

按：此書各家目錄不載，海內孤本，紙如玉版，墨光如漆，宋刊宋印，蓋宋時傳入東瀛者。歲丁巳，日本田中慶太郎寄京重裝，因以善價收之。沅叔。

南史八十卷　唐李延壽撰　卷七十九、八十配南監本

元大德十年刊本，十行二十二字，白口，四周雙闌，版心上方間記字數，下記刊工姓名。補版則大黑口，字體潦草。每卷首行小題在上，大題在下。鈐有"恩福堂藏書記"一印。（海源閣遺籍，庚午歲收得）

北史一百卷　唐李延壽撰　存卷二、六至十八、二十至二十九、三十一至八十、九十三至九十八、一百，計八十一卷

宋刊本，版匡高六寸八分，寬四寸二分，半葉十行，每行十八字，細黑

口，左右雙闌，版心記字數，左闌外有耳記篇名。避宋諱至敦字止。鈐有"季振宜藏書"等印。

按：此本字體挺秀而稜角峭厲，與余藏百衲本通鑑之大字建本酷肖。陸心源以毛本校之，補正數十條，改字至千餘，可云善本。考各家書目，南北史著録者多爲元本，宋本乃絕少見。余藏有南史四卷，半葉九行十八字，宋刊宋印，與此書皆海内孤帙也。閱者勿以殘缺而忽視之。（日本靜嘉堂文庫藏書，己巳十一月十三日閱）

北史一百卷　唐李延壽撰

元大德間信州路儒學刊本，十行二十二字，黑口，四周雙闌，版心下方間記刊工姓名，上方陽葉記刊書地名，陰葉記字數。地名有"信州路儒學刊"、卷一至五十，有方治、周益、周己千、周之冕、孫粹然校正等字。"信州路象山書院刊"、卷五十一至七十二。"藍山書院刊"、卷七十三至八十。"信州路道一書院刊"、卷八十一至八十三，有楊遂校正嘉則遷校正、陳志仁校正等字。"玉山縣學刊"、卷八十四至九十，有鄭道寧王烈校正等字。"永豐儒學刊"、卷九十一至九十三。"弋陽縣學刊"、卷九十四至九十六。"上饒縣學刊"、卷九十七至九十八。"貴溪縣學刊"、卷九十九至一百。"稼軒書院刊"等。

鈐有"季振宜藏書"、"恩福堂藏書記"等印。（海源閣遺籍，庚午歲收得）

北史一百卷　唐李延壽撰　存列傳第九、二十六至八、八十三、八十四，計七卷

明初刊本，卷中夾有元刊只數葉，十行二十二字，大黑口，左右雙闌，小題在下，大題在上，版心間有刻工姓名。二十六七卷尾有方治、周益、周之冕、陳莘校正一行。每卷鈐有"王獻臣印"、"王氏圖書"、"子孫永保之"、"虞性堂書畫印"各印。

此書揚州文海樓送閱，爲明初刊初印本，缺葉配元刊本。明本大黑口，元本細黑口，記葉數處上下魚尾亦不同。前日在上海蟬隱廬見北史數十帙，亦有各印，聞是江北某氏分家，遂離析如此，可歎！（己未見，已收）

南北史合注一百九十一卷 _{明李清撰}　　　　李□八六三九

　　　　興化李　清映碧甫註
　　舊寫本。題益都馮　溥易齋甫參
　　　　江　汪懋麟蛟門

仿裴松之注三國例。末有敍傳一篇。

鈐有：“經農生手校本”朱長方、“譙國戴氏藏書記”朱長方、“文燈私印”朱方、“一字晦叔”朱方諸印。（李木齋先生藏。壬子）

南北史合注一百九十一卷 _{明李清撰}

清四庫全書館寫本，前有館臣提要。清病南北諸史冗雜，乃博采羣書，考定異同，以成此書，當時推爲鴻箸。乾隆時曾收入四庫，旋以他故，與所撰不知姓名錄同時被絀。前歲議印四庫珍本。余力主付印，其時撤出之書尚存，詳加檢理，頗有殘佚，緣是中止，時引爲憾。今忽見此本，朱闌楷字，完整如新，提要及諸璽具存，知爲七閣繕本之一，亟以善價收之。沅叔。

忠謨謹按：此書有跋，收入藏園羣書題記三集卷一。

舊五代史一百五十卷目錄二卷 _{宋薛居正等撰　清邵晉涵等輯}

舊寫本，從永樂大典抄出。（盛伯義遺書。壬子）

舊五代史一百五十卷目錄二卷 _{宋薛居正等撰　清邵晉涵等輯}

清乾隆四十七年壬寅寫本，有“乾隆壬寅二月鈔，菂亭”，題記一行。

案：彭芸楣元瑞云：舊五代史四庫全書本逐葉條註明大典卷數，知其存缺章句，不沒其實。後武英殿鋟本删盡之，曾屢爭之，而總裁不見聽，而薛氏真面目不可識矣，云云。余初意以爲殿本第删去所註卷數耳，欲求一本以證之，數年來不可得。壬子秋，意園盛氏藏籍散出，同年鄧孝先邦述以重金購得一鈔本，其逐條註大典卷數，誠如彭公所云。既而章君式之假得，與刻本對勘，乃知書中改易删節殆不可計，式之盡兩三月之功，寫數萬言乃畢之，於是始知鈔本之足貴而芸楣所言猶未盡也。今春四明盧氏抱經樓藏書捆載至海上，余知其有是書，亟探問之，則已隨殿本全史去矣。九月南游至蘇州，欣賞齋徐崧甫出此本相示，亟以善價收之。丙辰冬至前一日。沅叔記。

五代史記七十四卷 宋歐陽修撰徐無黨注　存目錄一卷、帝紀一至十二，凡十二卷

宋刊本，半葉十二行，每行二十二字，註雙行二十五至二十八字。白口，左右雙闌，版心下魚尾下記刊工姓名，又下記字數。刊工可辨者有王日知、王受、吳世榮、吳小二、宋元、高安禮、高安道、蔡信、蔡侃、吳信、徐信、高智、羅昇、熊煥等人。宋諱弘、殷、敬、匡、胤、玄、貞、戌等均缺末筆。

收藏鈐有"榮觀堂"朱文大方印。

按：五代史記宋刻本存於世者尚有慶元五年刊本，有"慶元三年魯郡曾三異校定"一行，瞿氏、丁氏及北京圖書館皆有之。丙辰歲余亦從吳門收得一部，半葉十行十八字。又有小字本，十二行二十一至四字不等，舊爲楊惺吾守敬所藏，今歸劉聚卿世珩家，楊氏號稱北宋本明印，殊不足據，要是宋季所刊耳。此本字體古健，版式寬展，審其刻工，蔡侃紹興二十二年曾刻撫州本謝幼槃集，高安道曾刻撫州本禮記，當爲南渡初撫州刊本，爲歐史現存第一刻，良足珍也。沅叔。（壬戌歲收自文友堂）

忠謨謹按：此書別有跋，收入藏園羣書題記初集卷一。

癸亥正月又見卷十四、十五二卷，皆初印。刊工有吳小二、王三立、吳受、高智廣諸人。又見卷四十三至四十六，四十八至五十，計七卷，補刻之板已居八九，寫刻俱草草，避諱亦不謹嚴矣。（李木齋先生收去）

五代史記七十四卷 宋歐陽修撰　徐無黨注

宋刊本，半葉十行，行十八字，間有十九字者。白口，左右雙闌。版心上魚尾下記"五代史幾"，上記大小字數，下記刊工姓名，有王榮、愛之、子明、君粹、仲齋、汝善、國賓、埜卿、德甫、秀實、興宗、國用、呂善、程

元、天、謙、粹、成、仲、希、德、亨、祥、正、茂、榮、文、遠、壽、用、徐興、枝、祐、青、山、志、中等。左闌外有耳，記"某紀"、"某傳"等字。卷三十七、三十八、七十二至七十四卷無耳。宋諱貞、恒、桓、慎、讓、朗、玄、煦、構均爲字不成，然亦有不盡避者。卷十八後有"慶元五年魯郡曾三異校定"一行，卷二十三、二十四、三十四、五十七、五十八各卷後刊"魯郡曾三異校定"或作校正一行。卷三十三卷以後竹紙印。序目鈔補七葉，卅五卷後鈔一葉，五十九卷後鈔一葉，六十卷鈔三四兩葉，七十四卷鈔十二葉。

按：此書江南圖書館及常熟瞿氏均有之，余曾檢閱，都非初印，江南本補板尤多，糢糊特甚。北京圖書館所藏乃內閣大庫舊儲，蝶裝精印，而存者只三十八卷，求如此完好整潔者殆不易得。丙辰九月獲之上海來青閣，云出寧波舊家。又按：詳檢全書，僅卷一首數葉闌外無耳者宋刊，餘均元刊。前後紙色不一，疑是配成者。

五代史記七十四卷　宋歐陽修撰　徐無黨注

元宗文書院刊本，十行二十二字，黑口，單闌，版心上記字數，下記人名。卷末有"宗文書院刊"五字。鈐有"蔣維基印"、"茹古主人"二印。（吳印臣藏書，後售之文友堂）

五代史記七十四卷　宋歐陽修撰，徐無黨注

元刊本，十行二十二字。抄配三冊。（海虞瞿氏書，索五百元。辛酉）

五代史記七十四卷　宋歐陽修撰　徐無黨注

明嘉靖間汪文盛刊本，半葉十二行二十二字。（癸丑）

以上通代

漢書注一百卷　漢班固撰　唐顏師古注　　　△九五九二

北宋景祐刊本，半葉十行，行十九字，注雙行二十五六字。白口，左右雙闌，版心上魚尾下記"前漢紀傳幾"，次記葉數，下記刊工姓名。有黃丕烈、顧廣圻跋。又倪瓚跋。不真。鈐有毛氏汲古閣、季振宜、

徐乾學、黃丕烈、汪士鐘藏印。(常熟瞿氏鐵琴銅劍樓藏，乙卯八月見於罟里瞿宅)

漢書注一百卷　漢班固撰　唐顔師古注

宋紹興湖北提舉茶鹽司刊本，版匡高七寸三分，寬四寸六分，半葉十四行，每行大字二十六至九字，小字雙行三十一至四十字不等，白口，左右雙闌。版心題前漢幾，下記葉數及刊工姓名。序例後有紹熙癸丑張孝曾跋，淳熙二載黃景升沈綸言跋及梅世昌等校正銜名五行，慶元戊午梁季珌跋，錄如後：

“湖北廋司舊所刊西漢史今五六十年，壬辰歲前提舉官梅公嘗修治，今又二十餘年矣。鋟木既久，板缺字脫，觀者病之。余將命於茲，職事暇日，因取其朽腐漫漶者凡百二十有七板，命工重板，或加修剔，俾稍如舊，以便覽閱。然板刻歲深，勞於椠墨，則損壞日增，此理必然，隨時繕治，誠有待於來者，因誌其後以告。紹熙癸丑二月望日，歷陽張孝曾題。”半葉九行二十字，上空一字，實十九字。

“……(前略)讎而正之，於是集諸本參訂非是，凡改竄者數百字，泯滅則復書。郡太守番易張公以治辦稱，寔尸厥事，乃庀工修鋟爲成書，時淳熙之二載季夏十日憲幕三山黃杲升卿宜興沈綸季言敍　迪功郎荊湖北路提點刑獄司幹辦公事沈綸校正　從事郎荊湖北路提點刑獄司檢法官黃杲校正　朝請大夫知常德軍府事提舉常德府澧辰沅靖州兵馬盜賊公事張璹　朝奉大夫提舉荊湖北路常平茶鹽公事梅世昌。”半葉九行。

“本司舊有西漢史，歲久益漫，因命工刊整，計一百七十版，仍委常德法曹廬陵郭洵直是正訛舛二千五百五十八字，庶幾復爲全書云。慶元戊午中元括蒼梁季珌題。”

按：此爲紹興湖北茶鹽司刊本，疑刊於常德。淳熙二年張璹重修；紹熙四年再修，修剔補刊一百二十七版；慶元四年再修，復刊整一百七十版。此爲慶元修後初印本，古雅精湛，紙墨煥發，光彩照目，使人愛

不忍釋。（日本靜嘉堂文庫藏書，己巳十一月十三日閱）

漢書集註一百卷　漢班固撰　唐顏師古註　存景十三王傳，又司馬相如傳上

宋蔡琪純父一經堂刊本，半葉八行十六字，註雙行二十一字，黑口四周雙闌。闌外標篇名，版心魚尾下記"列傳幾"、"漢書五十五"及葉數。贊後有小字二行，文曰：

右將監本杭今越本及三劉宋祁諸
本參校其有同異並附於古註之下

本傳末標題後記正文若干字，註文若干字。

此書江南圖書館有殘本，余嘗見之。（顧鶴逸藏書。癸丑）

漢書集註一百卷　漢班固撰　唐顏師古註　　　　　△八六五五

宋嘉定十七年甲申白鷺洲書院刊本，半葉八行，行十六字，註雙行二十一字，黑口四周雙闌。版心上記字數大若干小若干，下記刊工姓名，左闌外標篇名。卷後記右將監本云云兩行，又正義若干注文若干，或在卷尾，或在小題下。序例後附景祐刊誤本及參校諸本及入註各書。有牌子如下式：

甲申歲刊於
白鷺洲書院

內列傳卷四十八至五十一配別一版，明時所刊，余疑爲項篤壽萬卷堂刊本，因其字頗類項刊東觀餘論也。鈐有"浙右項篤壽子長藏書"朱方印，又汪士鐘藏印數方。棉紙印，微黃。（吳興劉翰怡承幹嘉業堂藏書。乙卯九月三日觀於滬上）

前漢書注一百卷　漢班固撰　唐顏師古注　存八卷

宋刊殘本，半葉九行，每行十六字，白口，左右雙闌，版心記刊工姓名。

按：此本與北京圖書館藏內閣殘本同。尚有後漢書殘本六十卷，版式悉同。內閣本余曾校過，至佳。陸心源氏謂爲紹興初蜀中刊本，而孝宗時重修者。以余觀之紹興本洵然，但不類蜀中刊工耳。且卷

中頗有元修之葉，不僅至孝宗而止也。海寧孫鳳鈞銓伯家有後漢書，與此正同，今歸上海涵芬樓。（日本靜嘉堂文庫藏書，己巳十一月十三日閱）

太平路學新刊班固漢書一百卷　漢班固撰　唐顏師古注　（前序標題如此）

元刊本，十行二十二字，註雙行同，黑口四周雙闌，版心上記字數，下記人名。目後有大德乙巳太平路儒學敎授孔文聲跋，跋後有銜名二行：

> "承務郎太平路總管府判官劉遵督工　　中順大夫江東建康道肅政
> 廉訪副使伯都提調。"

鈐有"蘭陵蕭江氏藏書記"。（楊敬夫藏書，乙亥正月七日見）

漢書注一百卷　漢班固撰　唐顏師古注

明正統八年至十年刊本，十行十九字，註雙行二十六至二十八字不等，白口，間有大黑口。四周雙闌。版心上記字數，大小合計。魚尾下記"前漢傳若干"及葉數，下記"正統幾年刊"及刊工人名。

曾經李申耆收藏，有"申耆"、"養一老人收藏"兩印。又有"趙烈文讀書記"、"趙烈文印"、"惠父"、"烈文私印"、"趙氏惠甫"、"天放樓"諸印，知從虞山趙氏流出者。

憶壬子春，爲繆藝風前輩收得正統本前後漢書，印本不佳，尚費三百餘金，後爲朱幼平所得。頃者袁君滌菴新獲此書於廠市，棉紙廣幅，初印精善，兩漢書皆完整如新，值四百五十金，價頗廉，特記於此。

（庚辰春日）

漢書注一百卷　漢班固撰　唐顏師古注

明正統八年刊本，十行十九字，註雙行二十六七字，白口，四周雙闌。板心上方記字數大小若干，下方記正統八年某人寫。首行題"高紀第一上"，下題"班固"，空一格題"漢書一"。次行題"秘書監上護軍琅邪縣開國子顏師古註"。（余藏）

漢書注一百卷　漢班固撰　唐顏師古注

明刊嘉靖十六年廣東崇正書院重修本，十行二十二字。目後有"嘉靖丁酉冬月廣東崇正書院重修"木記。第七十二卷王貢兩龔鮑傳第二行題"明歐陽鐸刊，田汝成重校"。（余藏）

漢書注一百卷 漢班固撰　唐顏師古注

明嘉靖汪文盛刊，嘉靖二十八年廖言重修本，十二行二十二字，註雙行二十八字，板心上方題書名，中題高紀幾，白口，左右雙闌。前序例，次目錄。本書首行題"高帝紀第一上"，下跨行平列"漢班固譔，唐顏師古註"，下題"明福建按察司按察使周采、提學副使周琉、巡海副使柯喬校刊"。末卷後有"嘉靖己酉年孟夏月吉旦侯官縣儒學署教諭事舉人廖言監修"兩行。

按：此仍汪文盛本，歸福建官署後改刊校書人銜名耳。有楊守敬跋。

漢書注一百卷 漢班固撰　唐顏師古注

明崇禎十五年毛氏汲古閣刊本。杜文瀾倩人臨錢泰吉校本並跋：

"錢警石先生爲吾鄉碩望，以讀書養性爲務，讐校經史，至老不倦，而於前後漢書致力尤深，丹黃點勘已十餘過矣。癸亥秋，與先生次君子密主政訂交於皖，得見手校漢書，愛慕不忍釋。甲子春在漢上覓得汲古閣原版，因乞子密延數友依原校本逐字過錄，凡三月前漢始畢。暇即展讀，如臨提命，惜先生已於上年冬歸道山，不及見是書之有副本也。使余稍有進力，就所校而重刊之，以廣先生誨教之意，當亦在天之靈所慰望者。甲子十二月二十日，秀水杜文瀾識。"（余藏）

漢書注一百卷 漢班固撰　唐顏師古注

汲古閣刊本。沈欽韓依宋大字本校過，並録其考證於上方。茲將沈氏跋語録後：

"甲戌年三月，葉石君將大字宋本校起。"

"嘉慶甲子冬從陳氏校宋本，有李安溪相國、何義門學士勘正文字，從之者則著之。其別有攷證，加按字以別之。沈欽韓。"

"三劉之於學無所不窺，故其兩漢刊誤奏刀恚然，洞中凑理，雖有小疵，要亦通人之過當，洵有益於讀是書者也。吳仁傑後起，乃欲訾謷之，究觀其補遺義解，支離曼衍，使初學小生增一重雲霧，而無益於班范二家也。余深信三劉，而於吳氏無取。後之讀是書者惟顧亭林爲善曉人，固不待煩言耳。舉似鳧舟居士，以爲何如？立夏前一日欽韓又記。"

"余年二十餘讀范書，文字脫誤者稍稍是正，既而旁引他書，略爲疏正，歲月既久，條別遂多，以其用力之深，不忍棄去。今甲戌之歲，方閉門藏拙，欲錄爲一書，曰後漢書補正，適許君鳧舟屬余點勘，以便觀覽，因隨筆附之，其煩者不能盡錄於上方也。行當錄出，許君若篤好此書，則余之考訂不無小補。欽韓。"

鈐有："欽韓之印"、"欽韓曾讀"、"文起"、"吳縣許玉瑑讀書記"、"臣潤庠奉敕審定内府經籍金石書畫"朱文方印、"陳氏滄趣樓藏"白、"小懷鷗舫所藏金石書籍印"。

按：尚有後漢書，與前漢全同，亦沈氏手校。據二書鈐印，知歷藏元和陸氏、吳縣許氏鶴巢及閩中陳氏。近日弢庵前輩寶琛新逝，藻玉堂書坊從其家購出，乙亥五月二十七日携來求售。

漢書注一百卷 漢班固撰　唐顏師古注　存帝紀十二卷，志八卷，計二十卷

清影寫宋景祐刊本，半葉十行，行十九字，注雙行二十八字，黑口，左右雙闌。別有後漢書，存帝紀后紀十卷、志注補三十卷，計四十卷。行欵鈔手全同。有清初毛晉跋，恐不足據。別有朱錫庚、翁同書、朱盛鐸、袁克文各跋，録後：

"辛巳余借牧翁宋本繕寫，凡二周而未及列傳。後其本爲四明謝象三携去，遂不克全，迄今幾十年矣。偶翻閱舊帙，因爲誌其始末若此，後之觀者慎弗視爲殘編斷簡而勿諒余之苦心也。己丑仲夏

望日毛子晉記。"

"右影宋槧鈔本前後漢書二十帙，前漢本紀十二卷，表八卷，志十卷，列傳七十卷，合百卷，今本作百二十卷。漢班孟堅撰八表十志，未竟而卒，其妹昭續成之。後漢本紀十卷列傳八十卷宋范蔚宗撰。八志三十卷乃漢末司馬紹統之作，後人取以附合之，併爲百二十卷。是卷爲明毛子晉從宋槧本影寫，格式大小一如其舊，而字體遒勁，筆畫嶄然，與精槧無別。但有紀志而無列傳，蓋當時假鈔匪易，未克錄完，卷末有子晉跋尾，可按而知也。然史家最重志表，志以紀一代典章制度，表以著職官譜系之源委，與紀傳相爲表裏。矧漢志近古，其沿革損益猶可考見三代之遺法。故鄭康成干寶諸儒每引以註經，實有可輔經而行，尤在所不可闕者矣。相傳史漢宋槧者天禄石渠未聞著錄，蓋在前明秘閣所存，外間既不得而窺，剥蝕斷爛在所難免，民間間有舊本，多歸虞山錢氏，自絳雲一炬盡化雲烟矣。此本亦自錢氏寫出，足稱連城無價，豈得云趙璧未完耶！乾隆己丑庚寅之間，先大夫偶於書肆衍慶堂韋甲見之，索價甚昂，力不能購，輾轉不捨於懷，遲日往視，則已售矣。先大夫詫曰是特殘本耳，何期有人鑒別及此。詢其人則一外吏也，詢其直則三百金也。因咄嗟久之，以爲風塵中尚有斯人哉。歲甲午，先叔父文正公自山西布政使改官學士還朝，一日行篋中檢得是編，以獨少列傳爲憾，先大夫聞之曰：得無毛氏影宋槧者耶！曰：然，何以知之！乃告其故，因問往日買書者爲誰。蓋太原守某，卓異來都，方念舉主不名一錢，歸而無以爲贄，聞是書曾見賞於先大夫，知必投合，故不暇論價，携之而去，且逆知書籍非苟苴比，必無嫌也。文正公言訖，既而大笑曰，吾墮其術矣，今願爲兄壽，物聚所好，不更養吾廉乎！計藏於余家五十載於兹，回憶曩者趨庭側聽，歷歷在耳，爰識於是，亦一時佳話，後之覽者體此一段因緣，宜爲是書增價十倍矣。

道光三年癸未春三月既望，大興朱錫庚謹識"

"汲古閣影寫漢書舊藏大興朱孝廉錫庚家，見桂未谷札樸，孝廉跋其卷尾，敍得書始末甚詳。朱氏衰落，鬻此書於市上，索直甚昂，予以其爲汲古舊物，且曾屬笥河、石君兩先生，當爲是書增重。昔支硎山人跋廣雅云：'錢物可得，書不可得，雖貴當弗校。'予深韙其言，乃糜白金五鎰易之。攷毛子晉跋，稱是本寫於辛巳，蓋明崇禎之十四年，跋於己丑，則我朝順治六年也。朱跋所稱己丑、庚寅爲乾隆三十四、五年。按朱文正公年譜，以乾隆三十四年遷山西布政使，三十九年按察使黃檢奏公終日讀書，於地方事無整頓。明年入都，授侍講學士。由今上溯，距朱氏得書之始已七十餘年，上距寫書之日且二百餘年，而仍歸吾邑，若有神物護持之者，吾子孫其世寶之！

道光二十有四年，歲在甲辰二月廿二日常熟翁同書跋。

咸豐九年六月朔曾源謹書。"

"此影宋寫本兩漢書惟闕列傳，經藏大興朱氏、常熟翁氏，筆墨精妙，字畫嶄方，真印鈔之極工者，相傳出自汲古閣，但無毛氏圖記爲可疑耳。然開卷標題、師古結銜、行欵字數皆與景祐本及福唐本爲爲近，決非三劉刊誤以下所能比儗。偶檢高紀二年六月置中地郡，服虔註：'中地在扶風。'宋祁曰：'註文在字改作右。'此本正作右，可爲源出景祐本之一證。矧如此巨帙閱二百餘年完好如新，豈非毛氏所謂在在有神物護持者耶！當定爲三琴趣齋景宋本之冠。李盛鐸識。"

"木齋師題時惟見首冊，故謂無圖籍爲可疑，蓋未知有毛晉手跋也。克文註。"

"此書通體精雅如一，決非書胥所能爲，審毛跋語意，必爲毛氏手

自繕寫,故非其他毛鈔所可企及。四年前傅沅叔卽爲余述此書之
佳,具謂展轉求之不可獲,問所給值已二千金矣。今予以三千元
得之,予輩之痴狂,當有以對子晉之苦心也。丙辰四月既望寒
雲。"

"前漢書帝紀十二卷、志八卷,後漢書帝紀九卷、後紀一卷、志三十
卷,汲古閣假絳雲樓所儲景祐本影寫,卽所謂揮淚對宮娥者。原
本自天禄散出,已不知所歸矣,雖虎賁之與中郎,亦不過下真跡一
等耳。予藏毛鈔並此十品,俱無此之精且巨者,況出自北宋復獨
此焉!通體雖無毛氏印記,得子晉手跋價益增重,且可爲此書證
也。此書乃翁氏後人持至滬市求沽,爲錢抱器師所見,亟馳函告
予,因遣使携金赴滬取來,披閱一過,頭目俱爽。時洪憲元年一月
六日,皇二子。"

收藏印記如下:

"笥河府君遺藏書記"、"朱錫庚印"、"大興朱氏竹君藏書印"、"葉志
詵印"、"東卿過眼"、"錫庚閱目"。此外有袁抱存、許博明各印,不更
記。

按:此書近年歸粤人潘明訓,曾與羅子經振常商讓於我,正議以宋本
書相易,及余游黄山回,則已爲白堅甫得之,持以示余。昨晤少微世
兄,知已携之北來,今日自津寄閱,因略記行欵題跋印章如右。惟索
高價五千金,祗望洋興歎而已。乙亥五月廿三日沅叔記。

漢書評林一百卷　明凌稚隆輯　凌氏刊本

卷中有朱、黄、青、墨四色批點,前有記云:

"硃筆鈍翁付右蘅本也。黄筆鈍翁付研谿本也。墨與青研谿之手
筆也。臨對時偶爾雜用,別無取義也　純錫識。"

"此書係堯峰先生評閱。是時先生方在史館,與諸同館者議論牴
牾,故閱是書以示學者。蓋史家凡例與文章法度一一指畫如面,

昔之讀漢書者所未及也。書凡三部，一在喬編修石林，一在太學
生汪右薺，一則是書，先生所親授周惕者。晨夕披誦，或有所見，
亦僭評一二，其丹黃則以硃別之。乙丑冬重加裝釘，藏庋家塾，吾
子孫其世寶有之無失也。九月三日惠周惕。"（曹理齋藏。癸酉）

補訂班馬異同十二峽　題浙姚孫鑛文融父增定　後學朱泌之較

明寫本，黑格竹紙，九行十九字，板心上題"史漢異同"，下題"百尺
樓"三字。鈐有"張廷枚印"、"惟吉"、"銘西堂張氏圖書"、"羅山讀"
諸印。

後漢書注九十卷　劉宋范曄撰　唐李賢注　志注補三十卷　梁劉昭撰　鈔

補卷一上下及目錄

宋刊大字本，九行十六字，白口，左右雙闌，註雙行二十六字，版心下
記刊工姓名，上間記字數。有元代補板。官文書紙所印。

鈐有季滄葦藏印。

按：此與北京圖書館所藏紹興本同。（翁克齋藏書，辛未四月二十五日見）

後漢書注九十卷　劉宋范曄撰　唐李賢注　志注補三十卷　梁劉昭撰　存

志注補三十卷

宋刊本，半葉九行，行十六字，白口，左右雙闌。版心上記字數，下記
刊工人名。前劉昭序，序後接本書。書衣藍牋或黃絹，籤題書法古
勁，出宋元人筆。（內閣大庫佚書，余得之寶應劉啟瑞翰臣）

後漢書注九十卷　劉宋范曄撰　唐李賢注　志注補三十卷　梁劉昭撰

宋刊元修本，半葉九行，行十六字，白口，左右雙闌，版心記刊工姓
名。（日本靜嘉堂文庫藏書，己巳十一月十三日閱）

後漢書注九十卷　劉宋范曄撰　唐李賢注　志注補三十卷　梁劉昭撰

△八四六

宋王叔邊刊本，半葉十三行，行二十三字至二十四字不等，線黑口，
左右雙闌，版心記後漢紀字。目錄後有木記，錄後：

本家今將前後漢書
精加校正並寫作大
字鋟板刊行的無差
錯收書　英傑伏望
炳察錢塘王叔邊謹咨

後隔三行題："武夷吳　驤仲逸校正。"

鈐有汲古閣毛氏父子、季振宜、徐乾學、周良金諸家印記，又楊氏諸印。

按：此海源閣楊氏四經四史之一，字體秀勁，與乾道蔡夢弼本史記相類，蓋閩本之最佳者，惜未能假校。（海源閣書，辛未二月十二日觀于天津鹽業銀行庫房）

後漢書注九十卷 劉宋范曄撰　唐李賢注 志注補三十卷 梁劉昭撰 存

本紀五至十，列傳一至二十五、四十、四十一、四十五六十至，凡四十九卷

宋慶元間建安劉元起家塾刊本，半葉十行，每行十八九字，注雙行二十三字，細黑口，四周雙闌。版心上方間記字數。亦有分記大小者。上魚尾記後紀幾、後傳幾，下或接書漢書幾，蓋兼記大題也。每卷首小題在上，大題在下，左闌外記篇名。避宋諱至慎字止。間有不避者。劉放校註加小墨圈，或記於卷後。安帝紀後有"此卷謹將諸本參校，改正三十八字"兩行，皇后紀卷十上後有"以監本校正，正四十一字"一行。虞傅蓋藏傳後有："此卷謹將高天祐校本比對，是正一百三十一字"二行。

按：此書雕鎪精美，字體方峭，紙墨明湛，建本之妍麗可喜者。然校勘未精，差失時見，何小山至斥為閩肆惡本。原王懿榮藏，庚午歲收得。

忠謨謹按：此書別有跋，收入藏園羣書題記初集卷一。

後漢書註九十卷 劉宋范曄撰　唐李賢注 志注補三十卷 梁劉昭撰 存

七十三卷

宋嘉定元年戊辰蔡琪一經堂刊本，版匡高六寸九分，寬四寸三分，半

葉八行,每行十六字,注雙行二十一字,黑口,四周雙闌,版心上記大小字數,左闌有耳記篇名。目録後有牌子三行録後:

> 峕嘉定戊辰季春既望刊于
> 一經堂將諸本校證並無一
> 字訛舛建安蔡琪純父謹咨

明吳寬、項篤壽舊藏,鈐有"叢書堂印"、"浙右項篤壽子長藏書"、"項篤壽印"、"項氏子長"等印。

按:陸心源跋謂蔡琪所刻尚有前漢書,吳兔床拜經樓藏有列傳十四卷,不能指爲何本,核其欵式疑卽蔡本也云云。吳氏藏列傳十四卷,今歸江南圖書館,余曾見之。嗣于吳門顧鶴逸廣士家得十三王傳、司馬相如傳兩册,今儲雙鑑樓中,刻工勁峭,大字妍麗。然字句舛誤時所不免,以云精刻則可,未可云善本也。(日本靜嘉堂文庫藏書,己巳十一月十三日閲)

後漢書注九十卷　劉宋范曄撰　唐李賢注　志注補三十卷　梁劉昭撰

△八六五六

宋刊本,半葉八行,行十六字,黑口,四周雙闌,板心上記字數,大若干,小若干。下記刊工人名一二字不等,左闌外記篇名。版心刻工、字體均與前漢書同,亦白鷺洲書院刊本。首卷式如下:

> 光武帝紀第一上　范曄　後漢書一上

鈐有"笠澤金氏安素堂書印"白文方印。(吳興劉承幹嘉業堂藏書,乙卯九月三日觀於滬上)

後漢書註九十卷　劉宋范曄撰　唐李賢註殘存卷七十二下

宋黃善夫家塾刊本,半葉十行,行十八字間有十九字者。注雙行二十三至二十五字,白口,四周雙闌,闌外有耳。尾葉有以監本校正數十字。(壬子)

後漢書注九十卷　劉宋范曄撰　唐李賢注　志注補三十卷　梁劉昭注

元大德九年寧國路儒學刊本,十行二十二字,白口,四周雙闌,版心記字數及刊工姓名，明補版有監生某姓名。各卷後有張槀、張鰲叟校正一行或一人或三人不等，亦有銜名者。缺卷如左，通缺二十三卷。本紀六、七，　列傳四、五、廿、卅一至卅四、四九、五十、六四至六七，　志三、四、八至十三。

鈐有"賴古堂藏書印"。（甲戌十一月二十九日天津文運堂送閱。以一百一十元收得）

忠謨謹按：此書有跋，收入藏園羣書題記續集卷一。

後漢書注九十卷 劉宋范曄撰　唐李賢注 志注補三十卷 梁劉昭撰　存

帝紀四至九；列傳一至十一、廿九、卅，卅六至卅八，四七至四九，五二至五四，六四、六五、六九、七十上、七二至七六；志一至三，十五至二十，廿六至卅，共五二卷，十六冊

元大德九年寧國路儒學刊本，十行二十二字，注雙行同，白口，四周雙闌，版心上記字數，下記刊工姓名一字。各卷後有校正人名：

　　"張槀同胡大用程紹慶校正"。傳三，志十六、十七、十九、廿七。

　　"王師道校正"。傳四、十、十一、廿九、卅六、卅七、四七、四八、五三、七十二下、七十五、志二十六。

　　"寧國路學正王師道校正"。傳卅上下、卅八、四九，志三十。

　　"張槀校正同孫張官能"。傳六四下。

　　"張槀同李荆安校正"。志二九。

　　"張槀王鰲叟校正"。（甲戌十月二十一日劉翰臣交來，皮紙蝶裝。大庫物，後爲北京圖書館收之）

後漢書注九十卷 劉宋范曄撰　唐李賢注 志注補三十卷 梁劉昭撰

元大德九年寧國路儒學刊本，十行二十二字，白口，四周雙闌，板心上記字數下記刊工姓名。印本殊清朗。（日本狩野直喜博士藏書，己巳十月二十日觀於西京）

後漢書注九十卷 劉宋范曄撰　唐李賢注 志注補三十卷 梁劉昭撰

明正統八年至十一年間刊本，十行十九字，注雙行二十五七字不等，白口，間有黑口。左右雙闌，間有四周雙闌者。版心上記大小字數，下記

正統八年或作十年、或作十一年。刊，某人寫。本書首行題"帝紀第一
上"，空一格題"范曄"二字，又空一格題"後漢書"。次行題"唐章懷
太事賢注"。末卷後題"右奉淳化五年七月二十五日敕重校刊正"。
可知此本爲淳化本嫡子。（余藏）

後漢書注九十卷 劉宋范曄撰　唐李賢注 志注補三十卷 梁劉昭撰

明正統刊本，半葉十行，行十九字。

鈐印有："尚寶右卿柳莊袁忠澈家藏印"朱文大印、"何焯私印"朱、"屺
瞻"朱、"有褱堂"朱、"顧廣圻印"白回文、"顧千里印"朱白回文、"讀未見
書如得良友見未讀書如逢故人"朱、"民部尚書郎"朱、"古潭州袁卧雪
廬收藏"、"汪士鐘印"白回文、"臣士鐘印"白回文。（癸丑）

後漢書注九十卷 唐李賢撰 志注補三十卷 梁劉昭撰

明刊嘉靖十六年廣東崇正書院重修本。十行二十二字。清何焯手
校，有跋，題康熙辛卯保定行臺。志據北宋本校。（癸亥十月見於上海古
書流通處）

後漢書注九十卷 劉宋范曄撰　唐李賢注 志注補三十卷 梁劉昭撰

明嘉靖間汪文盛、高瀔、傅汝舟刊本，十二行二十二字，注雙行二十
八字，白口，左右雙闌，版心上方記書名，中記帝紀幾。前後漢書序，
次目録。本書首行題"光武帝紀第一上"，下題"後漢書一"。次行題
"南宋范曄譔、唐章懷太子賢注、明汪文盛、高瀔、傅汝舟校"。（余藏）

後漢書注九十卷 劉宋范曄撰唐李賢註 志注補三十卷 梁劉昭撰

△二一三九

明崇禎十六年毛氏汲古閣刊本。錢孫保手校宋本。有跋及識語，摘
録如下：

> "壬寅歲，族孫遵王又得後漢書年表十卷，其書係紹興間人所爲，
> 亦目所罕覯者。遵王篤好古書，今時人所無，亦頗有力能致之，其
> 可尚也已。偶再閱此書，附記。"

"癸卯三月廿七日燈下再用嘉定戊辰蔡琪純父刊本校,卽有熊方年表者。"均卷首

"用宋劉元起本一對過,時十一月初十,去前月又一月矣。"

"九月用大字宋本一對"

"癸卯三月廿八日又用一宋本校過,未畢而止。"均卷一上後

"辛丑十一月初十日再用宋本校讀"卷一下後

"廿九日。毛子晉邑中富人也,亂時曾有小德於予家,往年死,予不弔,是日葬於戈莊,因一往,稍全故舊之情。然子晉尚以財自豪,今諸子又不逮,將來毛恐不昌矣,嗟乎! 是晚俗謂之過除夜。"四十二卷

"十一月十三日讀此本畢,約四日。句讀本文皆詳審無誤。是日頗疲。辛丑年"卷十

"辛丑建子月哉生明後四日再草草閱一過。""自十一月初十日更讀至壬寅正月廿八日始畢,中間多累,久而既之。"卷九十

上缺"舊國故都望之暢然,況乎曾經其心目所寓焉者乎! 此癸未之史記、甲申之後漢、戊子之漢書,久棄之如遺,而今歲更稍爲裝飾也。史記甲午復讀一部,是秋有室人之變,而吾二三子女之外遂無一故人,嗚呼,豈不悲哉!"

"辛丑十一月初四日重閱,並用宋本對過。"志一

"十五日,注未及閱,句讀尚有未安處。"志十二

"辛丑年十二月十三日再用紅點閱既。"志十二

"十五日燈下。西人春之首,而百姓窮愁不知其春也。總之西人之俶擾已甚。"志廿三

鈐有"錢孫保印"、"錢求赤藏書"、"天啟甲子"、"匪庵"、"彭城"諸印,又"怡王秀亭冰玉主人鑒賞書畫印記"、"安樂堂藏書記"。(余藏)

後漢書注九十卷 劉宋范曄撰　唐李賢注　**志注補三十卷** 梁劉昭撰　存

帝紀后紀十卷,志注補十卷

清影寫北宋景祐刊本,半葉十行,行十九字,注雙行二十八字,黑口,左右雙闌。

此與前漢書同裝,號爲汲古閣影宋寫本,諸跋見前漢書條。

後漢書注九十卷 <small>劉宋范曄撰　唐李賢注</small> 志注補三十卷 <small>梁劉昭撰</small>

日本寬永翻元大德九年寧國路儒學刊本。九行十七字,黑口單闌。校序後有牌子二行,文曰:

大德九年十一月望日寧

國路儒學雲教授任内刊

每卷後有"張槀王鼇叟校正"一行。(韓左泉送閲,丁巳)

後漢書註一百二十卷 <small>劉宋范曄撰　唐李賢注　志注補梁劉昭撰</small>

明萬曆二十四年北京國子監刊本,何義門焯校。<small>紀多批點,志全校,列傳但點過而已。</small>諸跋録後:

"自律曆志至此卷,康熙癸巳偶得北宋小字殘本,冬日燈下手校一過。版至精好,尤明小學。有'孝友之家'、'鳳來齋藏書印',不知出於誰氏也。

　　義門何焯記"<small>此跋在卷十六後</small>

"自十九卷至二十二卷。康熙丁酉祗役武英書局,偶見不全宋嘉定戊辰建安蔡琪[純]父一經堂開大字本,有叢書堂印,心以爲必佳,因從典掌者乞以校對,則舛誤可爲憤歎。又律曆志之前直删去劉宣卿注,補本序每卷平列大字二行云宋宣城太守范曄撰、唐章懷太子李賢注,竟不知諸志從宣公之請,乃取司馬紹統續漢書志補蔚宗之闕,章懷本但注紀傳,淳化所刊止於九十卷爾!其慣慣貽誤後人真市賈之下劣者!識之以見宋本亦有不足據信如此,非敢爲訐激也。七月既望義門老民記"<small>此跋在卷三十二後</small>

"康熙癸未六月,侍八貝勒於南薰殿,架上有汪文盛刊本,因取以

校此卷。汪本亦仍訛襲舛如前書地理志,亦憚於互勘,書無善本,豈非苟簡之過哉!"此跋在卷三十三後

"丙申四月二十日申時自內直出,適大風吹端門牡壞,午門遥望洞開,異而志之。"此條在卷二十六後

"庚子六月廿八日至七月二日,有蟄億萬梗塞潞河,由天津入海,漕艘至不可行。坐糧廳具中牢鼓樂致祭,開閘送之,始不復見。七月十七日至十九日又如是。"此條在卷二十七後

按:細審此本亦後人過錄者,頗有誤字。(癸酉)

集補後漢書年表十卷 宋熊方撰

影寫宋刊本,十行十八字。前有經進集補後漢書年表序,又進書表,又進狀,均八行十六字。(壬午二月)

續後漢書九十卷 元郝經撰

傳鈔四庫全書本,八行二十一字。

鈐有"靈石王氏壽椿堂藏書印"、"伯寅所藏"、"廉生秘玩"三印。(文奎堂送閱。丁巳)

續後漢書四十八卷 廬陵蕭常撰

舊寫本,十二行二十字。

鈐有"畢瀧之印"、"字澗飛號竹痴"朱、"廣堪齋"朱、"松年"白、"泰峰"朱。(壬子歲見於揚州)

後漢書疏證 清沈欽韓撰 十二冊

清沈欽韓稿本,朱墨爛然,闌外殆滿。(己未收)

三國志注六十五卷 晉陳壽撰 劉宋裴松之注 存魏書卷二十九、三十,計二卷

宋紹興初浙江刊本,半葉十行,行十八字,注雙行同,白口,左右雙闌。版心上記字數,下記刊工姓名,有王彬、金成、沈端、嚴志、李五人。白麻紙,初印精善,邊闌均完整如新。可寶也。其刊工與瞿氏藏管子注多合,其為南渡初浙刻無疑。老友曹君直元忠有長跋。(余

藏）

三國志注六十五卷　晉陳壽撰　劉宋裴松之注　存魏書二十三、二十四,吳書一至七,十七至二十,計十三卷

宋衢州州學刊元明遞修本,十行十九字,注雙行二十三字,白口雙
闌,版心上記字數,下記人名。元補版黑口,中縫較闊,上記字數。
明補版不記字數。魏書卷二十三、吳書卷十九末有銜名二行:

> "左修職郎衢州録事參軍蔡宙校正監鏤板" "左迪功郎衢州州學
> 教授陸俊民校正"

鈐有張芙川藏印。

此書壬子春曾見之客舍,今估人復持來,爲記於後。沅叔。(甲寅)

三國志注六十五卷　晉陳壽撰　劉宋裴松之注

宋衢州州學刊元明遞修本,半葉十行,行十九字,注雙行二十一至三
字,白口,左右雙闌,版心上記字數,下記刊工姓名。各卷後有衢州
録事參軍蔡宙校正監鏤版,衢州州學校授陸俊民校正兩行。

按:陸氏此本亦經元明遞修者,有嘉靖補版。各史中惟三國志未見
宋刊完帙,生平所閲非殘缺即入南監補版者。唯松江韓氏有巾箱
本,宋印完整,號爲海内孤帙。老友曹君直元忠主其家,曾手勘一通,
爲余稱道之。(日本静嘉堂文庫藏書,己巳十一月十五日閲)

三國志注六十五卷　晉陳壽撰　劉宋裴松之注　缺卷二、四十、四十一

△八四七

宋建本,半葉十行,行十八字,注雙行二十三字,黑口,四周雙闌,闌
外有耳記篇名。字體方勁,鋒棱峭厲,與黃善夫刊史記極相類,建本
之精者。印本亦清朗。楊氏四經四史之一。(海源閣書,辛未二月十二日
觀於天津鹽業銀行庫房)

三國志注六十五卷　晉陳壽撰　劉宋裴松之注

元大德九路本,十行二十二字,注雙行同,線黑口,四周雙闌,版心上
記字數,下記刊工姓名。

鈐有"朱文石史"、"橫經閣收藏圖籍印"、"華亭朱氏"三印。

按：此帙配入宋衢州本數卷，舊藏劉翰怡^{承幹}家。翰怡刻古本四史即用此本。旋歸於劉惠之，今又自惠之家散出矣。（辛巳十二月十三日文禄堂取閲）

三國志注六十五卷　_{晉陳壽撰　劉宋裴松之撰}

明萬曆吳氏西爽堂刊本，十行二十字，注雙行同。大題在上，小題在下，次行題撰注人，每卷後有"西爽堂吳氏校梓"一行。款式並不古舊，但字體清爽，且極爲罕見，擬遂留之，然索值百元，亦云昂矣。鈐有"巡按河東鹽政監察御史印"_{滿漢文官印}。（修綆堂送閲，歸徐星署。庚申）

三國志註六十五卷　_{晉陳壽撰　劉宋裴松之註}

明崇禎十七年毛氏汲古閣刊本。朱邦衡臨何焯、惠士奇評校本並批注。有跋録後：

"甲辰冬晤友人處假得汲古閣本，乃何義門先生所校宋本也，文字異同者悉以御覽、通鑑、文選諸書參訂考正，洵爲盡善。其中所載安溪、慕廬、少章諸巨公評語俱稱號以別，而義門所評又以讀書記比對稍有增益，李、韓皆深於史學，而少章陳丈博聞軼説考據精碻，於三國疆域分併多所發明。近時陽湖洪君亮吉著三國疆域志二卷，世人謂讀史者不可無之書，少章所論亦猶是云。衡專力校讐，凡四匝月畢，批閲之餘，偶有所得，稍參一二，庶幾千慮之或有一得焉。乾隆乙巳三月七日秋崖朱邦衡識。"

"假季父所藏惠半農先生閲本臨校一過，黃筆少年，墨筆晚年。己酉穀日立春前一日衡又記。"（余藏）

三國志注六十五卷　_{晉陳壽撰　劉宋裴松之註　存卷九至十二，十五至三十，五}
_{十三至五十五，五十九至六十五，凡三十二卷。又配入卷一、二兩卷}

△一一二八〇

清影寫宋刊大字本，大版心，半葉九行，行十六字，注雙行二十字。

白棉紙精寫。

按:此本行款與蜀大字本史記正同,疑卽從蜀本出也。余己未五月二十九日得之高郵城内寶森堂書坊,據書估云,係兄弟分家,三人各携十許册去,以致屬落,殊可歎喟。遍考各家藏目,無以九行本著録者,則此雖殘册亦足珍也。

三國志注六十五卷 晉陳壽撰　劉宋裴松之注

明傳寫元大德十年池州本,十行二十一字,注雙行同,朱絲闌。前有大德朱天錫序,録後:

"自經止獲麟之後,馬遷以紀傳易編年,歷代信史流傳,不忝董狐之筆。厥今奎運昌隆,文風丕振,江左憲臺命諸路學校分派十七史鋟梓,池庠所刊者三國志。池之爲郡,士類率多貧窶,學計歲入寡贏,是舉幾至中輟。總管王公元宗奧學宏才,慨然以化今傳後爲己任,表倡之下,其應如響,用能鳩工竣事,不勞餘力。郡博士孔渭孫式克奉命董提,以底于成。隸也淺見譾聞,嘉與稽古之彦身際斯文鼎新之幸會,敢拜手書於左方。大德丙午日南至,前進士桐鄉朱天錫謹跋。"(翁氏藏書,辛未四月閲)

吳志二十卷 晉陳壽撰

宋刊本,版匡高六寸六分,寬四寸七分,半葉十四行,每行二十五字,注大字,低一格,白口,左右雙闌。版心下魚尾下記吳志幾,下魚尾下記葉數,下記刊工姓名。自卷一至十爲上袠,卷十一至二十爲下袠。卷一首行如下式:

孫破虜討逆傳第一　　吳書　國志四十六

首爲上三國志表,表後直接吳書目録,目後有詳校官杜鎬等、校勘官錢惟演等銜名。別一葉刻咸平六年中書門下牒,如下式:

中書門下　　　　　牒

　　　　吳志

牒奉

敕書契云云。

此後列官銜五行，無人名。

卷二、六、十四、十八末均有校正人銜名一行。

按：此本陸心源跋定爲咸平國子監所刻而徽宗時脩補者。余諦觀再四，其筆法雕工俱極古厚，第卷中避諱已至桓字，則已駸駸入南渡矣。又世傳魏蜀吳志皆有專刊本。吳志百宋一廛賦中所云孤行，今既得見之矣。魏志專刊舊聞在海寧孫銓伯鳳鈞家，即世所謂宋版孫者。今年九月道出春申，主張菊生前輩元濟家，聞涵芬樓新收得孫氏書，急索魏志閱之，仍爲衢州刊國志之一，不覺爽然若失。然則所云蜀志單刊在福山王文敏懿榮家者，蓋可想見矣。（日本静嘉堂文庫藏書，己巳十一月十三日閱）

三國志註六十五卷　劉宋裴松之撰　　　　　△一一二八一

明秦四麟家寫本，半葉九行，行二十字。内魏書卷四至六，蜀書卷一至九、吳書卷十五至二十計十八卷書法雅秀，疑爲秦氏手寫本。

鈐有秦四麟、毛晉、黃丕烈、汪士鐘藏印。

按：此三國志單註各家未見著錄，海内孤本。（余藏）

四史發伏四卷　清洪亮吉撰

舊寫本。　有"吳卓信印"、"項儒"二印。（庚午）

晉書一百三十卷　唐房玄齡等撰　存戴記卷一至三、八至十三、十五、十六、十九至二十、二十三四、二十六至三十計二十卷

宋刊本，大字闊版，半葉九行，行十六字，細黑口，左右雙闌。小題在上，大題在下，每卷末附音義。版心下記刊工姓名，有劉邁、吳才、英、才等字。其版式大小與眉山七史同，惟每行少一字耳。宋諱禎、

貞、偵、敬、徵、豎、慎、玄、桓、讓、殷、朗、樹、敦、匡、構、溝、遘、恒皆爲字不成。鈐有"王世貞印"、"顧氏家藏"各印。

各卷葉數録後：卷一十六葉，二三十八葉，三三十四葉，八十六葉，九二十三葉，十二十二葉，十一二十六葉，十二二十一葉，十三三十六葉，十五二十五葉，十六二十二葉，十九十九葉，二十十七葉，二十三二十一葉，二十四二十九葉，二十六二十七葉，二十七十九葉，二十八十八葉，二十九十六葉，三十二十一葉。共存四百六十六葉。（己未收）

晉書一百三十卷 唐房玄齡等撰　何超音義　存五十四卷

宋刊本，半葉九行，行十六字，白口雙闌。音義附本卷後。版心下記刊工姓名，列下方：

唐彬、王辰、王元壽、王才、王大成、王大宥、王政、唐恭、劉彦龍、劉彦中、劉用、李椿、曹佾、賈林、蔣永、陳亮、王明。（北京圖書館新收書，乙亥六月三日纛頌生送來，因校一過）

晉書一百三十卷 唐房玄齡等撰　音義三卷 唐何超撰

元翻宋本，半葉十行，每行十九字，白口，左右雙闌。避宋諱至敦字止。左闌外有耳記篇名。

按：此本亦經元明修補者。余亦藏有一帙，元刊者四十餘卷，元補三十餘卷，餘則斷板漫字觸目皆是矣。江南圖書館藏南宋初建本，半葉十四行，行二十五字，細黑口，左右雙闌，爲王弇州世貞故物，密行細字，精勁異常。然余曾校過，舛誤滿紙，轉不如此本之善也。（日本静嘉堂文庫藏書，己巳十一月十三日閲）

晉書一百三十卷 唐房玄齡等撰　音義三卷 唐何超撰

元翻宋刊遞修本，半葉十行，行十九字，白口，左右雙闌，版心上記大小字數，下記刊工人名，闌外有耳。首卷第一行題"帝紀第一"，空四字，題"晉書"，次行題"唐太宗文皇帝"，空二格題"御撰"二字。書中有燒燬殘破多處，八至十，三十二，四十九，明補刊本三十一卷十一、十二、三十七、三十八、三十九、五十、五十八、六十二至六十四、七十一、七十三至七十五、八十三至八十五、九十、九十二、九十六、一百一至一百三、一百二十三至一百二十七、音義三卷。鈔配一卷一百二十二。(己未歲韓左泉送閱,未收)

晉書一百三十卷 <small>唐房玄齡等撰</small> **音義三卷** <small>唐何超撰</small>

元翻宋刊元明遞修本,半葉十行,行十九字,白口,左右雙闌,版心記字數及人名,宋諱匡、敦、徵、敦等缺筆,元補版黑口,明補版版心有"府劉校"三字或"正德六年刊"五字,每卷小題在上,大題在下。

按:此中板心晉書儀顧堂續跋中有之,跋中題作宋刊,謂南宋監本,遞修至元止,元板無字數及刊工人名,且多俗體訛字。今以此本考之,洵然。且每卷有明修三數葉,則較儀顧堂本印行爲晚矣。然跋中舉謝鯤傳脫字二十,此本固不缺,要自可珍。且大字元本明補者多習見,而此小字本乃獨罕覯,又重爲陳仲魚繪藏書,南中書友寄來,因以善價收之。昔年於文友堂見一部,視此印本略早,索高價千元,展轉入於湖北劉氏,當時頗用悵然,茲得此本,亦差足慰矣。戊午荷花生日記。

晉書一百三十卷 <small>唐房玄齡等撰　存列傳卷五十至五十三,共四卷</small>

元刊元印本,大板心,十行二十字,細黑口,板心上方注字數。(己未,修綆堂送閱,已收,十二元)

晉書一百三十卷 <small>唐房玄齡等撰　何超音義</small>　　　　　△三〇

元刊明正德十年司禮監、嘉靖十年三十七年萬曆三至十年南京國子監遞修本,十行二十字,黑口,左右雙闌。版心上方有正德十年司禮監谷刊、嘉靖十年刊補、嘉靖戊午刊補、萬曆三年、四年、五年、七年國子監刊、萬曆十年補刊等字,下方題監生某人刊,並記字數。(余藏)

晉書一百三十卷 <small>唐房玄齡等撰　何超音義</small>

明吳氏西爽堂刊本,十行二十字,注雙行同。有唐翰題識語。

鈐有繆氏藝風堂藏印。(余藏)

晉書一百三十卷 <small>唐房玄齡等撰　六十本</small>

明翻宋本，九行十六字，白口雙闌。宋諱有避者。有"周廷棟印"、"公建"白文兩印。（庚午）

晉書一百三十卷　存卷二十，只一卷

影寫宋刊本，十行十九字。首行題志第十，空二格題晉書二十，空三格題御撰。

此書影寫絕精，卷首有汪閬源兩印，當是藝芸精舍所寫，然其美好乃不減毛鈔。（己未夏得之申江靈芬閣）

晉書一百三十卷　唐房玄齡等撰

朝鮮古活字印本，十行十九字。（日本帝室圖書寮藏，己巳十一月十一日觀）

宋書一百卷　梁沈約撰　缺帝紀一至四、志一至十二

宋刊元明遞修本，半葉九行，行十八字，白口，左右雙闌。（余藏）

南齊書五十九卷　梁蕭子顯撰　　　　　△五二三六

宋刊元修本，半葉九行，每行十八字，白口，左右雙闌。版心魚尾下題"南齊紀一"，上記字數，下記刊工姓名，有王才、王升、王成、王諒、王恭、王禧、王桂、王材、王定、王璉、丁銓、王春、王定、方堅、方至、石昌、毛端、吳明、吳宗、吳中、吳椿、吳志、余榮、金政、徐珣、徐經、徐浚、徐義、徐仁、徐杞、宋琚、宋通、宋芾、馬祖、馬松、詹世榮、陳壽、陳琇、陳浩、陳震、陳彬、陳良、李端、李思忠、李昌、李允、李倍、李仲、何昇、何澤、何建、何慶、陸春、陸永、高異、高文、高寅、鄭春、張亨、張榮、張升、張三、朱梓、朱春、朱玩、許忠、賈祚、劉昭、劉仁、張斌、童遇、蔡邴、沈茂、沈珍、沈旻、繆恭、繆珎、楊榮、周明、章東、章忠、邵享、蔣榮、蔣信、陸永、顧澄、范元、金震、金榮、孫春、秦顯、乃林、單侶、項仁、馬、徐、元、林、董、昇、霍、求、洪、孫、佑。以上原板又有毛原敬、江子名、朱玉文、朱宗甫、金彥文、金許一、徐友山、張名遠、張一、陳德全、陳邦鄉、陳士通、周受、鄭和子、傅善可、虞保山、虞壽、羅怒、羅生、李五、鄧廣五、黃四崇、劉子和、劉景舟、蔡彥舉、林叔、蔣七、鄭

名遠、何、彭、吳、青言、摑、實、古賢、誠、士中。以上補板。宋諱玄、桓、
貞、慎、徵、殷、匡、竟皆爲字不成。前有曾鞏諸人校上書序。首行本
紀第一下，南齊書一。次行臣蕭子顯撰。三行低四格題高帝上。書
後有治平二年牒文：

　"崇文院
　嘉祐六年八月十一日
　敕，節文：宋書齊書梁書陳書後魏書北齊書後
　周書見今國子監並未有印本，宜令三館秘閣
　見編校書籍官員精加校勘同典管勾使臣選
　擇楷書如法書寫板樣依唐書例逐旋封送杭
　州開板。
　　　治平二年六月　日"

按：此書余壬子夏獲之宏遠堂書肆，詢書之所出，堅不肯言。然余見
其連車入肆時，有聚珍版書多種，皆有穆彰阿印，而此書敗篋亦在
焉，則此書出其家殆無疑矣。全書桑皮厚紙印，幅高至一尺二寸，字
體方嚴，元補則趨圓軟，每卷首尾皆鈐"禮部官書"朱文大長印，間有
鈐中縫上者，知原係蝶裝。余因疑此書必爲内閣大庫所藏，不知何
時流出，改裝而歸穆氏。今北京圖書館藏内閣大庫之書所謂眉山七
史者，皆厚皮紙鈐禮部官書印，與此無一不合，而獨於南齊乃無一冊
之存，疑自嘉道以來庫書盗出者當不止此一帙矣。癸丑春友人章君
式之鈺借校，爲發現志第七卷第三葉及傳第十六卷第十葉爲明以來
傳本所無。蓋此書明以來缺四葉，此得其二，亦可謂孤本秘籍矣。

忠謨謹按：此書別有跋，收入藏園羣書題記初集卷一。

陳書三十六卷 唐姚思廉撰

宋刊本，半葉九行，每行十八字，白口，左右雙闌，版心記字數及刊工
姓名。避宋諱至慎字止，卽世所謂眉山七史之一也。明史明古藏

書。

按：陸心源氏謂此本宋刊宋印，絕無脩板。余諦觀之，卷中多有字體
圓軟者，必爲元代補刊之葉，其非宋印明矣。余藏宋本南齊書，較世
行者多二葉，咸推爲驚人秘籍，然已有元代修板，蓋七史中宋刊元印
在今日已爲希覯，固不必虛詞以自侈也。(日本靜嘉堂文庫藏書，己巳年十
一月十三日閱)

魏書一百十四卷　北齊魏收撰

宋刊元修明印本，半葉九行，行十八字，白口左右雙闌。版心上記字
數，下記刊工人名，間有元時補版。原版字仿歐體，補版漸趨疏俊，
元刻益加圓活。桑皮厚紙印，紙幅闊大，與余藏南齊書相同。每卷
鈐"禮部官書"朱文大印亦同。又有"少谿主人"朱文印及"季振宜
印"、"滄葦"等印，遞藏明項篤壽清季振宜家。

帝紀卷三至十二、列傳卷一至七鈔配，然亦鈐有季氏印。(臨清徐梧生
遺書，庚午歲以二千金收得)

魏書一百十四卷　北齊魏收撰　存三十四冊，又一部存五冊

宋刊元修本，無明補，半葉九行十八字。存卷列後：
目錄，缺首葉。紀一至十二，卷末有缺葉。傳一至三十五，四十二至五十
八，六十六至七十七，卷四首缺三葉，卷七尾缺葉，卷三十二首缺二葉。志五至
六，八至十，十三、十四、十七、十八。共三十四冊，北京圖書館藏。
又一部，存五冊：傳十至十四，二十四至二十八，三十二，六十至六十
三，八十至八十二。傳卷七中、七下，三十一，四十至四十二，殘，存四
十葉。四十四，殘，存十三葉。五十八、九，殘，存十一葉。志十五、十六，殘，
存十六葉。九、十。全。(庚午六月八日)

隋書八十五卷　唐魏徵等撰　存帝紀一至五，志一至四、八至十、十四至二十一、二

十七至三十，列傳一至四十一，共六十五卷　　　　△一一二八二

宋刊本，半葉十四行，每行二十五字，注雙行三十字，白口，左右雙

闌。每卷小題在上,大題在下,次行題"特進臣魏徵上"。志次行題"太尉揚州都督監脩國史上柱國趙國公臣長孫無忌等奉敕撰"。避宋諱極謹,至構字止。

按:此書余庚申歲南游,獲之寶應劉翰臣_{啟瑞}家,亦内閣大庫佚出之書也。原蝴蝶裝,厚繭紙裌封,黃絹爲衣,尚是宋代宫裝,惜蟲蝕過甚,版心盡失,不可復治。爰命工重加裝訂,别選佳紙爲衣,而以蜕衣附焉。藏園記。

隋書八十五卷 唐魏徵等撰 存卷八十三至八十五

宋中字建本,半葉十行,行十九字,細黑口,左右雙闌,闌外記"突厥"等字。(海虞瞿氏藏書,乙卯歲見於邵里)

隋書八十五卷 唐魏徵等撰 存六十四卷,配入明萬曆本二十一卷

元刊本,半葉九行,行二十字,細黑口,左右雙闌,板心上方記字數,下方記刊工姓名,陰葉闌外有耳,記某帝紀、某志、某傳。間有元代補板,行格同。

按:此書羅子經_{振常}自南方携來見示,天禄琳琅書目有此本,瞿氏目有三卷、皕宋樓目亦有之,此外則殊罕見,惜此書配入明萬曆刻本二十一卷。(己未,已收)

隋書八十五卷 唐魏徵等撰

元大德饒州路儒學刊明正德嘉靖遞修本,十行二十二至二十四字,黑口,四周雙闌。板心上方記字數,下方記人名,間有"堯學"、"番泮"、"路學"、"樂平"、"浮學"等字。有正德十年、嘉靖八年、嘉靖十年補刊等葉,皆記年號於板心。卷末有天聖二年付雕文書,録後:

"天聖二年五月十一日上　御藥供奉藍元用奉傳　聖旨,齋禁中隋書一部付崇文院,至六月五日敕差官校勘,_{時命臣綬、臣燁提點,左正言直史館張觀等校勘,觀尋爲度支判官,續命黃燧代之。}仍出内板式雕造。"

按:昔蘇估柳蓉邨有元刊元印本,爲朱氏結一廬藏書,索值二百元,

當時以爲高價，竟毅然舍去。然其精湛圓美，紙光墨色，至今竟不再
覯矣。昨歲友人吳松鄰昌綬斥書易米，余爲介於書友魏經腴，遂擇留
此種。其中明補板約十二三，第紙印差完，聊可備覽耳。

隋書八十五卷 唐魏徵撰

元至順三年瑞州路儒學刊本，九行二十二字，細黑口，左右雙闌。版
心上魚尾下題"帝紀"二字，下題"隋"字，空一格記葉數。卷中宋諱
缺筆，卷末有天聖二年付雕文書。(瞿氏鐵琴銅劍樓藏，乙卯觀於罟里)

舊唐書二百卷 後晉劉昫等撰 存六十九卷。志十一至十四、二十一至二十五、二十八至三十，列傳十五至二十八、三十八至四十七、五十至六十、七十八至八十三、一百十五至一百十九、一百二十九至一百三十四、一百四十下至一百四十四上

　　　　　　　　　　　　　　　△六七三四

宋刊本，半葉十四行，行二十四至六字不等，注雙行，白口，左右雙
闌，版心下記刊工姓名。每卷末有紹興府校勘官銜名。宋諱避至構
字止。鈐有"紹興府鎮越堂官書"楷書朱文大印。(常熟瞿氏鐵琴銅劍樓
藏書，乙卯八月三十日觀於罟古瞿宅)

舊唐書二百卷 後晉劉昫等撰

明嘉靖十八年聞人詮刊本。葉石君樹廉據至樂樓鈔本校。葉跋錄
後：

"余自幼得此書，繙閱數次，中有差誤，歎無善本參正。庚子深秋，
從坊間見至樂樓抄本，又歎無物售之，未幾爲錢遵王取去，因得假
歸對勘。抄本有後人補入者，皆依此刻本抄錄，其疑處反多誤字，
故不及全勘。自此之後更不知從何人細爲校讐以成完璧也。
道穀記"

又一跋，竢別抄補入。(葉定侯藏書，甲戌)

舊唐書二百卷 後晉劉昫等撰

明聞人詮刊本。李若農先生文田手跋錄後：

"聞刻舊唐書以後印者爲佳,初印本反不如,但稍模糊耳。蓋愈印愈校,時時挖改也。列傳一百四十六卷下第十五葉邏娑川初刻時誤作還娑川,此誤非小。其他處似此者每葉有之。能以初印本爲底本而以後印本改正之則妙矣,蓋後印本每缺葉而初印本完全也。此書世間無復宋本,不得不以此爲最古矣。文田記,光緒壬辰試訖深州回京度歲。"(李若農先生遺書,乙亥二月二日李椒見示)

新唐書二百二十五卷目録二卷 宋歐陽修、宋祁等撰　缺卷十二至十七,一百五十九至一百八十。卷六十八、六十九、一百一、一百二、一百三十五、一百三十六配南宋刊十行十九字本。卷十一、十八至二十四、九十八至一百、一百三十一至一百三十四鈔配

宋刊宋印本。板匡高六寸九分,寬四寸七分。半葉十四行,每行二十三至六字不等,注雙行三十二三字,白口,左右雙闌,版心記字數及刊工姓名。宋李安詩舊藏,有景定甲子會稽李安詩手跋。鈐有"李安詩伯之克齋藏書"朱文長方印。

按:此卽世所稱嘉祐本也。北京圖書館藏有殘本,與此正同,均有補版,此宋印本補板差少耳。天禄琳琅書目所藏亦同出一版,且鈐有李安詩印,是李氏當時藏有同式二本歟! 余至昭仁殿點查,竟一册不存,不知流落何所,吁! 可慨矣。(日本靜嘉堂文庫藏書,己巳十一月十三日閲)

新唐書二百二十五卷 宋歐陽修、宋祁等撰　存卷九十七至二百七,二百十二至二百二十二中,二百二十四下至二百二十五,計有一百二十四卷。内卷一百六十三至一百六十四,二百十二至二百十三配明刊本。實存宋本一百二十卷

△二五〇九

南宋初小字建本,半葉十六行,行二十九字,白口,左右雙闌。宋諱桓、慎皆不避。字體勁細、鐵畫銀鈎,筆意在褚顏之間,與南宋中葉後建本之鋒稜峭麗者迥然不同。余舊藏百衲本通鑑,其中有小字十五六行者,與此正同。他如瞿氏藏周易、南京圖書館藏晉書、日本帝

室圖書寮藏初學記、內藤虎藏邵武東鄉朱中奉宅刊史記，其密行細楷亦類此，蓋南宋初建本之精者。

卷末有刻書劄子及銜名，有吳申、文同、陳薦、裴煜、曾公亮、韓琦、富弼等人。半葉十八行。

鈐有"歐陽玄印"、"宋景濂藏書印"、"萬卷堂印"、"宋筠"、"蘭揮"、"雪苑宋氏蘭揮藏書題記"、"微子世家"各印。元代以來流傳有緒。別有"紫玉玄居寶刻"一印，未詳何人，俟再考之。

此書上下餘紙不存，沿板心切下，托裱成書，爲白璧微瑕。甲戌歲張菊生前輩元濟代余收之，因取三十三卷配入百衲本廿四史中。菊生付印時曾取此本與武英殿本對勘，歷舉周處封倫等傳文字不同，可正殿本之失者凡六事。

又，南京圖書館亦藏一帙，爲錢唐丁氏八千卷樓舊藏，鈐有"汪士鐘印"白、"閬源真賞"朱等印，行款與此全同。

忠謨謹按：此書有跋，收入藏園羣書題記續集卷一。

新唐書二百二十五卷目錄二卷　宋歐陽修、宋祁等撰

宋建安魏仲立刊本，半葉十行，行十九字，線黑口，左右雙闌，板心上魚尾下記卷數，下魚尾下記葉數。目錄卷上後有牌子。文曰：

> 建安魏仲立宅刊行
> 收書賢士伏幸詳鑒

目錄卷上題"推忠佐理功臣正奉大夫尚書禮部侍郎參知政事柱國廬陵郡開國公食邑二千一百戶食實封貳佰戶賜紫金魚袋臣曾公亮奉敕提舉編修"。卷一次行三行題"翰林學士兼龍圖閣學士朝散大夫給事中知制誥充史館修撰判祕閣臣歐陽修奉敕撰"。

鈐有"項子京家珍藏"朱、"季振宜印"朱、"汪士鐘印"朱、"閬源真賞"白、"平陽汪氏藏書印"朱、"憲奎"白"秋浦"朱等印。

按：此書刊工精麗，刀法險峭，鋒稜鑿然，是建本之至精者。南潯劉君翰怡承幹所藏。

新唐書二百二十五卷 宋歐陽修、宋祁等撰　存殘葉

宋刊本，九行十七字，白口雙闌，大字方整，版心有"記乙十五"四字。
（乙卯見，沈曾桐藏）

新唐書二百二十五卷 宋歐陽修、宋祁撰

元翻宋刊本，半葉十行，每行十九字，白口，左右雙闌，版心記字數及
刊工姓名。避宋諱至慎字止。

按：此本不見補葉。當是初印。其板式行欵與晉書咸相類，當爲同
時所刊也。（日本静嘉堂文庫藏書，己巳十一月十三日閱）

新唐書二百二十五卷 宋歐陽修、宋祁等撰

元翻宋刊元明遞修本，半葉十行，行十九字，黑口，左右雙闌。每卷
大題在下，小題在上，本紀表志題"翰林學士兼龍圖閣朝散大夫給事
中知制誥充史館修撰判祕閣臣歐陽修奉敕撰"，列傳題"端明殿學士
兼翰林侍讀學士龍圖閣學士朝請大夫守尚書吏部侍郎充集賢殿修
撰臣宋祁奉勅撰"。卷末題：

"唐書凡二十六篇總二百五十卷二十一帝本紀一十篇一十卷十三
卷五十卷五十六卷三表十五篇二十二篇列傳一百五十篇一百六
十卷録二卷嘉祐五年六月二十四日進呈二十六日准中書劄子奉
聖旨下杭州鏤版頒行。"

校對官爲錢藻、吳申、文同、陳薦、裴煜、曾公亮、韓琦、富弼諸人，編
修官爲劉義爰、吕夏卿、宋敏求、王□、范鎮，刊修官爲宋祁、歐陽修，
提舉編修爲曾公亮，皆具全銜。明補板板心有"府劉校"三字，與晉
書同。

鈔補卷五至十，又一百七十九至八十五，共十三卷。

鈐有"馮氏吉甫"、"尺鳬"、"龍氏山房"、"龍飛首擢"、"崇墉"諸印。
尺鳬自是繡谷亭主人，龍氏則翰臣殿撰也。（余藏）

新唐書二百二十五卷 宋歐陽修、宋祁等撰

元刊元印本，十行二十二字，黑口，四周雙闌，版心上記字數，下記刊工姓名。前列曾公亮進書表。

大德本各史流行頗多，而此本獨清朗完整，特爲罕覯，第索值千金，力不能舉耳。（鳳山遺書。己巳三月）

新唐書糾繆二十卷 宋吳縝撰

明趙開美校刊本。卷中朱筆爲吳枚庵翌鳳臨盧抱經文弨校本，而吳氏考訂之語亦書於眉上。墨筆爲翁同書校本，依知不足齋本校勘，并錄錢竹汀大昕考證，各條逐卷錄入。

吳氏跋語錄如下方：

「乾隆丁酉借姚江盧學士校本對度，第二十卷柳宗元以下六條刻本誤入他卷語，學士據本新唐書意爲補全。閱十年丙午，於王西莊光禄齋得錢辛楣宮詹本，鈔自宋刻，原闕具存，遂改正之，爰志歲月緣起於卷尾。五月九日吳翌鳳書於卧松居。」

「咸豐十一年五月以知不足齋本校勘於壽春圍城中。翁同書志。」

鈐有「吳翌鳳家藏文苑」白文印。（辛巳二月十六日自文琳閣借歸移校一過）

忠謨謹按：此書有跋，收入藏園羣書題記續集卷一。又一跋收入藏園羣書題記三集卷一。

新唐書糾繆二十卷 宋吳縝撰　存卷一至六，十二至二十　△七四七八

清影寫宋刊本，十四行二十五字。前吳縝序，序後接目錄。後有吳縝進書表，又紹興湖州教授吳元美序。有朱筆校過，審其字迹，是沈寶硯巖筆。（涵芬樓藏書，丁巳歲見）

新唐書證誤不分卷 清中吳陳黃中撰

舊寫本，墨格，十行二十字。首有乾隆己未壯月自序，略云吳縝爲糾繆，所抉摘止取新史自相牴牾及體例之踳駁者論之，至其誤繆灼然，見于他書可取證者則略焉。暇時閱趙氏金石錄、洪氏容齋隨筆所論新史之誤，喜其貫穿詳博，可爲讀史之助，因取其未盡者隨時筆之，

非欲掎摭吳氏之疏，聊以補趙、洪所未備爾云云。卷中朱墨增改之
處頗多，當爲和叔手薰也。

鈐有"稽瑞樓"、"士禮居藏"二印。（海虞瞿氏藏書，癸酉）

南唐書三十卷 宋馬令撰

明嘉靖二十九年顧汝達刊本，十行二十字。（李木齋藏，壬子）

南唐書三十卷 宋馬令撰

朝鮮古活字本，十二行十九字，黑口，單闌，中縫題"南唐幾"。楊惺
吾守敬以新刻本校，異同加簽于卷内。（余藏）

南唐書三十卷 宋馬令撰

南唐書十八卷 宋陸游撰

陸書臨黃丕烈據陸貽典校本，陸所據則錢曾鈔本也。

馬書臨姚舜咨校本，姚所據則過校宋本也。

兩書爲吳江屈伯剛曦所錄，今讓歸余齋。（戊辰）

南唐書十八卷 宋陸游撰 音釋一卷 元戚光撰 △七四二五

明嘉靖四十三年錢穀手寫本，十行二十一字。卷十五後有錢氏手
跋。錄如後：

"陸放翁南唐書本紀三卷列傳十五卷，乃酉室吏部王公手錄本也。
嘉靖甲子上元，大病初起，靜坐齋閣，屏謝人事，日無聊藉，遂借錄
一過，所恨目力昏眊，用意疎脱，塗抹太多，殊不成書。間閲馬令
書，互有不同，抑不知胡恢所著又何如耳。他日覓得善本，併錄置
齋，用備參校，亦快事也。二書人物損益，褒貶去取，史家自有法
度，非穀所知，茲不敢贅云。錄成謹記歲月于後，是歲三月初七日
錢穀於滎木軒中書。"

鈐有錢氏賣衣買書七絶墨印一方。又毛氏父子藏印。"希世之
珍"印、"泰州劉漢臣麓樵氏審藏善本"等印。（戊午見）

宋史四百九十六卷 元脱脱等撰

明成化七年朱英刊本，十行二十字，黑口，左右雙闌。

按：陸心源跋謂此書元刊元印無一修板，誤矣！元刊本半葉十行每行二十二字，黑口，四周雙闌，版心上記字數，下記刊工姓名，皆在板心中線之左，今藏北京圖書館，乃有清內閣之書。友人葉君曾校過，極稱其佳絕。此外各家所藏均朱英本也。（日本靜嘉堂文庫藏書，己巳十一月十三日閱）

宋史殘本二十册

明成化朱英刊本，十行二十字，黑口，四周雙闌，版心上魚尾上記宋史若干卷，中記志傳卷數，下記刊工姓名。　存卷如下凡二十八卷：志一至十，十四至二十五，二十九，列傳一百五至一百十。　寫工大約每卷爲一人，刊工則否。

志一至三勞莘寫，志四勞莘寫，馬仁刊，又數人，志五湯性善寫，志六黎浩寫，志七八九湯惠寫，志十李俊寫，志十三李俊寫，志十四至十六湯惠寫，志十七李俊寫，志十八至二十二湯惠寫，志二十三勞莘寫，志二十四二十五馮正寫，志二十九李俊寫，傳一百五戴銳寫，傳一百六劉沛寫，傳一百七陳鼐寫，傳一百八梁楷寫，傳一百九李琳寫，傳一百十林珍寫。

按：此書刊工不細而印本特精好，凡見者多誤認爲元本，不知元本字仿趙體，頗秀勁，行數亦大不同也。第此版入南監後多模糊，補刻亦多半，迴非舊觀，故後人易以誤認也。莫氏郘亭書目記元本十行二十字者卽此本。皕宋樓所藏元本余在靜嘉文庫見之，亦此本，其摹印尚不及此之精湛。余藏一本卽後印者，蓋此成化朱英本流傳亦殊罕矣。（辛未十二月廿三日見）

宋史道學傳四卷

明成化刊本，十一行二十一字，黑口，四周雙闌。有成化二十年南昌張元禎序，二十一年翰林國史檢討古岡病夫陳獻章序。卷二末有弘治丁巳莆田宋端儀跋。有天台陳選後序，成化甲辰。按序，此書爲陳

選所刊,蓋爲憲臣于江南、山東、河南,以頒示諸生者也。鈐"孫敬美印"白文。(述古堂送閱。丁卯)

東都事略一百三十卷 _{宋王稱撰}

宋刊本,行欵牌子與今翻本者同,不再記。初印,紙勻潔細薄而韌,精美絕倫。(顧鶴逸藏書,癸丑)

東都事略一百三十卷 _{宋王稱撰　卷一至二十三鈔配}

宋刊本,板匡高五寸八分,寬四寸三分,半葉十二行,每行二十四字,白口,左右雙闌。板心上記字數,中記東幾。目錄後有牌子二行。如下式:

> 眉山程舍人宅刊本
> 己申上司不許覆板

印本不精。

按:此書董綬經康同年曾得宋刊本,佚去一册,爲徐乾學傳是樓舊藏,後歸之張氏適園。又丁氏持靜齋著錄宋刊本一部,曾湘鄉詫爲人間未有之祕寶,後得見之,乃明翻本耳。此本雖漫漶殘缺,然古味盎然,要是真本。(日本帝室圖書寮藏書,己巳十一月十一日觀)

東都事略一百三十卷 _{宋王稱撰}

宋刊本,半葉十二行,每行二十四字,白口,左右雙闌。版心上記字數。避宋諱至惇字止。

按:此本配入明刊本過半,然原刊中頗有初印精善之葉,勝於帝室圖書寮所藏本。目錄牌子以翻刊本補入。(日本静嘉堂文庫藏書,己巳十一月十三日閱)

東都事略一百三十卷 _{宋王稱撰　缺卷一至四,七十四至八十四,計缺十五卷}

明棉紙藍格寫本,九行二十四字。或二十二三。卷中遇宋帝皆空格提行,是從舊本出也。天一閣佚書。(余藏)

東都事略一百三十卷 _{宋王稱撰}

明寫本,藍格,十一行十八字,照宋鈔本。（涵芬樓藏,丁巳見）

宋史略五卷 不著撰輯人姓名

□刊本,十四行二十四字,黑口。刊式古雅。（壬子）

南宋書增削定本六十八卷 明錢士升

題明大學士寒葊錢士升增削,太學生固叟許重熙贊。

鈐有"青浦王昶字曰德甫"白、"一字述葊別號蘭泉"朱、"二萬卷書可貴一千通金石備購且藏劇勞勘願後人勤講肄敷文章明義理習典故兼游藝時整齊勿廢墜如不材敢賣借是非人犬豕類屏出旅加鞭箠述葊傳誡"朱文扁方、"松年"白、"泰峰"朱。（壬子歲見於揚州）

宋史記凡例 明祥符王維儉

長留閣寫本。有太倉季錫疇跋,菰里瞿秉淵跋。又戴子高一跋。録後:

"同治戊辰季夏從常熟張瑛純卿假鈔,子高記于金陵冶城山書局。用長生未央硯書。"（盛昱遺書。壬子）

遼史一百十六卷 元脱脱等撰

明初刊初印本,十行二十二字,黑口,左右雙闌,版心上魚尾下記遼記幾,下魚尾上記葉數。（内閣大庫佚書。寶應劉啟瑞藏）

金史一百三十五卷 元脱脱等撰

元至正刊本,十行,二十二字,線黑口,四周雙闌,版心上記本紀或傳一二字不等,上魚尾下題金史幾,下魚尾上記葉數,下記刊工姓名。（北京圖書館藏書,内閣大庫舊儲）

金史一百三十五卷 元脱脱等撰

明初刊本,十行二十二字,黑口左右雙闌。（余藏）

金史一百三十五卷 元脱脱等撰　存七十二卷

明嘉靖八年南監刊本,江汝璧校刊。棉紙,印本尚可。十行二十二字。（博古齋送閲。甲子）

元史二百十卷目錄二卷 明宋濂等撰

明洪武三年内府刊嘉靖九年十年遞修本，十行二十字，大黑口，四周
雙闌。版心上記字數，下記人名，間有嘉靖九年、十年補刊之葉。首
進元史表，次纂修凡例，次目錄。目後洪武二年十月十三日史臣宋
濂記，言續修及補完各卷云云。（文元堂寄來，已收得。丁巳）

元史二百十卷 元脱脱撰

毛申甫校本，以錢汪兩書校，又自出己意。（乙卯）

皇明本紀二卷

明藍格寫本，紀洪武開國事。（甲寅）

皇明同姓諸王表六册 不全

舊寫本。清錢謙益朱筆增校。（壬子）

識大錄五十二册 題古宣逸史臣劉振伏述

舊寫本，九行二十字，棉紙黑格，字迹頗舊，當是清初人手筆。其書
仿正史例，所載起太祖至穆宗爲帝典二十四卷，列傳則不分卷，自母
后、儲宮、宗室、宰輔以至四裔，皆以類分編大。抵原本列朝實錄，而
別采諸家文集銘誌，故取材頗富，足補正史之缺。

舊爲法梧門式善所藏，鈐有"詩龕書畫印"、"詩裏求人龕中取友我懷
如何王孟韋柳"朱文二印。

按：此書見浙江採集遺書總錄，通五十二册，爲汪氏開萬樓寫本。四
庫存目稱其叙述疏舛，義例雜糅，不足自名一史。或緣其書多嫌忌，
不欲收之也。（甲戌九月二日文友堂送閱）

石匱書二百二十卷 題蜀人張岱撰 缺卷十二至二十三凡十二卷

舊鈔本，八行二十字，版心有"鳳嬉堂"三字。或題會稽張某、或題南
劍張某。其目錄列後：

本紀：存十一卷

高帝一、讓帝一，後附致身錄、成祖一、仁祖一、宣宗一、英宗一、上下，景

帝一、憲宗一、孝宗一、武宗一、世宗一。缺穆宗、神宗、光宗、熹宗、思宗各帝紀。或更有后妃紀。當至廿三卷止也。

志十四卷：卷二十四起至卷三十七止

天文一、地理一、禮樂一、科目一、百官一附表。河渠一、刑名一、兵革一、錢刀一、馬政一、附茶馬。曆法一、鹽莢一、漕運一、藝文一。

世家九卷：卷三十八起至卷四十六止

徐中山附徐輝祖、常開平、李歧陽文忠、沐黔寧、鄧寧河、湯東甌、劉文成、張河間定興、朱東平。

列傳：

辛卯殉難列傳四十七，張名振、黃斌卿、阮俊、王朝先列傳、只一卷，而標四十八至五十一、瞿式耜、五十二、陶仰用、朱旻如、蔣武烈、廖應登、甘輝、五十三至五十五、孝子列傳、五十六、遜國諸臣、七十三、中分後死者、勤王死者、城守死者、陣亡死者、隱遁者、而以叛降之李景隆、茹瑺、陳瑛等殿之、靖難勳臣、七十六、交趾死事、八十七、土木死事一百三、王守仁附弟子、一百三十、南巡死諫諸臣、一百三十六、大禮建言諸臣、一百四十、嚴嵩、一百四十七、四十葉、國本建言諸臣、一百六十八、門户列傳、一百四十、十五人、三案諸臣、一百八十四、逆黨、一百九十六、起崔呈秀、至阮大鋮、分五虎、五彪、動搖中宮、傾心贊導、頌美建祠、反覆另傳各類、循吏、一百九十七、孝子、一百九十八、獨行、一百九十九、義人、二百、儒林、二百一、文苑、二百二、三上下、隱佚、二百四、妙藝、二百五、方術、二百六、後附張真人及利瑪竇傳、名醫、二百五、列女、二百六、貨殖、二百七、宦者、二百八上、下、佞幸、二百九、羣雄、二百十、勝國遺臣、二百十一、盜賊、二百十二、四夷、二百十三、朝貢諸夷。二百十四。

附續傳六卷：

義人、列女、宦者、盜賊、文苑、妙藝。

按：舊聞張陶菴撰有明一代史書，名石匱書，求之歷年不可得。昨歲羅子經振常自南中馳函，言有故家藏是書，必得善價乃可易，往返商榷，欲蘄一觀首冊而不可。嗣與朱君逖先希祖言之，北京大學方研求有明一代史事，網羅昔賢遺著，屬爲購致。余乃先以鉅金往，殘臘將盡而全書始至，歷時已及一年，蓋尋訪若是之艱也。書凡二百二十卷，卷第間用朱筆更定，或一卷而包括數十傳，或二三卷而只得一二傳，蓋屬稿未定，或有待于重編也。仿史記体例，分帝紀、志、世家、列傳。帝紀缺穆宗、神宗、光宗、熹宗、思宗五朝卷十二至二十三凡十二卷，以本書每帝紀一卷測之，則帝紀以下或尚有后妃紀及年表七卷，然前後無序，已無從考見矣。略事披覽，其義例蹐駮、詞旨疏陋者恒所不免，陶菴詞華之士，固難語于史才，茲粗列數則于後：

一、帝紀讓帝立紀，于史例似有可商，而附致身録于後，主地道出亡之說，仍沿明人舊習，其可議者也。

一、志爲十四類，立名多未允當，如兵革、錢刀，皆前史所未有。藝文志簡略殊甚，如地理類載黃佐廣東通志而無廣西通志。亦黃佐撰。尤異者如易類之大易用、四書類之四書遇二卷、史類之義烈傳十二卷、小説類之夢憶二卷、快園道古十二卷皆岱所自撰，前無此例也。

一、列傳首列辛卯殉難諸臣，似隱寓晚明恢復之旨，而遜國靖難諸人反在其後，于年世未免凌亂。交趾死事、土木死事標舉專名可也，而南巡死諫一傳，標名未免不倫。他如國本建言、大禮建言、門户、三案諸傳，立名咸有未安。數百年治迹若一一爲之別立名目，恐更僕有不能終矣。他如隱佚之外別出勝國遺臣，獨行之外別出義人，方術之內兼括道釋二家，四夷之後更題朝貢諸夷，證諸前史，義法皆爲舛謬。

一、各篇中詞旨可議者極多。名醫列傳總論中有語云詩有別腸，酒有別腸余亦言醫有別腸等語，貨殖列傳總論有若武進人倪瓚、昆山人顧仲瑛皆以猗頓之富游意東晉之習等語，皆極可嗤笑。貨殖妙藝諸傳多俚言碎事，類小説家，不足言史事，尤爲蕪穢。

續書六卷義人、列女、宦者皆紀明季諸人，盜賊紀張、李二人，文苑紀曹能始、顧起元、陳仁錫三人，妙藝紀闥思、張爾葆、李流芳、陳洪綬。

余考陶菴所著瑯嬛文集，其首篇卽爲石匱書序，言有明一代國史失誣，家史失諛，野史失臆。自崇禎戊辰遂泚筆此書，凡五易稿，上際洪武，下訖天啓云云，誣諛之弊固絶，而好採短書雜説，其去野史也亦僅矣。

藝文志總論言永樂大典事，云烈皇帝命再抄一部，所費不支，遂爾中止。且聞管庫官吏多私竊攜歸，簡其卷數，遺失必多。余于儀部胡敬辰家所見有二十餘本，而四支韻中二字尚不能全，其書之汗牛充棟可勝計哉！思宗重抄大典及明末已有竊出者亦創聞也。

昔人謂谷應泰明史紀事本末乃竊陶菴石匱書爲之，今觀稿本，則純爲正史紀傳體，非編年之作，則舊説蓋妄傳也。（己巳二月二十八日記）

以 上 斷 代

編 年 類

竹書紀年上下卷

清郝懿行曬書堂校正本，抄本未刻。前後有序跋。（辛巳十一月六日見於翰文齋，潘伯寅遺書）

元經薛氏傳註十卷 宋阮逸撰　存卷六至十

清盧文弨手校本。有跋録後：

　　“丁酉三月十一日校竟。東里盧文弨記。”藍筆。“己亥三月二十一
　　日又借得鈔本來，屬江陰趙敬夫復一校，改正若干字。弓父”

按：余嘗過録于漢魏叢書本上，補正極多，有脱文至二葉者。沅叔。

（戊午歲見於翰文齋）

司馬温公經進稽古録二十卷 宋司馬光撰　　　△八○一二

明弘治十四年楊璋刊本，十行二十一字，大黑口，四周雙闌。有弘治辛酉國子司業黄珣序，稱孝感楊廷宜璋得于沁水李叔淵家，捐貲鋟梓。後有楊璋刻書跋。

有清葉萬、黄丕烈跋，錢大昕、朱爲弼、蔣因培觀欵。録後：

"崇禎甲戌讀司馬温公資治通鑑，凡四閲月始竟，以爲古來君臣事迹所以興衰之故既詳且盡矣，而無提綱挈領，不能一時取覽讀。未幾，湖賈以此書見售，意始慊然，又悵夫目録一書無由見也。石君"

"康熙甲辰春自裝成二本訖，若得目録、外紀二書相配，則通鑑之事寔大備矣。惜乎未有以遇，怏怏於中耳。又有朱子綱目前編、續編，此又一種不列温公之教者，世人莫不奉爲寶符聖訓。余竊謂宣聖筆削萬古不能繼，朱子蹤之，儼然素王矣，又分注于下，操素臣之筆，不已勞乎！而金履祥、陳桱復從而僭其位，何後世聖師賢弟之多也！且孔子、左丘明尚出兩人之筆，而宋元儒皆以一人而兼兩任，又何其不憚煩若是！世人舍孔、左而奉宋元之儒，則不知又何説也。因裝成之後，聊抒所懷，記之卷末，以示後之有志者。"按：此亦石君跋語。

"司馬温公稽古録向藏陳禾叔校本，大都以意改定，非有舊本爲據也。余初聞此黑口本在金昌某骨董家，未及往訪，先以他坊間獲一本，與所聞同是黑口，取校舊藏爲勝，蓋刻在先爾。既而重訪是册，見首葉有葉石君手迹，卷終并有兩跋，遂復收之，中有闕葉悉從前本影鈔足之。前本後歸五硯樓云。嘉慶丙寅二月廿有四日蕘翁黄丕烈識。"

"嘉慶庚申十月竹汀居士錢大昕讀。"

"道光甲申首夏平湖朱爲弼觀。"

"道光丁酉暮春辛峯老民蔣因培借讀。"

前有黃丕烈小像并葉樹廉、席鑑、張蓉鏡題簽。

鈐印列下："樸學齋"、"葉樹廉印"、"石君"、"歸來草堂"、"萬經"、"蕘
圃"、"士禮居藏"、"席氏玉照"、"苕溪"、"訥夫"、"定球私印"、"韵
溪"、"心蓮室"、"畹芳女士"、"叔芷"、"芙初女士姚畹真印"、"佛桑仙
館"、"雙芙閣"、"小嫏環福地張氏收藏"、"思初室"、"張伯元別號芙
川"、"蓉鏡珍藏"、"赤松黃石"、"革香"。（周叔弢藏書。戊午）

資治通鑑二百九十四卷 宋司馬光撰　　　　△一二三五八

宋紹興二年至三年兩浙東路茶鹽司公使庫刊本，半葉十二行，行二
十四字，白口，左右雙闌，板心魚尾下記通鑑幾，下記葉數，下記刊工
姓名。首行題資治通鑑卷第幾，二三行題司馬光奉勑編集，低一格。
鈐有季振宜藏印。

按：此與余藏百衲本通鑑中之紹興小字本同，潘君馨航復所藏。後潘
君又以紹興刊白氏六帖易得余藏目鑑三十卷，遂爲完書。

資治通鑑二百九十四卷 宋司馬光撰　　　　△二四六一

宋刊本，內紹興二至三年兩浙東路茶鹽司刊本居三之二，餘配其他
宋刊本六種。分列如下：

第一種：半葉十二行，行二十四字，白口，左右雙闌，版心上記通鑑
幾，下記刊工人名。版匡高六寸六分，廣四寸七分。字體方整渾厚，
避諱至構字止，慎字間有剜去痕，爲紹興二至三年兩浙東路茶鹽司
刊本。卷末有元豐七年司馬光進書表、獎諭詔書、元豐八年重校元
祐元年下杭州鏤版牒文及校對官張未等銜名十三行。最後爲紹興
二年刊板畢工題識及校勘銜名。錄如後：

"紹興二年七月初一日兩浙東路提舉茶鹽司公使庫下紹興府
餘姚縣刊板，紹興三年十二月二十日畢工，印造
進入。"

後銜名二十四行從略。

第二種：半葉十五行，行二十五字，黑口，左右雙闌，版心記正鑑幾。版匡高六寸二分，廣四寸四分。字體有鋒穎，避宋諱至慎、敦字止。是小字建本。

第三種：半葉十四行，行二十四字，白口，左右雙闌，版心記正鑑幾，首行間加“司馬温公”四字。版匡高五寸六分，廣四寸一分。宋諱敦字不避，字體疏秀，是南宋初建本，與江南圖書館藏小字本唐書極相似，卽號爲景祐本者。

第四種：半葉十六行，行二十七字，黑口，左右雙闌，版心記正鑑幾。版匡高六寸三分，廣四寸五分。刻工不精，避諱亦不謹。

第五種：行欵同前，版匡高六寸二分，廣四寸四分，微小于前本。避宋諱至慎字，刊工極精。

第六種：半葉十一行，行二十一字，細黑口，左右雙闌，版心記通鑑幾。版匡高六寸六分，廣四寸三分。避宋諱至郭字。大字峭麗，類黃善夫史記，爲建本中之至精者。

第七種：半葉十五行，行二十四字，白口，左右雙闌，版心記鑑幾。版匡高五寸七分，廣四寸二分。字體瘦勁，是南宋前期建本。

每卷鈐有“季振宜讀書”朱、“汪士鐘印”回文、“藝芸主人”朱蓋季氏所集。内紹興本有“顧從德”、“焦氏家藏”、“項氏子昌”、“毛氏九疇珍玩”印。十五行黑口本第二種有“東吳沈天用記”朱文印。

按：此百衲本通鑑季滄葦舊藏，余丙辰歲獲之端陶齋方家，與家藏元胡氏音註本儷爲雙鑑。其所集七本中，浙東茶鹽司本有北宋牒文，爲現存通鑑最古者，餘均建本精刊。得書後與章君式之合校一過，經年始訖事，改正至夥，復郵致涵芬樓影刊流傳，與同好共之。

資治通鑑二百九十四卷　宋司馬光撰　存卷四至二十四、六十七至八十七、一百四十一、一百五十九至一百八十五、二百三十五至二百五十七、二百八十八，計九十四卷

宋大字建本,半葉十一行,行二十一字,白口,左右雙闌,版心上記字
數,下記刊工人名,闌外記帝名。鈐有朱象玄、錢謙益并江東陸氏諸
印。(常熟瞿氏藏書,乙卯歲觀於里里)

資治通鑑二百九十四卷 宋司馬光撰　卷一百三十九至一百四十、二百十四

至二百十六、二百六十五至二百六十七配清抄本　　　　　△七三七二

宋刊本,半葉十一行,行二十一字,白口,左右雙闌,板心上方記字
數,下方記刊工姓名,陰葉闌外標某朝某帝。鈐有“張喬之印”、“克
庵”、“盧文弨印”各印,又有“嶽雪樓印”、“泰峰見過”印。有光緒間
一跋,文冗不録。稱此書爲元本。

按:此書張菊生元濟得之廣東孔氏,價甚廉,寄四册來視。考其行格
板式,正與余藏百衲本通鑑之最佳大字建本同,但板式略高,左闌外
有字,爲不同耳。其字體不及建本之精好自然,疑此本從建本翻雕
也。虞山瞿氏藏一本,余曾影摹一葉,正與此同。(丁巳)

資治通鑑二百九十四卷 宋司馬光撰　存一百四十九卷

宋刊本,半葉十一行,每行二十一字,黑口雙闌。

按:陸心源題爲北宋刊本,實則余藏百衲本通鑑中之大字建本也。
廓字已缺筆,則付彫已在寧宗時矣。(日本靜嘉堂文庫藏書,己巳十一月十
三日閱)

資治通鑑二百九十四卷 宋司馬光等撰　存卷六至十六、十九、二十一至三十

四、三十八至五十四、五十七至七十、七十二至一百十一、一百十三至一百十七、一百
二十二至一百二十九、一百三十五至一百三十九、一百四十一至一百五十五、一百五
十七、一百六十一至一百八十六、一百八十八至一百九十、一百九十四至二百二十五、
二百二十七至二百三十、二百三十三至二百五十、二百五十四、二百五十五、二百六十
至二百六十五、二百七十一,計存二百二十三卷。二本配成

宋鄂州孟太師府鵠山書院刊本,版匡高八寸,寬五寸九分,半葉十一
行,每行十九字,注雙行二十三字,版心記大小字數及刊工姓名。本
文下間附音義。卷六十八末葉有牌子。如下式:

> 鄂州孟太師府三安撫
> 位刊梓於鵠山書院

又配一本，行欵同。而字微滯弱。

按：此本北京圖書館亦藏殘本二部，爲内閣大庫物，行欵皆同，字體一瘦勁一方整。皆目爲龍爪本。後本卽此書之配本。余嘗以後本字畫板滯，頗疑其非宋刊，而無以證之。嗣在廠市購得通鑑序二頁，乃知實爲元至元二十二至二十八年福建翻蜀本。茲録原序于後，以告當世，知正文通鑑至元固曾翻雕，亦書林之逸話也。

"書訖而春秋作，春秋絶而通鑑續，俯仰數千年盡在是矣。予舊收蜀本通鑑，視江南諸本爲善，惜其今無存梓也。乃命工翻刊，起于至元己丑春，迨辛卯春成，士友校讐，謂無訛舛，因記歲月，以貽後觀。　奉國上將軍福建等處行尚書省參知政事魏天祐書于建之中和堂。"

後有"鉅鹿奉國"爵式木記、"容齋"圓木記、"中和堂"方木記。葉尾有"温字十七號"木記一行，上鈐"禮部評鑑書畫關防"，闌邊左角有"三山鄧氏刊"一行。闌外有"解物人沈盛、沈茂"二行，下並有花押，當是福建刻成解送至禮部之物也。（日本靜嘉堂文庫藏書，己巳十一月十三日閲）

資治通鑑二百九十四卷 宋司馬光撰　殘

宋大字本，半葉十一行，行十九字。字厚實，皮紙初印，卽世所謂龍爪本。（京師圖書館藏書，癸丑）

資治通鑑二百九十四卷考異三十卷 宋司馬光撰

△二五三三・二五三四

明嘉靖二十四年孔天胤杭州刊本，白文，十行二十字，白口，左右雙闌，每卷首葉版心記刊工人姓名。温公論小字雙行附本書下。首治平資治通鑑事略，次温公進書表，次河汾孔天胤題辭，次目録。據孔氏題辭云，委付杭郡太守陳君一貫總其成，仁和令程良等分其校理，

自嘉靖甲辰六月開局，明年春三月完，另考異三十卷俱從唐太史家
宋板文字云。

鈐有朱記二方，其一楷書，文曰"江西提學副使徐官書，嘉靖四十五年發貯本
道"。

其一篆書，文曰"隆慶壬申夏提學副使邵　晒理書籍關防"。

又有"方扶南入京後收藏"、"乙亭田氏藏書之印"各印。

自一百八十九卷至二百十九卷以元刊音註本配入，每卷亦有嘉靖、
隆慶兩木記，蓋嘉靖時所配補也。

按：此明刊白文無注本文字從宋本出，久爲世所珍重，儀顧堂續跋云
以胡注本相校，歷舉數十條，脫誤至數千字，當與宋本同觀，洵發前
人所未發。余既得宋刊百衲本於匊齋家，亟思得明本以刊證之，丁
巳春覯此本於肄雅堂，懸價甚高，且有人爭購，未遑過問。至端午節
前，諸帥陳兵近畿，連營數十，都市震驚，居人駭竄，若避寇盜，廠市
寥落，無人一顧，乃爲余以一百六十金得之。其夕復得殘本四函，所
配元刊正可抽補，亦云巧合矣。

考此書刻于嘉靖二十四年，書中所鈐江西提學副使木記爲嘉靖四十
五年，距刊成僅二十二年，豫章浙水接壤之區，提學官書又非私藏可
比，而卷帙殘缺竟不惜取元刊補之，可知當日得書已艱，故矜重如
此。矧迄今越三百五十年。傳本更稀，與宋元同珍宜矣。

資治通鑑考異三十卷　宋司馬光撰　缺卷二十七至三十，抄補

　　　　　　　　　　　　　　　　　　　　　　△八六六

宋紹興二年兩浙東路茶鹽司公使庫刻本，半葉十一行，行二十字，白
口，左右雙闌。板心上記字數，下記刊工人名，每卷末間有校正銜
名。薄皮紙印，頗清朗。鈐有"曾在春星堂"、"汪士鐘曾讀"、"宋本"
諸印。

按：此與余藏百衲本通鑑中第一種紹興浙東茶鹽司本同。（海源閣書，

辛未二月十二日觀於天津鹽業銀行庫房）

資治通鑑考異三十卷 _{宋司馬光撰}　　　　　　△七三七三

宋刊本，十一行二十字，注雙行二十三字，細黑口，左右雙闌。卷二
十六以後配有元補版。字體稜屬，南宋正宗，紙墨精美，可愛可寶。
鈐有明洪武年收藏官書印，不可辨。又有明代各印：

“桂堂王氏季積圖籍”_朱、“敬德堂圖書印”_朱、“項氏少谿主人子信篤
周家藏”_白、“萬卷堂”各印。

按：乙卯歲游虞山，嘗于瞿氏見宋大字建本通鑑，存二百六十九卷，
行歀與此全同。亦有桂堂王氏及晉府印，當是一家眷屬而離析者，
未知何時作延津之合也。（涵芬樓藏，丁巳歲獲觀）

資治通鑑考異三十卷 _{宋司馬光撰}　缺卷三、四兩卷　　△七三七四

宋刊本，十行二十二字，白口，四周雙闌，板心上記字數，下記人名。
鈐有“禮部官書”大印，又“玉蘭堂”及徐健庵、季滄葦各印。（涵芬樓藏
書，己未）

資治通鑑目録三十卷 _{宋司馬光撰}　　　　　　　△一二三五八

宋紹興二至三年兩浙東路茶鹽司公使庫刊本。板式與余藏百衲本
通鑑中之紹興本同。序半葉八行。序一葉及目録一二葉均似以清初仿宋補
刊加入者。

刻工有張謹、張昇、張永、張清、張田、牛進、牛寶、宋道、宋俅、弓□、
朱贇、史□、吳珪、黃暉、黃覺、江政、江通、方誠、高起、徐政、董明、陳
然、余青、龔擇、萬成、葉明、劉乙、俞元等。

鈐有“季振宜字詵兮號滄葦”、“徐健庵”、“乾學”、“子孫保之”、“乾隆
御覽之寶”、“天禄琳琅”、“天禄繼鑑”。（文德堂送來首冊，已收。癸亥）

資治通鑑釋文三十卷 _{宋史炤撰}

題宋刊本，十二行二十一二字，注小字三十字，版心記大小字數。黃
氏士禮居舊藏。

按：此書小字刊印頗精，惟序後有挖補之跡，豈有元時牌子耶！（日本

静嘉堂文庫藏書,己巳十一月十三日閲)

通鑑釋文辨誤十二卷 _{元胡三省撰}

元刊本,十行二十字,黑口,四周雙闌,版心上記字數,下記人名,與
通鑑同式。缺卷七,卷五、六亦後印配入,餘則初印精好。

鈐有"王懿榮"、"海上精舍藏本"各印。(徐梧生遺書,翰文齋閲。己巳三月)

資治通鑑音註二百九十四卷 _{元胡三省撰}

元刊本,十行二十字,注雙行,黑口四周雙闌。中縫作通鑑幾,或通
鑑第幾卷,上記大小字數,下記刊工姓名。　　前王磐興文署新刊資
治通鑑序,次胡三省新註資治通鑑序。首行題"資治通鑑卷第一",
次三行題"朝散大夫右諫議大夫權御史中丞充理檢史上護軍賜紫金
魚袋臣司馬光奉勅編集",四行題"後學天台胡三省音注"。鈐有"曹
溶"_朱、"潔躬"_白、"小酉齋"_白、"三餘堂圖書印"_朱、"懷玉印信"、"趙氏
億孫"。

按:此書余家世藏,有莫友芝、柯劭文、羅振玉、蔣斧、繆荃孫、曹元
忠、董康、鄧邦述、翁斌孫跋,又莫棠、寶熙題詩。(丙辰)

後又收得一帙,鈐有英和恩福堂藏印。

資治通鑑音註二百九十四卷 _{元胡三省撰　缺二十一卷}

元刊初印本,十行二十字。卷二百六十三卷後附刊一葉,爲各本所
無,照錄如下:

"七月戊申起寫。己酉,晝錦樓挈矩之二子招飲。挈矩有宋參知
政事攻媿樓公之曾孫也。二樓又招其二兄彊善、景雋同飲。酒邊
譚經史,言攻媿點句讀數處,殊有新意。迨莫而歸。庚戌養直於
市中貿故紙,得一帙書,其首編曰匈奴須知,載遼國燕京、上京、中
京、東京、北京州縣道里及官制;次曰聚米圖經,趙珣所上,載陝西
及河瀧地理事宜;又次曰蔡莨侍行録,載侍父使西河所經見者。
因觀之竟日,至壬子乃徹卷。_{趙珣書多言康定間事,蔡莨書則元祐六年所}

紀也。”

卷二百六十四卷末附一行：

“七月壬子起寫，乙卯徹卷。”（庚申四月九日見於寶應劉翰臣家）

資治通鑑音註二百九十四卷　元胡三省撰

元刊本，十行二十字，小字雙行同，版心有字數及刊工姓名。

按：此書藏書家多有之，然往往失去王磐行書序，此本王序尚存，自足珍秘。第印工尚不及余家藏本之圓湛精勁，則爲時略晚，然以視明代印本相去天淵矣。余于寶應劉翰臣啟瑞家曾覯一殘本，出自內閣大庫。墨氣濃郁，鋒稜畢露，更勝余家所藏，實爲最初印本。其第二百六十三卷有跋語一葉，附于卷末，爲各本所無。（日本靜嘉堂文庫藏書，己巳十一月十三日閱）

通鑑注辨正　清錢大昕撰　附　宮詹公題跋　清錢大昕撰

錢氏手稿。有沈樹鏞跋，趙之謙記。（吳門顧鶴逸麐士藏書，癸丑歲見）

入注附音司馬溫公資治通鑑一百卷　配以他宋本十九卷

　　　　　　　　　　　　　　　　　　　△七三七七

宋刊本，半葉十四行，每行二十三字，注雙行二十五字，細黑口，左右雙闌。版心上方計大小字數，上魚尾下記鑑幾，左闌外有耳記某帝，闌外上方有標注。

缺卷配宋刊本，半葉十五行，行二十六字，注雙行，細黑口，左右雙闌。版心上計大小字數，上魚尾下記鑑幾二字，下記刊工姓名一二字不等，左闌外有耳，記某帝。逐句加點，精要處加墨擲，國名用陰識。爲卷十五至二十三、四十九、五十、六十三至六十六、八十至八十三，凡十九卷。

鈐有閩中督學使者溫葆淳二印。

按：此書既非詳節，亦非陸狀元通鑑，全書一百卷，各家著錄皆不收，每卷後附考異，或大字，或雙行小字不等，音釋不注爲何人，史事皆注明出某書，注中間采史論，如呂、葉、胡、林之類，然以胡氏爲多，大要取自讀史管見也。鑑注在胡三省前殊不多見，雖屬刪節之本，要自可珍，惜序跋全失，無從考證耳。配本標題皆割補填寫，足成卷數，細審行欵，是呂大著點校標抹增節備注資治通鑑。此本除瞿氏外亦少見。原杭州吳氏藏書，甲寅夏得之杭估鄭姓。

忠謨謹按：此書別有跋，收入藏園羣書題記初集卷二。

資治通鑑補二百九十四卷　明嚴衍撰

清瓶花書屋童氏活字本，十行二十字。卷中補入文字以細黑線界其起訖以別之。

按：咸豐初元江夏童和豫以聚珍板印行百餘部，見思補樓盛康序，即此本也。封面題咸豐元年辛亥孟夏瓶花書屋童氏藏本。首爲錢大昕撰嚴先生衍傳，次黃淳耀序，次康熙癸亥同里許自俊潛壺序，次崇禎十七年甲申九月嚴衍自序，次崇禎十二年己卯門人談允厚後序，次凡例二十四則。每卷首行下方有“瓶花書屋童氏藏本”二行，每卷末行下方有“童和豫偕弟和豐和謙校”二行。(己巳)

忠謨謹按：此書別有跋，收入藏園羣書題記三集卷一。

少微家塾點校附音通鑑節要五十卷外紀五卷

明刊本。中板式，十四行二十一字，黑口，四周雙闌。上方有闌標事目，目錄前行題“眉山史炤音釋”、“鄱陽王逢輯義”、“京兆劉剡增校”三行。前有嘉熙丁酉良月朔，迪功郎新邵武縣南尉巡捉私茶鹽礬私鑄銅器兼催綱江鎔序，次讀通鑑法，次通鑑總要通論，次通鑑釋例，次著雍涒灘京兆劉剡跋，凡六十行。(己巳)

增入名儒集議資治通鑑詳節□□卷

宋刊巾箱本，十三行二十二字，黑口，左右雙闌。左闌外有耳記篇名，闌上有標語，諸儒言論低一格，行間有點擲。

按：此書鐫雕極爲精湛，亦出吳仲懌侍郎家，甲戌十二月記。沅叔。

陸狀元集百家注資治通鑑詳節一百二十卷 宋陸唐老集注

合配本。宋刊本半葉十三行,行二十二字,注二十八字。元刊本半葉十四行,行二十三字,注二十七字,黑口,左右雙闌。標題間加增修二字。前元好問序,半葉七行,行書。次總例五條,十五行。次敍撰十七史人姓氏,敍注十七史人姓氏,九行。此葉卷末有木記如下式:

□□□氏
萬卷堂刊

次司馬光原序,次通鑑釋文序,序後木記二如下式:"新又新"鼎式,"桂室"爵式。次神宗御製序及詔書,次司馬光進書表,又溫公親節資治通鑑序。序略云:在當時徧閱舊史,旁求小説,豈無惜之如可惜而强收置之。退居獨樂園之讀書堂,迺得取諸舊編,更加精擇,削其繁蕪,自爲節要,以便稽考云。次劉秘丞外紀序,次溫公外紀序。以上均半葉十一行。次君臣事實分紀綱目計七卷,九十九類。半葉十二行。

次目錄:

卷一看通鑑法,　卷二通鑑總例、通鑑圖譜,　卷三至五通鑑舉要曆,　卷六至十二通鑑君臣事要總紀,　卷十三至十六外紀。　以下自威烈王起入通鑑本書。

其總例之一以有關刻板,錄後備考:

"一、通鑑之書成于元豐之七年,紹興初開經筵,特命進讀,學者始知所趨嚮。溫公舊有節本,書肆嘗印行。既而蜀中有音註本,浙中有增節本,而吾郡鄉先生張公又爲增續本,書肆摹印日廣,差舛浸多。近得狀元陸公點校集注本,有諸本之所長,而無其差舛,誠所謂創見者也。三復讎正,刻梓以傳。然古人掃塵之喻豈能盡免,視之他本其庶幾焉。"

其君臣事要總紀乃分門摘錄事實,標舉新異之字,而引原文注于下,以供採獵之用者。

本書每卷後附考異，闌上標綱要，每事著一二句。板匡外左耳標某帝名，注中引書首一二三字以陰文別之。

每卷鈐有"蒙菴主人"、"清俸買來"兩印。

卷一至四、六至十、五十九至六十二、一百三至一百四鈔配。共鈔十五卷。（此南皮張氏書散出者，保萃齋送來看。癸亥）

增修陸狀元集百家注資治通鑑詳解一百二十卷 宋陸唐老集註

元刊本，十四行二十三字，注二十六七字，細黑口，左右雙闌。卷一看通鑑法，卷二通鑑釋例圖譜，卷三至五舉要曆，卷六至十二通鑑君臣事要總紀。

鈐有天禄琳琅、天禄繼鑑諸印。考天禄後編載此書，前有元好問序，署歲乙卯，乃蒙古憲宗五年，爲與宋分治時，然則雖謂之宋刊可也。

（王致和送閱。丁巳）

資治通鑑綱目五十九卷 宋朱熹撰

宋刊本，十行十六字，細黑口，四周雙闌，間記刻工姓名。（庚申四月九日訪書淮南，見於寶應劉翰臣啟瑞家）

資治通鑑綱目發明五十九卷 元尹起莘撰　存卷四十至四十七

元刊本，十二行二十字，黑口，左右雙闌，闌上加空格記干支。鈐有"晉府書畫之印""敬德堂圖書印"。均僞。（文友堂取閱已收。丁巳）

資治通鑑綱目集覽五十九卷·元王幼學撰　存卷三至五，凡三卷

明刊本，題"古舒慈湖王幼學行卿編"。十行十七字，注雙行二十四字，黑口，四周雙闌，左欄外標帝名。（已收。壬子）

通鑑續編二十四卷 元陳桱撰　殘本，存卷六至九、十三、十四、二十一、二十二。

又一部存卷一至四、九、十、十三、十四

元至正二十一年顧逖刊本，九行二十二字，注雙行同，黑口，左右雙闌，版心上記字數，下記人名。每年注干支二字于闌上。

副葉後幅有墨書"永樂十四年九月初十日承奉司交到總旗劉禎尋到"一行。(丁巳歲文德堂見)

增脩附註資治通鑑節要續編三十卷 明張光啟訂正　劉剡編輯　存十五卷

明刊本,十四行二十一字,注雙行同,黑口,四周雙闌,闌上加格標事目并音注,卷中干支及國名用陰文,闌外有耳,標某宗皇帝。次行題建陽知縣旴江張光啟訂正,三行題松塢門人京兆劉剡編輯。存卷一至十五。(文友堂取閱。丁巳)

增修附注資治通鑑節要續編三十卷 明張光啟訂正劉剡編輯　存卷八至十

明刊本,行欵同前,闌上亦加格,第板心略小耳。(丁巳)

增修附注資治通鑑節要續編三十卷 明張光啟訂正　劉剡編輯

明刊本,行欵同前。次行題"宋禮部員外郎兼國史院編修官臣李燾編。書林增入音釋批點校正重梊。"(文友堂取閱。丁巳)

大事記十二卷 宋呂祖謙撰

明成化刊本,十行二十一字,黑口,四周雙闌。前有伯恭序。卷尾有校刊人銜名四行。

按:此書皕宋樓有宋刊本。(己卯)

大事記續編七十七卷 明金華王禕著

明正統刊本,十行二十二字,黑口,四周雙闌。前有正統六年賜諡忠文敕文。(己卯)

歷代紀年十卷 宋晁公邁撰

影寫宋紹熙三年旴江郡齋刊本,十行十九字。凡標題朝代年號皆陰文,首行下題"晁氏"二字。卷一宋本原缺。有黃丕烈題記二則,全書依宋本校改。鈐有巴陵方氏藏印。(戊辰)

編年通載十卷 宋章衡撰　存卷一至四,共四卷　　　　△七三七九

宋刊本，半葉五行，行十七字，白口，左右雙闌，版心下記刊工姓名。
有元祐三年章粢序，又進書表。有黃丕烈跋。

前有大朱文木記五行，録顏氏家訓曰："借人典籍……至累德，南昌
袁氏誌。"又"南昌袁氏"、"忠孝世家"各印明印。又鈐有黃丕烈、汪士
鐘各印。（汪鳴鑾先生家藏書。癸丑）

以上通代

前漢紀三十卷 漢荀悦撰　後漢紀三十卷 晉袁宏撰　　△八〇一五

明黃姬水刊本，十一行二十字，有嘉靖戊申黃姬水序。

馮己蒼舒校，用朱墨筆。黃丕烈校，用墨筆。有跋録後：

"崇禎癸酉九月讀一過，此本譌繆百出，幾不能成章矣，奈何！屠
守老人識於默庵，嘗二十四日燈下。"

"此書大略以治功爲本，舉而厝之，可以理世，細瑣之事一切闕如，
立身之節亦所輕也。後之讀者知之。老人又記。"

"此書係明刻，合前後漢紀而爲一部，予於辛亥歲得諸酉山書肆
中。開卷見朱墨兩筆稍有點讀而未終，遇脱落處則曰疑有誤，乃
知此人亦未得善本校讎，故所閲未竟，惟落欵屠守老人初不知爲
何人。及檢錢遵王讀書敏求記，知爲馮己蒼，方悟卷首之大樹將
軍印本馮氏印也。然讎校未竟，頗爲怏惜。今秋偶過學餘書肆，
見插架有舊鈔前漢紀，携歸與此本對勘，此所脱落大半賴鈔本補
完，誠一快事。舊鈔卷首多目録一紙，書中遇宋諱如桓、匡、愍、
敬、盡從闕筆，其爲照宋鈔無疑，雖殘缺亦所不免，想宋刊亦同，故
無從補竟耳。壬子九秋朔日校畢書此誌喜，古吳黃丕烈。"

前漢紀卷三十尾有墨書："右通直郎時添差充紹興府會稽縣丞莊革
校正"一行。余曾見海虞瞿氏藏鈔本正同，殆同出一源也。後漢紀
亦略校十許處，大抵據通鑑考異所引也。馮氏二跋録後：

"崇禎癸酉，屠守老人讀一過。大略荀書略而裁，非關乎政治之得

失不苟存也,卽立身大節間亦缺如。袁書增其所删,不知流於支
也。古今人不相及大概若斯,而況於今也哉。是月爲是日爲一。
燈下識。"

"是夜聞有異聲於西樓者,余剛決不信,遂與徐介甫、從弟叔昭移
床據之,閱畢此卷而寢。"

鈐印有:"龍性誰能馴"、"大樹將軍"、"璜谿釣叟"、"大馮君",白文、均
馮氏印。"潛夫"、"孫潛之印"、"校書亦已勤"、"立志讀書不求聞達"。

(乙丑歲收,徐坊遺書)

忠謨謹按:此書有長跋,收入藏園羣書題記續集卷一。

前漢紀三十卷 漢荀悦撰　後漢紀三十卷 晉袁宏撰

明萬曆二十六年南京國子監刊本,十行二十字,版心上方題高、惠等
一字,下方陽面記刊工人名,陰面記字數。每卷後有"萬曆二十六年
刊"一行。前漢紀序首行題"漢高祖皇帝紀卷第一"。

按:故人吳佩伯慈培於此書致力最勤,言此南監本最佳,亦最難得,遠
勝呂柟及黃姬水刊本,故附存之。

鈐有"王經之印"白、"木石堂所藏"朱、"紅葉山莊藏書"朱。

漢紀三十卷 漢荀悦撰

明景宋寫本,棉紙無格,十三行,二十四五字不等。目録、序、本文皆
相接連直下。

"漢紀目録并序　荀氏

高祖一第一	高祖二第二	高祖三第三
高祖四第四	孝惠第五	高后第六
孝文上第七	孝文下第八	孝景第九
孝武一第十	孝武二第十一	孝武三第十二
孝武四第十三	孝武五第十四	孝武六第十五
孝昭第十六	孝宣一第十七	孝宣二第十八

孝宣三第十九　　　孝宣四第二十　　　孝元上第二十一

孝元中第二十二　　孝元下第二十三　　孝成一第二十四

孝成二第二十五　　孝成三第二十六　　孝成四第二十七

孝哀上第二十八　　孝哀下第二十九　　孝平第三十

凡漢紀十二世十一帝"云云。

以下共三十行，接本文。卷首本文如下式：

"高祖第一　　漢紀顏師古曰：紀、理也，統理衆事而繫之於年月也。荀氏。

昔在上聖唯建皇極經緯天地觀象立法乃作書契以通宇宙揚……"

卷末四行題云：

"漢紀本凡七萬二千四百三十二字。

王莽一萬字。莽攝政三年，卽真十五年，合十八年。

漢紀孝平帝卷第三十。

右通直郎時添差充紹興府會稽縣丞莊革校正。"（常熟瞿氏鐵琴銅劍樓藏，乙卯八月三十日觀於呂里宅中，影其目錄首葉而歸。）

前漢紀三十卷　漢荀悅撰

舊寫本，十一行二十字。前有崇禎四年鄺瑞露湛若序，略謂昔何大復得鈔本於徐太宰家，梓於高陵，呂涇野序之。又稱泰泉黃公嘗造王父，云昔於雲間朱氏覽宋刻本，惜未能借，後十餘年，有持一編售者，則朱氏本也云云。據序言則此本當是從朱氏本抄出者，未知與何氏本異同若何耳。　　丁巳十月廿五日廠估胡姓持來，記其大概如此。（已收）

後漢紀三十卷　晉袁宏撰

舊寫本，十一行二十字。

盛昱舊藏。卷尾有朱筆跋云：

"此與荀紀內改刋皆依漢書、通鑑，尚需舊本正之。蔣氏新刻訛謬更甚。甲辰五月。"下鈐"如掃落葉"朱文印。

"乾隆己巳四月三十日、五月初一、二、三、四日讀。"此跋墨筆,下鈐
"趙憲圖書"、"字無曾號芷庭"兩印。（宏遠堂見。壬戌）

蜀漢本末三卷 題趙居信集錄

明棉紙藍格寫本,十行二十五字。卷首有漢帝世系圖,後有延祐甲
寅信都趙居信自跋,又至正辛卯二月建寧路建安書院山長黃君復
跋。卷下後標題下有建安詹璟刊五字,蓋從建本傳寫也。鈐有"翰
林院印"滿漢文大官印,封面鈐有進書大木記。文曰:

> 乾隆三十八年十一月浙江巡
> 撫三寶進到范懋柱家藏
> 蜀漢本末壹部
> 計　書　壹　本　　　　（庚午十月）

蜀漢本末三卷 趙居信集錄

墨格寫本,九行十七字,題汲古閣寫本,不確。（乙卯）

續資治通鑑長編五百二十卷 宋李燾撰

舊寫本。錢竹汀大昕據畢氏經訓堂寫本校過。鈐有五硯樓袁氏、石
硯齋秦氏藏印。（陳立炎送閱。己未）

續資治通鑑長編一百八卷 宋李燾撰 存卷三十至三十四、三十八至四十之
一、五十七之二至七十五之二、七十九至八十八、九十一之二至一百,計五十一卷,餘
影寫補全

宋刊本,高六寸二分,寬四寸一分,半葉十三行,每行二十三字,細黑
口,左右雙闌,版心上記字數。避宋諱至慎字止。

鈐有"汪士鐘曾讀"、"金匱蔡氏醉經軒攷藏章"等。

按:此書起建隆元年,訖英宗治平四年,凡一百八年,爲一百八卷,每
卷中又分子卷,共爲一百七十二卷。以大典本核其文,約節去十之
三。志謂李氏初意以此節本配通鑑,其説良是,然後來傳鈔本皆刪
去撮要二字,與全本混淆莫辨矣。原本鐫印工整,惜其鈔寫過半,不
及潘氏滂喜齋之全帙矣。余藏有鈔本,行欵正與此同。（日本靜嘉堂文
庫藏,己巳十一月十三日閲）

續資治通鑑長編一百八卷 宋李燾撰

照宋鈔本。有花溪主人跋、沈以恭識、菊莊主人徐釚跋、松風老人跋。

鈐有"沈揆石手定本"朱文印。（四明盧氏抱經樓藏）

續資治通鑑長編一百八卷 宋李燾撰

舊寫本，十行二十二字。前進書表，次各書考證，引通考及各書涉及此書者。次目錄。（丙寅歲聶姓書賈送閱）

續資治通鑑節要 存卷一至六，凡六卷

宋刊本，十一行二十三字，白口雙闌，版心上記字數，下記人名。次行題"朝散郎尚書禮部員外郎兼國史館編修官臣李燾撰"，各段後有"富弼等釋曰"、"呂夷簡等釋曰"云云，蓋史官當日贊頌之文也。前列乾道四年四月李燾進書表。鈐有"蔡公惠"白文、"汪士鐘印"白文、"閬源真賞"朱文。卷尾有幡式長朱記，文如下：

　"嘉興崇德鳳鳴世醫蔡濟公惠家無甔石之儲惟好蓄書於藏以爲子孫計因書此傳之不朽。"

按：昨偶以通鑑長編對校一二卷，則每年所列事實節要有而長編轉不載者甚多，又富弼等釋、呂夷簡等釋及論曰云云，今長編皆不錄。此必國史原文而今傳本乃失去，要不可解。（乙丑十一月，沅叔）

續資治通鑑十八卷 題宋李燾撰　存卷五至九，凡五卷

元刊本，十三行二十二字，黑口，四周雙闌。次行題"朝散郎尚書禮部員外郎兼國史院編修官李燾經進"。闌上標事目，每歲以陰文干支二字冠首。（丁巳）

續宋編年資治通鑑十八卷 題宋李燾撰　存卷一至十三

元刊本，十五行二十四字，黑口，四周雙闌。前有乾道四年李燾進書表，十行十七字。次目錄，大字占雙行。目後牌子二行，大字。文曰：

　雲衢張氏
　鼎新梨行

起太祖建隆元年,迄欽宗靖康二年。每卷標題上加黑蓋子。各卷首行書名下有"前集"陰文二字。每年干支以白文別之,每紀一事,以黑白圓圈隔別之。紀聖政下附有論説,如通鑑之例。有吕中、曾鞏政要,富弼、林德頌、吕夷簡龜鑑等,似采取三朝聖政之論也。闌上有標目,行間有小注。鈐有"晉府書畫之印"、"敬德堂圖書印"、"子子孫孫永寶用"各印。(劉翰臣啓瑞藏書。甲戌)

續宋編年資治通鑑十八卷　題宋李燾撰

日本影寫元雲衢張氏刊本,十五行二十四字。前宋朝世序圖一葉,次李燾進書表乾道四年四月,次目録。目後有牌子如下式:

> 雲衢張氏
> 鼎新梨行

封面如下式:

集　宋朝長編
義　李燾經進本
書
堂　資治通鑑 (辛酉)

續宋編年資治通鑑十二卷　題宋李燾撰

舊寫本,十三行二十二字。題"朝散郎尚書禮部員外郎兼國史院編修官李燾經進"。起太祖至神宗,墨格,左闌外有"虞山錢遵王也是園藏書"十字。鈐有:"鳴野山房"、"兔牀經眼"、"賀湖范玉京家藏書畫印"各印記。(徐梧生遺書,己巳三月十六日閲)

續資治通鑑十八卷　題宋李燾撰

舊寫本,九行二十字。上方摘要目。次行題銜爲:

"朝散郎尚書禮部員外郎兼國史編修官李燾經進。"(海虞瞿氏藏書,乙卯見)

九朝編年綱目備要三十卷　宋陳均撰

宋末刊本,八行十六字,注雙行二十四字,黑口,單闌。前有紹定二

年三月辛卯建安真德秀序，次凡例，次目錄。鈐有"國學官書"，"晉
府書畫之印"、"清樂軒"、"姜氏圖書"各印。（寶應劉翰臣啓瑞藏，庚申見）

九朝編年綱目備要三十卷 <small>宋陳均撰</small>

舊寫本。有韻蒔齋硃筆校，卽盛昱筆。（壬子）

皇朝編年綱目備要二十五卷補刊編年備要五卷 <small>宋陳均撰　有鈔配</small>

宋刊本，版匡高六寸一分，寬三寸九分，半葉八行，每行十六字，注雙
行二十四字，線黑口，四周單闌，左闌外有耳標篇名。

按：此書刊本罕見，余所見數本皆屬影鈔。（日本靜嘉堂文庫藏書，己巳十
一月十三日閱）

皇朝編年備要三十卷 <small>宋陳均撰</small>　　　　　△一一〇四八

清經鉏堂寫本，綠格。（癸丑見）

皇朝編年備要三十卷 <small>宋陳均撰</small>

舊寫本，九行二十字。首紹定己丑中秋長樂鄭性之序，紹定二年朝
議大夫敷文閣新知漳州林岊序，紹定二年建安真德秀序，陳均自序。
次凡例，次目錄。（壬戌）

太平寶訓政事紀年五卷

新鈔本，十一行二十字。自宋太祖起至高宗止。目錄前題綱目，有
記九行錄如下：

"此書迺將富公弼所進

太祖　太宗　真宗三朝寶訓及林公希所進

仁宗　英宗兩朝寶訓及

國朝會要事實類苑編年之書，與夫

建隆以迄　紹興　詔令、旨揮、歷朝名臣章

奏之集、言行記錄搜括殆盡，以成是編，庶幾開

卷一覽則我

祖宗盛德大業厚澤深仁爛煥乎其溢目，豈小

補哉！伏幸詳鑒。”

按：富弼三朝寶訓及林希兩朝寶訓皆不傳，此書雖出坊肆鈔纂，亦籍
此可見大概也。沅叔。（己巳歲收得）

皇宋十朝綱要二十五卷　宋眉山李㙇編

舊寫本，十行二十字，次行低一格。宋諱缺筆。自太祖至高宗凡十帝，
每帝撮敍徽號、名諱、生崩年月、陵寢諡法諸大端。次年號、皇后、皇
子、公主、宰相、參知政事、樞密使、使相、三司使、學士、舍人院、御史
中丞、每榜進士、州府改置。誕節、神御殿列於卷首。後乃編年紀
事。其中神宗、哲宗、徽宗皆四卷高宗六卷，蓋愈近愈詳也。鈐有汪
士鐘、張芙川藏印。

此書舊無刊本，近年羅叔言有排印本，可據校也。（徐梧生遺書，索二百
元。己巳二月）

孝慈淵聖皇帝要錄二卷

舊寫本，十行二十字，文中御名皆注明。

鈐有“惇虞寓目”、“少河”二印。（翰文齋收潘伯寅㴱熹齋遺書。辛巳）

忠謨謹按：此書有跋，收入藏園羣書題記三集卷一。

靖康要錄十六卷　　　　　　　　　　　△一一二八六

清蕭山王氏萬卷樓寫本，竹紙藍格，十二行二十字全書。以朱筆校
過，各卷末有校書年月朱筆一行。自嘉慶己未八月十七日記，至九
月十六日訖，正一月蕆事。

此書無印記及校人姓名，余以紙格及字迹考之，決爲王宗炎手筆也。
余別有跋詳之。此不贅。（余藏）

忠謨謹按：此跋收入藏園羣書題記初集卷二。

皇朝傳信錄十卷　宋鮮于綽編

舊寫本。題鮮于綽大受編，起紹興元年正月一日至二年十二月一日
丁亥止，載當時朝政，如北盟彙編之類，可持此一勘也。序文錄下：

"方石敬塘割幽燕遺契丹之日,孰知爲本朝造禍之原哉。逮王安
石創新法,爲辟國之謀,又孰知紹述者召禍之酷哉。所集雜史傳
記近三十種,荀忠肅丞相諸孫也,而滔天之惡終有不可隱蓋者。
其間所載宮闈密事,非臣庶所得知,亦非臣庶所宜言,既出條筆,
事遂傳世,編成此書,殆非人力也。紹興丁未二月鮮于綽大受撰。"
文獻通考經籍志:皇朝中興傳信錄十卷,晁氏曰皇朝鮮于綽大受撰,
言國朝雜事,多元豐後朝廷政事得失、人物賢否也。

此書從永樂大典抄出,四庫未收,鈐有松江沈韻初藏印,涵芬樓新購
自江陰何氏者。(乙丑)

皇朝中興繫年要錄 存卷八至十七,凡十卷

宋刊本,十一行二十三字,白口,雙闌,板心上記字數,下記人名。宋
諱朗、完、惇皆缺末筆。鈐有"蔡公惠"白文、"汪士鐘印"白文、"閬源真
賞"朱文。卷尾有幡式長朱記。文如下:

"嘉興崇德鳳鳴世醫蔡濟公惠家無甌石之儲惟好蓄書於藏以爲子
孫計因書此傳之不朽。"

又有"寧遠堂記"朱文大印及汪士鐘藏印。(此書見於汪氏宋本書目中,其
存卷亦合。開明書局自吳門收得,持來審定,記之於此。乙丑十一月初二日沅叔。辛
未二月再見之)

三朝北盟會編二百五十卷 宋徐夢莘撰

舊寫本,竹紙烏絲闌,十行二十一字。前紹熙五年徐夢莘自序,次書
目十一葉。鈔楷工雅,前後一律,舊人以朱筆校過,四庫館臣又以墨
筆刪改一通。據卷首跋語,知朱筆所校爲吳甌亭、朱映漘、江艮庭、
吳小谷諸人。墨筆改竄則出平寬夫、陳伯恭二學士也。豫章陶君家
瑤舊藏此本,光緒戊申許涵度任四川布政時曾開雕是書,卽據此本
校勘付梓,視粤中活字本遠勝。今夕飲於陳幼孿家,陶君適同坐,携
以相示,因記於册。沅叔。己卯十二月十九日。

原跋錄下:

"按夢莘字商老,臨江人,入宋儒林傳。是編起政和七年,終紹興三十二年,一時事蹟登載靡遺,可補正史之闕。名曰北盟,蓋深有慨乎契丹之不可棄,女真之不可親,自撤藩籬,誰爲捍蔽?及乎戎馬踐郊,危如壓卵,言和言戰,訖無定論,青城之禍,海上之盟奚在哉!至紹興則無所爲盟矣。因人心之感發,將帥之忠勇,直抵黃龍,夫豈虛語?而匿怨忍恥,一和再和,直至海陵自斃,而始得偏安,此又作者所隱痛而不敢明言,姑托標題以示微旨歟!世無印本,傳鈔日久,脱落淆亂,不僅魯魚帝虎之憾,而編内所引羣書存者又十不得三四,無從是正。其有散見文集、説部、志乘中者,悉行校勘,庶稱善本云。

乾隆己未冬日吳城記。"

"余校勘是編頗費歲月,今年夏江聲先生借觀,復改正不下百餘字,其有功於是書不淺,而余前此開卷之疏忽不勝自愧云。乾隆乙丑中秋後三日甌亭又記。"

"乾隆辛卯秋朱文藻校於汪氏書齋。"

"乾隆丙申夏小谷復校。"

"此書經武林吳氏、吳門朱氏傳校數過,取證多本,予得之復有增益,世無剞劂,展轉誤鈔,斯其最善矣。乾隆丁未詳校四庫全書,以此帙爲底本,平寬夫、陳伯恭兩學士删其偏謬之辭,對音改從欽定國語解,重鈔入文淵閣者是也。既竟附誌。重陽後七日元瑞并書。"

藏印有:"吳城"、"敦復"、"吳玉墀印"、"蘭林"、"願流傳勿損污"、"南昌彭氏"、"知聖道齋藏書"、"遇者善讀"。

按:此書余生平所見寫本不下十許,涵芬樓藏明寫本,大字闊行,源出宋刊,斷推第一;次則周叔弢藏王肯堂鬱岡齋寫本;余皆得假校。此本雖傳鈔略晚,然經諸家詳校,又爲館臣删削之底本,可以得其避忌竄易之跡，亦足貴矣。

三朝北盟會編二百五十卷 宋徐夢莘撰　　　　△七三八七

清寫本。卷一至五十三鮑廷博手校，以下亦當時另一手所校，意必
鮑氏浼人爲之耳。鮑氏手校卷首題“乾隆辛卯三月十二日校於清風
草堂”。卷五十三署“乾隆壬辰五月十四日校於繡溪寓舍，計五十三
卷，歷時十四月之久”。

細閱卷中似據吳甌亭城本過校，又引瓶花齋本云云，是所據非一本
矣。眉間有按語，多係鮑氏筆。原書訛謬錯亂，此本依影宋本校勘，
增改至數萬字之多，視廣東活字本殆天淵矣。（八千卷樓舊藏，旋爲涵芬
樓購之。丁巳）

三朝北盟會編二百五十卷 宋徐夢莘撰

舊寫本，十四行二十四字。鈐有“張月霄”、“愛日精廬祕册”、“菽
坡”、“潘介繁珍藏之印”、“潘菽坡圖書印”、“潘氏桐西書屋之記”、
“碧山柏氏”各藏印。（徐枋遺書。癸亥）

忠謨謹按：此書有跋，收入藏園羣書題記續集卷一。

三朝北盟會編二百五十卷 宋徐夢莘撰

舊寫本，十三行二十二字，墨格，版心有“勤志館”三字。竟體朱筆校
過，鈔手尚舊，似是嘉、道時人所爲。取蜀中刊本略勘，頗有勝處，第
尚不及余別藏明抄殘本之佳耳。（文德堂韓左泉送閱。庚午）

三朝北盟會編二百五十卷 宋徐夢莘撰

舊寫本，十行二十四字。前有夢莘自序，次書目，次目録。分政宣上
帙，靖康中帙，炎興下帙。末有跋云：

　“此書余得之於姑蘇山塘書鋪，尚缺三本。後天都吳司成鱗潭先
　生過訪，先生家多藏書，向有是本，余舉此詢之，先生因言此書尚
　有集補五十卷，明季覓之已不可得，往年黄俞邰徵刻宋元秘本目
　録，已無五十卷之目，則集補之亡久矣。先生歸，不遠千里命其子

姓往來吳者寄到後帙，不勝狂喜。適余有京江之行，付工録之，匆匆付還，先生之高誼不可没也，因識其末。康熙壬寅長至長三日庸菴書。

聞先生下世後其書已散去矣。又記。"

按：此爲趙渭蒼藏書，今歸袁滌菴家。沅叔（辛未）

續宋中興編年資治通鑑十五卷 宋劉時舉撰

元刊本，十五行二十四字，黑口，四周雙闌。首目録，題"通直郎户部架閣國史實録院檢討兼編修官劉時舉"。起高宗建炎元年至寧宗嘉定十七年。本書首行書名下題陰文"後集"二字，其干支用白文，每段隔以圓圈，上有標目，後附論説，與李燾前書皆同。其論説采中興大事記及吕中説。（劉翰臣藏。甲戌）

續資治通鑑□□卷 宋劉時舉撰 存後集卷八至十五，凡八卷

元刊本，十三行二十二字，黑口，四周雙闌。每卷首行下方有陰文"後集"二字。闌上標事目，每歲以陰文干支二字冠首。（文友堂取閲，已收。丁巳）

續宋中興編年資治通鑑十五卷 宋劉時舉撰　　　△八〇一七

清寫本，十五行二十四字。清吳壽暘手校，用朱緑二筆，並録黃丕烈校本。諸跋録後：

"劉時舉中興通鑑十五卷，竹垞檢討有跋，見曝書亭集。余家藏舊鈔本，丙子祭長恩前六日過中吳，訪黃蕘圃主事士禮居，以家藏書目永思録求序。蕘翁見録中有是書，因以所藏不全本屬爲鈔補。其書僅存八卷至十五卷，新年携歸補全，并以兩本互校，是以字畫訛舛特甚，賴以刊正，并補鈔八卷、十三卷、十四卷缺葉各二翻。黃本闕卷九'宏告'下十五行，卷十二首二兩葉、卷末十一、十二各半葉。其脱行脱字并先後錯亂者亦有數處，各爲補正，庶幾可讀。惜七卷以下無從合勘耳。嘉慶丁丑三月上澣　壽暘識"此條朱筆書

"昨臘過吳時，適簡莊徵君以先一日過士禮居，即揚帆往澁墅矣。今春抱病歸，浹月而歿，未及以此書相賞析，展閱之餘，可勝老成凋謝之感。三月十六日寄蕘翁札又記"此條藍筆書

"是歲中夏，蕘翁復見元刻本，因以所藏八卷校勘寄示，爰照錄於上。元刻亦有訛字，然有兩鈔本俱誤者元刻不誤。且十四卷'得以憑'下黃本脫二十字，'破符秦'下脫二十二字，非見原刻幾不可讀。惟自七卷以前緣余代鈔之本寄吳稍遲，致未全校，甚矣！余之懦也。蕘翁尚欲再從書友固求借校，以盡其美，未審得遂否耳。中秋日又記。"

"十月十一日蕘翁過訪，携示借校周氏所藏璜川書屋鈔本前七卷，深爲忻幸，即以藍筆錄之。元槧本書估已售去，未能驟校，得此亦足稱善。因念是編展轉借校竟成全璧，蕘翁之於書可謂勤矣。周本前有餘慶堂刊一條，亦錄元本也。十月二十日。"

"頃何夢華上舍過訪，言其舊藏曾有瓶花齋影宋本中興通鑑，前題書名係大字，餘亦細字密行，有尺鳧先生手跋及圖記。曩歲友人假去，不能記憶其處，當至吳中詢訪之。倘取回與此合校，不更善哉！夢華嗜金石，因以二印拓本贈之。'忠勇軍右廷邊第三指揮弟三都都虞記''句當公事之印'。右朱記同里陳簡莊徵君所藏，考宋志忠勇軍隸侍衛司，咸平五年立指揮一，熙寧後二員。按是編首卷載建炎元年因李綱議募兵，仍創驍勝、壯捷、忠勇、義成、龍虎、虎威、折衝、果毅、定難、靖邊十號，每號四軍云云。準以每軍一指揮之例，是當有四指揮矣。頃閱是條，爰從士鄉堂鈐印文此册，以資好古賞玩，並爲是印益一證據。惜徵君往矣，未及進質，爲之憮然。"此條墨筆

"右印乾隆甲辰秋先子與簡莊徵君遊杭，得於金芝蔴巷市中，背文漫滅不易辨，釋出正隆四年四字，後即以贈徵君，未及細審。頃余

校中興通鑑,於徵君哲嗣處詢及是印,許并前朱記歸余,因以它物易之。余時加諦視,似年下尚有字迹,並左方亦尚有字迹,遂細加洗剔,見爲六年,非四年,下有八月二字,左方有汴少府監造五字。蓋字畫本係填金,又爲青綠所掩,未能摩拓,須映日視之,其迹始顯。按正隆六年爲宋紹興三十一年。是時金主亮徙汴,太府少府皆從行,故有汴少府監之稱。是編載金人伐宋事,與宋史全文相出入,余既□考,并四絶句,遂鈐識於此。

陳氏餘慶堂刊

是編繫年有考據載事有本末增入諸儒集議三復校正一新刊行宋朝中興自高宗至於寧宗四朝政治之得失國勢之安危一開卷間瞭然在目矣幸鑒

以上牌子均在目錄後。(戊午見)

中興小紀四十卷 宋熊克撰

舊寫本,九行二十字。略勘數葉,視刻本不異。(庚午)

增入名儒講義皇宋中興兩朝聖政六十四卷 缺卷二十一至四十四,共缺二十四卷

宋刊巾箱本,版匡高約三寸半,闊約二寸四五,半葉十一行,行二十字,黑口,左右雙闌。闌外標帝名及年號,眉間有提要語,諸儒議論低一格,人名書名皆陰文。卷前分類事目十行,門類三字大字占雙行。(南潯劉氏嘉業堂藏書,乙卯歲觀)

增入名儒講義皇宋中興聖政六十四卷

明影寫宋刊本,棉紙藍格,九行二十字。(四明盧址抱經樓藏書,癸丑歲見)

兩朝綱目備要十六卷

藝海樓綠格寫本,八行二十一字。前有清高宗御題詩七絶二首,次提要。所紀皆光寧兩朝事,惟不知何人所撰。(己巳)

宋季三朝政要六卷

元至治三年癸亥張氏刊本，十五行二十四字，黑口，四周雙闌。首目錄，目後有牌子。文曰：

> | 至治癸亥 |
> |---|
> | 張氏新梓 |

目前有牌子文如下：

> | 理宗國史載之過北無復可攷今 |
> |---|
> | 將理度兩朝聖政及幼主本末纂 |
> | 集成書以備它日史官之採擇云 |

行書三行。

起理宗寶慶元年，至益王祥興本末。其餘行格欵式與前兩書同，蓋同時所刻也。

護葉粘簽字一行。文曰：

> "一部四本，永樂二年七月二十五日蘇叔敬買到。"（甲戌十月劉翰臣持示，大庫佚書也）

宋季三朝政要六卷

影寫元至治三年刊本，十行二十一字。鈐有繆氏藝風堂藏印。（古書流通處送閱。壬戌）

宋季三朝政要六卷

舊寫本，九行十八字。鈐有"葉名澧字潤臣"各印。（丙寅）

宋史全文續資治通鑑三十六卷

明刊本，十六行二十五字，黑口四周雙闌。闌上間有標題之語，左闌外有耳，記某帝年號幾年。卷一次行題"豐城游明大昇校正"，明正統進士也，曾刊史記行世。首李燾進通鑑長編表，次宋朝玉牒圖，次宋朝傳授圖。目錄前有牌子。錄如下方：

> | 宋史通鑑一書見刊本者節略太甚讀者不無遺 |
> |---|
> | 恨焉本堂今得善本乃名公所編者前宋已盛行 |
> | 於世今再繡諸梓與天下士大夫共之誠爲有用 |
> | 之書回視它本大有逕庭具眼者必蒙賞音幸鑑 |

鈐有福山王懿榮藏印。（己巳）

通鑑前編十八卷 宋金履祥編 存卷一至二,十五至十八,凡六卷

元刊本,十行二十二字,黑口雙闌,版心上記字數,下記刊工人名。前有天曆元年金華許謙序,又進書表。有成化十二年南京吏部補刊之葉。(余藏)

秘閣元龜政要十六卷 明朱朴撰

舊寫本,十行二十字。　紀明初洪武一朝之事,排日記載,如實錄之體。起丙申正月,(元至正十六年、宋龍鳳二年、天完治平六年、周張士誠天祐三年。)終洪武二十八年。

按:此書趙一清有跋,言爲明朱朴所撰,卽撰龍飛紀略者,閩之漳州人,字華甫。中有脫失,內缺甲辰至丁未四年事,又失丁巳至乙未三年事。絳雲樓書目有之。(丙子)

皇明獻實八册 明袁褒撰

明寫本。有施震荃跋。(四明盧氏抱經樓藏書。癸丑)

通鑑續編一百二十七卷考辨一卷 韋人鳳撰

舊寫本。鈐有徐健庵藏印、顧竹泉印。

按:此書乃武康韋人鳳六象所著,皆據明代實錄所編纂者。考辨一百則,持論平而考據亦博。(己未)

萬曆野獲編三十卷 明沈德符撰

活字排印巾箱本,十行二十三字。前有錢枋分類凡例。(李若農先生文田遺書,乙亥二月二日其孫李楱見示)

萬曆野獲編三十卷 明沈德符撰

清寫本,九行十八字。前錄錢謙益列朝詩集小傳,次錄朱彝尊靜志居詩話。次沈氏自題,又萬曆四十七年再題小引。次康熙庚辰桐鄉錢枋所撰分類凡例。次總目,次各卷目錄。

收藏鈐有:"禮邸珍玩"、"檀尊藏本"、"豐府藏書"及寶熙諸印。

別有牧菴手跋一通,署道光庚戌,未詳何人。(余藏)

崇禎遺録一卷　明王世德撰

舊寫本。題大興孤臣王世德恭著。自元年戊辰起,至十七年甲申止,逐年紀朝政大事,亦自著議論於其後。後附殉難忠臣録,逆賊奸臣録。(乙亥八月收)

山書十八卷　清孫承澤輯

清寫本。題"予告休致光禄大夫太子太保都察院右都御史管吏部左侍郎事孫承澤輯",第三行題"故明愍帝召對上傳奏疏備考紀略"。書中自天啓七年愍帝即位起,至十七年叛監乘城止,蓋大事記之類也。遞藏平陽汪氏、潢川吳氏。(癸亥)

山書十八卷　清孫承澤輯

舊寫本。題"予告休致光禄大夫太子太保都察院右都御史管吏部左侍郎事孫承澤輯"。雜記崇禎一朝事,自登極追崇詔至特糾邪説,凡十七年中大事詔旨章疏咸載焉。

按:此書世無刊本。(徐梧生遺書。丁卯)

流寇長編二十卷　吳江戴笠耘野、崑山吳喬修齡編輯二十册

舊寫本。前有吳喬序。又戴笠述明亡國之故四十有八,尤爲恣肆。鈐有"禮邸珍玩"朱、"檀尊藏本"朱、"登府藏書"白、"宗室文慤公家世藏"朱各印。(盛昱遺書,索七十。壬子)

明實録　洪武至天啓皆全

明寫本。李應昇朱筆點校。李遜之跋。

鈐朱印:"柱下史臣李應昇男讀書國學臣遜之藏"朱文直行右起。(四明盧址抱經樓藏書,癸丑十二月見於甯波盧宅)

明世宗實録十册　存卷四百七十八至五百三十五,共存五十八卷

舊寫本,竹紙藍格,十行二十字。標題爲"大明世宗欽天履道英毅聖神宣文廣武洪仁大孝肅皇帝"。起嘉靖三十八年十一月戊辰朔,至四十三年六月。(己卯臘月)

萬曆起居注一冊

舊鈔本，藍格十一行二十一字。自萬曆五年正月朔起，至六年三月
二十九日。

此書極罕見，得之四明書坊。（癸丑）

弘光實錄鈔四卷 附 弘光大臣月表 古藏室史臣撰

舊寫本。前有戊戌冬十月甲子序。卷中有稱先忠端云云，疑黃黎洲
所作也。（丁巳歲代繆小山購，洋十一元）

以上斷代

紀事本末類

通鑑紀事本末四十二卷 宋袁樞撰　　　　△一一二八七

宋淳熙二年嚴陵郡庠刊本，半葉十三行，每行二十四字，間有二十至二
十六字者。白口，左右雙闌。版心下魚尾下先記葉數，次記字數，次記
刊工姓名，欵式與他書異。前有淳熙元年楊萬里序，後有淳熙二年
朱熹及呂祖謙後序，筆迹樸厚，似以手書上板者。卷前又補鈔章大
醇序。序後銜名兩行，文曰：“待省進士州學直學兼釣臺書院講書胡
自得掌工”，“承直郎差充嚴州州學教授章士元董局”。陰葉中又有
“印書盛新”四小字。然章序及銜名均非此本所應有，後人自淳祐重
修本錄出附此備考耳。卷中避宋諱極謹。

鈐有“貞元”、“季雅”、“雲間任氏子先圖書印”、“崑山徐氏家藏”、“乾
學之印”、“健菴”、“樂安印記”、“善繼”、“墅綠軒”、“耿吾”、“寶訓堂
魏氏珍藏”、“文靖公孫”等印。

後有石韞玉顧廣圻跋。顧跋錄後：

“建安袁樞通鑑紀事本末宋槧凡二，其一爲小字本，王伯厚所言淳
熙三年詔嚴州摹印一部者也。其二爲大字本，節齋趙與𥲅於寶祐
丁巳重刊而序之者也。大字本之板前明尚在南監，故外間印本不

少,小字本則僅有宋印耳。此部爲崑山徐尚書所藏,卷端鈐其名
號二章,通帙精善,尤爲寶貴矣。道光癸未陽月,程稟初姻孟出以
見示,屬加審定,爰書而貽之。顧千里記"

按:紀事本末始刻於淳熙元年,其時樞方教授嚴州,卽就其地開版,
楊萬里出守臨漳,過嚴陵爲序行之,故世稱爲嚴州本。參知政事龔
茂良得而奏之,言其書有裨治道,宜取以賜示東宮,增益見聞。孝宗
讀而嘉之,因詔嚴州摹印十本,賜皇太子及江上諸帥。事具宋史及
玉海,卽此本也。據章大醇序,此書刊於淳熙乙未,修於端平甲午,
重修於淳祐丙午。然以余所見,小字本紀事本末之存於世者凡四本
其一字體方嚴,摹印清朗,決無挖補之痕,逐葉記刊工人名,而字數
記於下魚尾下刊工之上,宋諱構字注太上御名,慎字闕末筆,決爲孝
宗刊版無疑,卽此本是也。其二與此本版式相同,而有剜刻數行、改
刻全葉者,爲端平甲午修補本,余舊藏殘卷,松江韓氏舊藏殘卷是
也。其三版心字數自下魚尾下移至上魚尾上,刻工亦與前本無一合
者,爲淳祐重修,實應劉翰臣啓瑞氏藏內閣大庫舊藏甲本是也。其四
板式行格雖同,然刊工姓名祇記一字,字數在上,宋諱不避,字體疏
瘦拙滯,卷第分合與前本亦有改易,蓋宋末元初重修本,劉氏藏內閣
大庫乙本是也。此書近歸同年宗君舜年,辛未冬張菊生前輩作緣,
歸於余齋。

忠謨謹按:此書別有跋,收入藏園羣書題記初集卷二。

通鑑紀事本末四十二卷 宋袁樞撰　存二十一卷,二十三冊

宋刊遞修本,半葉十三行,每行二十四字,白口,左右雙闌,版心上方
記字數,下方記刊工名。

篇中句讀皆加朱圈印之。上闌有舊人摘錄本事綱要。

每卷鈐"東宮書府"十一疊朱文大印。存卷錄後:

卷一下,卷四、卷六、卷七、卷十一、卷十二、卷十三、卷十四、卷十六、

卷十七、卷十九上下、卷二十上下、卷二十一上下、卷二十二、卷二十三上下、卷二十四上下、卷二十五上下、卷二十六上下、卷三十九上、卷四十上下、卷四十二下、終。(寶應劉翰臣啓瑞藏,內閣大庫佚書,癸酉持來求售)

通鑑紀事本末四十二卷　宋袁樞撰

宋刊大字本,十一行十九字,白口,左右雙闌,版心上記字數,下記刊工姓名。前淳熙元年三月戊子廬陵楊萬里序,又寶祐丁巳秋七月朔古汴趙與懃序。刊工有吳炎、梁貢甫、余甫、余和、劉栱、鍾季、鍾李升、王興宗、王大用、王燁、王亨祖、蔡成、何祖、黃佑、沈祖、沈宗、沈杞、林茂、林嘉茂、劉霽、劉隱、武夷劉隱、虞源、史祖、濮仲、濮仲質、徐嵩、徐佽、徐侃、徐琪、張榮、方待時、章泳、范仲、錢玕、馬良、金永、賈端、熊杲、周嵩。鈐有"禮部官書"朱文大印。

按:此爲鳳禹門將軍山之遺書。禹門曾中乙科,頗嗜問學,酷嗜典籍,光宣之交時時於廠肆遇之,言論嫺雅,有儒素風。己巳歲藏書散出,文友、文奎等三家以四萬金輦致之,其中以精刻明本爲多。余據目披觀,惟汲古閣影宋本石林奏議爲甲觀,宋刊巨帙則推此書。此書刻於寶祐,其後板入南京國子監,補板印行,流傳至廣,故時時見於坊市,二十年前大率百餘金卽可購致。獨此帙摹印較前,頗爲精整,估人遂故懸高價,荏苒三年,尚無人問津。今日檢首函細閱,其書黃白紙雜糅,且間有數冊羼入南監補刊之葉,似亦出昔人補綴而成者。然煌煌鉅編,紙墨清朗,鋒稜畢露,視昔時廠中習見之品實爲遠勝,要亦足珍矣。(辛未三月見)

皇朝中興紀事本末七十六卷

新傳寫本,十一行二十二字。題學士院上進,起建炎元年五月,盡紹興二十年十二月。

有宋筠録朱彝尊跋並宋氏自跋。録後:

"中興紀事本末七十六卷,學士院經進,始建炎元年五月,至紹興

二十年十二月。南渡君臣時政詳於徐夢莘三朝北盟會編、李心傳
建炎以來朝野雜記，茲編紀載有出二書之外者，可以資考也。所
載岳鄂王獄具，秦檜言飛子雲與張憲書不明，其事體必須有。韓
蘄王爭曰：相公，必須有三字何以使人甘心，惟徐自明。宰輔編年
錄同之。今羣書皆作莫須有，恐未若二書之得其實也。秀水朱彝
尊跋。梁園宋筠錄於晉陽臬署，時雍正九年辛亥正月三日也。"
"南北宋正史如莆田陳均九朝編年備要、學士院上進中興紀事本
末皆足以廣聞見，補正史所不及，然此二書流傳絕少，康熙辛丑歲
於吳門藏書家借錄編年備要鈔本，已藏之家塾矣。曩聞朱竹垞先
生集中有中興紀事本末一跋，惜未見其書。偶於京師書肆獲觀宋
槧精本，目駭情移，不能遽購，嘗往來予懷。雍正庚戌得於晉陽觀
察署中，如逢故人，如還舊觀，摩挲展覽，爲狂喜者久之。案牘紛
紛，未暇題識，茲携清江館舍，濡筆述獲書之緣起，並錄竹垞跋語
於前，以見余於古帙中生有夙好，必償所願，豈此中亦有神契耶。
爲示子孫永永寶之。壬子閏五月筠又識。"

按：此書余紹宋自清宮鈔出，計十二冊，費一百八十金。其書大率與
繫年要錄相出入而互有詳略。（己未）

蜀鑑十卷　宋郭允蹈撰

明嘉靖刊本，八行十六字，白口，單闌。前方孝孺序，次嘉靖乙卯張
佳胤題。前後有嘉熙丁酉文子跋、淳祐五年古郢別□跋。

按：此書各家所收多鈔本，刻本極罕見，此本字大如錢，板刻極古，殊
不類嘉靖通行本風氣。（余藏）

忠謨謹按：此書別有跋，收入藏園羣書題記初集卷二。

藏園羣書經眼録卷四

史 部 二

雜 史 類

汲冢周書注十卷 晉孔晁撰

元至正十四年甲午嘉興路儒學刊本。半葉十行，每行二十字，注雙行同，版心記字數及刊工姓名。前有至正甲午黃玠序及宋嘉定十五年丁黼序。陸心源跋謂至正中劉廷幹取嘉定本覆刊於嘉興學宮，黃玠爲之序。盧抱經文弨所校卽此本也。字撫松雪體，的是元刊，惜墨色黯淡耳。此本極少見。（日本靜嘉堂文庫藏書，己巳十一月十三日閱）

汲冢周書注十卷 晉孔晁撰

元至正十四年嘉興路儒學刊本，十行二十字，細黑口，左右雙闌，板心上記字數，大小分記。下間記刊工姓名。版匡高六寸五分，闊五寸五分。字仿趙體，皮紙印。（常熟瞿氏藏書，乙卯八月見於罟里）

汲冢周書註十卷 晉孔晁撰

明嘉靖二十二年章檗校刻本，九行二十字，白口，左右雙闌。版心魚尾上題汲冢周書卷幾，下記姓名或一字。鈐"江上外史"朱文方印。（莫楚生藏書。乙卯）

汲冢周書注十卷 明楊慎校

明東阿趙標梓。八行十八字，注雙行。按：卽三代遺書本。（壬子歲見）

逸周書注十卷　晉孔晁撰　　　　　　　　　△七三九一

舊寫本，盧文弨用朱筆手校。每卷後有日記數語。有陳鱣、鍾文烝跋，錄後。

> "去年除夕吳中度歲，往懸橋巷黄蕘翁家作祭書之會，因得明嘉靖廿二年四明章檗刻本逸周書，係顧君千里依元刻手校本。余既跋而藏之，新歲携示同里吳槎翁，嘖嘖稱善，遂取其舊藏章刻本錄顧校文於上，且以明鍾文傑校本及汪士漢刻入秘書本重加參閱，跋云惜抱經學士本案頭適乏，異日當取而重勘。余曾以槎翁所校補入章本，比復至吳，忽從水關書肆獲一鈔本，乃抱經學士未刻此書時繕寫手校底本，上作細楷書，朱墨雜陳，極爲精緻，不勝狂喜。學士校此書時在乾隆庚子春日，越七年丙午始付諸梓，故校語與定本多有增損，所謂積數年校勘之功，蓋其慎也。憶庚子三月鱣偕槎翁造訪，學士欣然出見，曰：頃自慶春門外歸，今日家屬亦往縱觀，前輩風流可挹。惜其遺書多不能保，新橋第宅半屬他人，逸周書之板已鬻諸坊間矣。展閱手筆，又不勝浩歎。時嘉慶十一年丙寅三月，陳鱣記。"

> "同治六年丁卯歲三月庚午嘉善鍾文烝見此書於上海，善價得之"。（癸丑）

逸周書注十卷　晉孔晁撰

日本天保辛卯彥藩弘道館活字印本，九行二十字，題"文政丙戌秋彥藩文學西鄉義謹識"。（乙卯）

國語七卷

明弘治刊本，十一行二十一字，黑口，四周雙闌。前有弘治十五年壬戌刑部右侍郎豫章李士實序，言太谷郡守韓君福得許節推讓舊本，屬清豐令陸君崑書梓以行云云。後有題銜四行：

　　"天聖七年七月二十日開印。　江陰軍鄉貢進士葛惟肖再刊正

　　鎮東軍權節度掌書記魏庭堅再詳　明道二年四月初五日得真本，

　　凡刊正增戍。"（庚申）

國語解二十一卷 吳韋昭解 補音三卷 宋宋庠撰

宋刊元明遞脩本，半葉十行，每行二十字，白口，左右雙闌，板心上方記大小字數，下方記刊工人名。宋諱避至構字止，慎字不避。元補板無字數及刊工人名。明補黑口四周雙闌，下方記監生某人，蓋已入南京國子監矣。印紙用明成化、弘治時江南職官戶口等册，有鳳陽縣、巢縣、全椒縣、無爲州等處官印。

按：此書舊爲繆荃孫氏所藏，前有"己亥夏四月得自保定書坊聽雨樓錢眉記"墨書識語一行。鈐有"李嘉端"、"嵐石山房"兩印。宋刊存者近百葉，補刊祇寥寥數葉耳，雖爲南監補修，而全帙特爲罕覯，因以善價收之。藏園記。

國語解二十一卷 吳韋昭撰 補音三卷 宋宋庠撰

宋刊元明遞修本，半葉十行，每行二十字，注雙行同，版心記字數及刊工姓名。

按：此本有明修之葉甚多，與余所藏印本相同，蓋入南監後所印，陸氏謂爲元修者非也。（日本靜嘉堂文庫藏書，己巳十一月十三日閲）

國語解二十一卷 吳韋昭撰 補音三卷 宋宋庠撰

宋刊元明遞修本，十行二十字。高郵王氏舊藏。（南皮張氏藏書，壬戌見於日知報館）

國語解二十一卷 吳韋昭撰

明刊本，十行二十字，黑口，四周雙闌。

按：此本行欵與嘉靖七年金李澤遠堂刊本同，然審其版刻當是成、弘間本也。（戊午）

國語解二十一卷 <small>吳韋昭撰　缺卷五至九</small> 補音三卷 <small>宋宋庠撰</small>

△一〇〇六〇

明嘉靖五年陝西刊本，九行二十字，白口，左右雙闌。前有嘉靖五年唐龍序，言侍御史雨山郭公自微以是書布之學官。序後有"華州學正吳嘉祥、韓城縣敎諭魏琦同校正"二行，是知爲秦中刻本也。（邢贊亭藏書。甲戌）

國語解二十一卷 <small>吳韋昭撰</small> 補音三卷 <small>宋宋庠撰</small>

明刊本，九行二十字，板心記字數人名。卷末有"新建李克家校正"一行。（滬市見。癸丑）

國語解二十一卷 <small>吳韋昭撰</small>

明嘉靖七年金李澤遠堂刊本，十行二十字。序後有小字一行，文曰："嘉靖戊子吳郡後學金李校刻於澤遠堂。"（壬子會文堂見，索四十元）

國語解二十一卷 <small>吳韋昭撰</small>

明末毛氏汲古閣影寫宋刊本，半葉十一行，每行十九至二十字不等，注雙行三十一字。鈔楷極爲古雅，見汲古閣秘本書目。黃氏士禮居刊本卽從此出。（日本靜嘉堂文庫藏書，己巳年十一月十三日）

重錄齊國紀事二卷

明寫本，八行十七字，烏絲闌。取春秋三傳及外傳所紀齊國事至田氏亡爲止。卷末亦題"春秋貫玉"。（甲子，已收）

戰國策注三十三卷 <small>漢高誘撰　宋姚宏校正</small>

影寫宋刊本，卷首題重校，目錄題新雕重校。十行二十字。宋諱缺末筆。鈐有季滄葦藏印，又"丹徒蔣氏宗海星嚴氏校正經史子集之章"大印，又潤州蔣氏方印。卷後錄有蔣氏小傳。節錄如下："蔣宗海字星嚴，號春農，晚號歸求老人。乾隆壬申進士，授中閣中書，入軍機。中年以母老告歸終養，母卒卽無意宦途，以造育後進爲己任，主書院席，能文之士多出其門，學者稱春農先生。幼好

學,比長,無書不讀,性率直,問字者終其身無虛日。乾隆癸巳詔
求遺書,以揚州爲第一,皆經手選而後呈。嘉慶初修邑志,皆本所
輯舊稿,志未成而卒。邑令萬承紀父廷蘭與之同年,稱宗海及王
文治、張鳴謙、鄒光國爲四君,各爲之傳。"

　　此書後有紹興丙寅剡川姚宏跋,卽出於士禮居翻刻之祖本也。(辛未
十一月)

戰國策注三十三卷 漢高誘撰　宋姚宏校正　　　　△一一二八八

　　明穴硯齋寫本,十二行二十字。鈐有毛氏父子藏印,又"蔡廷相藏"、
"蔡廷槙卓如"兩印,"梁溪蔡氏"印、"醉經主人"印。宋諱缺筆。(庚
申)

戰國策注三十三卷 漢高誘撰　宋姚宏校正　存二十六卷

　　　　　　　　　　　　　　　　　　　　　　　△一〇〇六二

　　明穴硯齋寫本,行欵亦同前部,但宋諱不避耳。兩本對照亦互有脱
誤,字則此較工雅。鈐有"□雲樓"、"吳長元"各印。

　　前部余已收得,此則見於文友堂,云自河南收得,同時有兩書出現,
亦一異也。(庚申歲見,此書歸邢贊亭)

鮑氏國策校注十卷 宋鮑彪撰　　　　　　　　△六五九六

　　宋紹熙二年會稽郡齋刊本,半葉十一行,行二十字,白口,左右雙闌,
版心上魚尾下記國策幾,下記葉數,最下記刊工姓名。(虞山瞿氏藏書,
乙卯見於邵里)

鮑氏國策校注十卷 宋鮑彪撰

　　明嘉靖七年龔雷刊本,十一行二十字。卷末王覺跋後有篆書一行。
文曰:"嘉靖戊子後學吳門龔雷校刊。"(宏遠堂見。壬子)

戰國策校注十卷 宋鮑彪撰

　　明嘉靖刊本,十行二十字,白口雙闌。(乙亥)

戰國策校注十卷 宋鮑彪注　元吳師道補正

元至正二十五年平江路儒學刊本,十一行二十字,線黑口,四周單闌,版心魚尾下記國策卷幾,下記葉數,最下記刻工姓氏。卷首二三行題:

　　"縉雲鮑彪校注　東陽吳師道重校。"

　　每卷後題:"至正乙巳前藍山書院山長劉鏞重校勘。"(癸丑歲見)

戰國策三十三卷　宋鮑彪注　元吳師道補正

明初刊本,十行二十一字,注雙行同,黑口,四周雙闌。次行題"縉雲鮑彪校注",三行題"東陽吳師道重校"。注中"正曰""補曰"云云皆以陰文別之,正文中據改字亦以陰文別之。前有校正凡例五條。(文奎堂送閱。丁巳)

策士奇談上中下三卷

明刊本,八行十六字。上卷二十八條,中卷二十六條,下卷二十六條,皆選録戰國策之文。(庚午)

路史前紀九卷、後紀十三卷、餘論十卷、發揮六卷、國名紀六卷、國名紀注一卷、大衍説一卷、國姓衍慶紀原一卷　宋羅泌撰

　　共四十七卷

明嘉靖洪梗校刊本,十行二十字,白口,單闌。前羅泌自序,次費煇序。本書首葉首行下題"錢塘洪梗校刊"。季振宜、席鑑、黃丕烈遞藏,有印記。(癸丑歲見)

路史四十七卷　宋羅泌撰

明寫本,竹紙藍格,十行二十字。前人以墨筆圈識全帙。鈐有"天垣都諫"白文大方印、"晚香堂珍藏印"白。(邃雅齋見。乙亥)

吳越春秋六卷

舊寫本,九行二十字,臨川游桂校。有汝上王謨跋一段言玉門第一第八第九疑爲演篇策之數。(癸丑)

吳越春秋音註十卷　元徐天祜撰

元大德十年紹興路儒學刊本,九行十八字,白口,左右雙闌,版匡高
六寸四分,闊四寸七分。前有序,半葉六行,大楷書,字大如錢,結體
方整,在元刊中又爲一體。(常熟瞿氏藏書,乙卯見於罟里)

吳越春秋音註十卷　元徐天祐撰

元大德十年紹興路儒學刊本,九行十八字,注雙行二十六七字,白
口,左右雙闌。目録分上卷下卷,仍爲一至十,葉碼以上下各通計。
後有銜名七行。録如下:

　　"大德十年歲在丙午三月音註　越六月書成刊板,十二月畢工
　　前文林郎國子監書庫官徐天祐音註　紹興路儒學學録留聖　紹
　　興路儒學學正陳昴伯　紹興路儒學教授梁柏　正議大夫紹興路
　　總管提調學校官劉克昌。"(已收。癸丑)

吳越春秋音註十卷　元徐天祐撰

明刊本,九行十七字,注雙行同,白口,四周雙闌。書後大德十年記
及官銜與前本同。(癸丑)

吳越春秋音注十卷　元徐天祐撰

明翻元本,九行十七字,注雙行同,黑口,四周雙闌。後有徐氏補注
三葉。

鈐有"潛坤"朱、"姚舜咨圖書"白、"馬玉堂"白、"笏齋"朱各印。

此書莫楚生棠謂是弘治鄘璠本。相其刀法,終是嘉靖刻,蓋與濟美堂
柳集固相近也。(莫楚生藏書。乙卯)

吳越春秋音註十卷

明刊本類萬曆本,八行十七字,白口左右雙闌,版心上記吳越春秋四
字,上魚尾下記卷數,下記葉數。卷末有大德十年紹興路儒學刻書
銜名。(余藏)

越絕書十五卷　漢袁康撰

明正德刊本,十行十六字。與嘉靖本同。有正德四年己巳都穆跋,稱

吉水劉恒字以貞宰吳中時刻本。（莫楚生棠藏書，丁巳歲見）

越絶書十五卷　漢袁康撰

明嘉靖丁未陳塏粵東刊本，十行二十二字，黑口，四周單闌。前有嘉
靖丁未陳氏刻書序，録如後：

> “予越人也，越絶之書宜刻於予之鄉，而刻之嶺海也可乎！曰：吳
> 越之傳遐矣，事筆於春秋，語備於左氏，蓋匪一國之私言也。世代
> 推移，文獻散佚，中古以來之書不傳者多矣，而近世無實駁雜之書
> 方列肆而炫奇。故夫書之出於古也，雖臝純雅，要非無爲，固當尚
> 而傳之，而況事裨史缺，義存世鑒，若越絶者乎！國語之言文，越
> 絶之言質，文或誇以損真，質則約而存故，欲論吳越之世舍此焉適
> 矣。刻成，今宮詹泰泉黃先生視予以楊升菴所爲跋語曰：千載隱
> 語得升菴而後白，盍刻諸！予受而讀之，而因稽之於書而知斯之
> 爲信也。書具建武二十八年，其爲東漢之作無疑，其自命曰記陳
> 厥略，其謂邦賢曰文屬辭定，蓋袁康草創而潤色之以吳平也。東
> 漢去古未遠，殘編遺事固當不泯，綴輯而成之，語雖質猶近於古，
> 獨禍晉之驪姬，亡周之褒似八言也不類，蓋六朝之先驅也。其曰
> 作於子貢，又曰子胥，蓋皆隱語假託以尊邦賢也。書載子胥之死，
> 彼豈不知其不可以爲子胥作耶。趙曄吳越春秋又因是書而爲之。
> 黃東發曰抄以爲越絶之出於春秋也殆不然矣。校書至此可爲一
> 快，因附刻跋語於書末，而予又首之以故，以諗於觀者云。嘉靖丁
> 未春正月穀日餘姚陳塏書”

後有丁黼、汪綱舊跋，正德己巳都穆跋，成都楊慎跋。

收藏鈐有“高唐王章”朱文大約半寸見方、“李文駒藏書印”、“文駒之章”
皆細朱文。

按：此本録都元敬穆跋，是亦從正德劉恒吳中刻本出也。（文禄堂書，董
授經新收，己卯臘八記）

越絕書十五卷 漢袁康撰

明刊本，十行十六字，白口，左右雙闌。有嘉靖三十年辛亥宛陵梅守
德後序，言汪綱以蜀本刻置郡齋，世遠無存，正德重刻於吳中，茲來
守越，乃得吳本再梓之。(甲寅)

越絕書十五卷 漢袁康撰　　　　　　　　　△五四五六

明嘉靖三十三年張佳胤雙柏堂刊本，八行十七字，版心下方有"雙柏
堂板"四字。前嘉靖三十三年白馬令西蜀張佳胤刻書序，後有嘉定
庚辰東徐丁黼跋。本書首行題"越絕書"，次行頂格題"越絕外傳本
事第一"。有龔自珍跋，錄後：

> "余生平喜穆天子傳、越絕書，以爲可配莊、騷而四之。穆天子傳
> 得洪校本盡善，越絕尚沈霾叢刻中，未易讀也。今北堂得此本，當
> 與洪氏單行穆天子傳並栞之，以慰好讀二奇書者，惜未取叢刻一
> 校。自珍瞥記。九月十八"(余藏)

華陽國志十二卷 晉常璩撰

明嘉靖四十二年張佳胤刊本，十行二十字，白口，單闌。張氏間有校
語，雙行小字附各條下。卷五、卷十上首葉次行題"明銅梁張佳胤校
刻"八字。前元豐戊申呂大防序，次嘉泰甲子李𡊡重刻華陽國志序，
次嘉靖甲子張四維序，次嘉靖癸亥張佳胤刻書序，次校刻凡例，次目
錄。本書首行題"華陽國志卷第一"，次行低一格題"巴志"二字。
按：是書十二卷，今祇存十卷，缺第十一、十二兩卷，第十卷分爲上中
下。顧澗濱所謂據抄本以補上中兩卷者此本固宛然具焉。惟顧校
本凡先賢士女讚讚詞下遂列小傳，此本提行，先列其人之銜名字爲
一行，次行低一格列讚，以次諸人銜接而下，其諸人小傳則直至諸讚
畢乃彙列之。計自讚後接蜀都士女嚴遵傳起，至姚超二女傳止爲上
卷；廣漢士女楊宣傳起，至犍爲士女黃帛傳止爲中卷；漢中士女鄭子
真傳起，至郭孟妻孫楊傳後附讚曰二則爲下卷；編次既乃截然不同，

文字亦復多異。昔繆藝風荃孫嘗聞盛意園昱言，顧澗濱校刻華陽國志乃私襲張佳胤本爲之。今此本行格雖與顧本同，而卷十竟差異如此，則其非出於一源，或展轉鈔傳改易致此，亦未可知。按顧校第十卷上末有按語云：近人見舊本較張佳胤以來所刻多第十之上中兩卷云云，不知顧氏所見張本適脱此兩卷乎？抑未見張本而姑逐衆人之說遂爲此武斷乎！顧校本今藏同年鄧孝先邦述處，乃廖刻後重校者，其原鈔本自空居閣出。余頗疑張刻本在明萬曆時已不可得，故吳琯刻古今逸史時，其華陽國志中尚列有佳胤案語，而此卷十之上、中已佚去，獨賴一二傳鈔以延其緒。後人見鈔本之溢出兩卷，又見逸史本之缺失，遂疑張刻亦然，而不知其不如是也。常志爲鄉邦古籍，張氏又吾蜀聞人，余獲此奇籍，特力發此覆，爲張氏雪其冤，以取證當世，非故翹前人之失以自憙也。

此本舊藏四明盧氏抱經樓，壬子冬十一月，余觀書四明卽見之，詫爲奇秘。乙卯秋，盧氏以藏書求售，余爲言於當道，乞收儲京師圖書館。會政局多故，事遂中輟，爲書估陳立炎以三萬五千金得之，一時星散，而此書竟展轉歸余篋中。丙辰冬記，沅叔。

華陽國志十卷　晉常璩撰

明嘉靖劉大昌刊本，十行二十字，白口，四周雙闌。每卷題"晉導江常璩道將譔"，"明成都劉大昌校"二行。前有嘉靖甲子知成都府昆明楊經序，言劉子出家藏一帙託校正付梓。後有劉大昌序，言兹編舊錄間有疑誤，嘗參互考訂，幸獲什久藏篋中爰畀梓人云云。（甲戌歲北京圖書館新收自文禄堂者）

忠謨謹按：此書有跋，收入藏園羣書題記續集卷一，詳舉文字勝異之處。

華陽國志十二卷　晉常璩撰　三州郡縣目録一卷　存卷一至四

　　　　　　　　　　　　　△一〇五四二

顧廣圻手校，存巴志、漢中志、南中志共四卷，題"癸亥十月重校"。

前有三州郡縣目錄，爲顧廣圻手寫，題“癸酉四月顧廣圻定，時寓江寧皇甫巷之孫烈愍祠”。本書四卷明刊本。（端匋齋遺書。丁卯）

華陽國志十二卷 晉常璩撰 補三州郡縣目錄一卷 李□一○○

清廖氏題襟館刊本。臨吳枚庵翌鳳顧千里廣圻校本。吳用藍筆，顧用朱筆。

> “乾隆辛丑七夕延陵吳翊鳳借張思孝所藏錢罄室鈔本何義門批閱者校勘一過，補錄第十卷之上中及丹棱李叔廣序文一篇，餘亦無所是正也。稍有異同，具記原文之側云。雨窗松卧居書”

> “嘉慶癸酉再讀於江寧寓中　澗蘋記”

> “初十日校，閱石田翁夢萱圖真蹟，有桑柳州、楊南峰題識，疁城徐氏物也，今爲一儈父所得。”藍筆，在卷三後

> “世傳國志俱闕十卷上下，此本雖出自錢叔寶氏，然舛錯訛脫幾不能讀，聊用錄出，以竢善本校之。七月廿又六日漫士翌鳳又書”藍筆，卷十中

> “華陽國志十二卷，初閱見其訛謬甚多，疑非善本。及以新刻校對，乃知後來妄加竄定，有使人笑來者，此本尚存舊刻之真，而出於錢叔寶家亦可信也。　康熙己丑焯記”吳臨，用藍筆

卷六第七葉，十六年益州牧劉璋下藍筆增鈔一葉，補先主入蜀，至十九年領益州牧止，凡三十行。此文非據錢本所增，不知枚菴何由得之。沅叔記。

> “甲戌閏月得此，時已刊成不能追入矣。”朱筆卷六

> “此從常熟馮氏空居閣本影抄者。馮本余收得，今歸袁綬階。又黃蕘圃有何義門手批錢罄室本，經吾師張白華先生得之，行段正同。聞吳方山有抄本，在某人處，想亦無異。後見之，果然。皆出於宋嘉泰刻本，故迥非俗刻可比。予屢欲取史記以下各史及水經注、太平寰宇記等書詳加訂正，重刻行世，忽忽無暇展卷，不勝日夜逝矣之歎也。嘉慶癸亥十月廿一日澗濱居士燈下記。”

"閱十年癸酉，爲孫觀察校刊於江寧，凡事自有定數如此。又記"

（李木齋先生遺書。辛巳）

華陽國志十二卷　晉常璩撰

清刊本，九行二十字，不知何人所刊，鈐有韓氏玉雨堂、會稽李氏困學齋、長洲吳氏香雨樓、平江貝氏各藏印。（己未,已收）

五胡十六國考鏡

舊寫本，與下列四書合訂二册。

五國故事二卷有余寅序，言天一閣范司馬將刻此書而歿。

西夏事略　宋王偁撰

五代春秋二卷　宋尹洙撰

銓選論略　蔡方炳

歷代茶榷志　蔡方炳撰

後梁春秋二卷　明姚士粦撰　　　　　△二一七三

明萬曆五年丁未刊本，九行十八字。前有萬曆丁未宛陵濮陽春序，云督學合州李公與安成顏公命之鋟梓。

鈐有："石楷之印"、"西郵石楷蓉裳收藏印"、"閩楊浚雪滄冠悔堂藏本"、"侯官楊浚内史之章"、"新昌胡氏問影樓所藏"各印。

梁岳陽王督附魏立國，凡三世，歷三十三年而入於隋。姚氏用編年法撰爲此書，以存一代規模。

忠謨謹按：此書有跋，收入藏園羣書題記續集卷一。

貞觀政要十卷　唐吳競撰

明洪武三年王氏勤有堂刊本，十三行二十四字，黑口，四周雙闌，版心題政要幾。序後有大木記，篆文二行十二字。文曰：

```
洪武庚戌仲冬
王有勤有堂刊
```

首宋濂重刻貞觀政要序，前述吳競事略，纂書主旨，惜中宗之不能

聽,至文宗時始喜讀之。又稱:

> "自是以來其書盛行於世,南北刻本多有舛訛,戈直嘗集諸家而校
> 讐之,然亦未能盡善。昇有良士曰王敬仁,故大族也,欲刊梓於家
> 塾以傳,予遂假中秘本重爲正之。理有可通者因仍其舊,不敢輒
> 改。夫讀其書者不可不知其人,古之道也,復詳序兢之行事於首
> 云。書之篇端謂兢爲衛尉少卿兼修文館學士,與史所載頗不合,
> 濂疑神龍進書之時方改右補闕,未應升遷如此,豈或他有所據耶?
> 奉議大夫國子司業金華宋濂序。"

次上貞觀政要表,又吳兢序,題"衛尉少卿,兼修國史,弘文館學士"。

宋序後有"寓吳郡盧遂良刻"六小字。

鈐印列後:"曾藏汪閬源家"朱、"長洲汪駿昌藏"朱、"駿昌"白、"雅庭"
朱、"吳中汪六"白、"儀正堂印"朱、"吳郡西崦朱夰英書畫印"朱。

按:是書中版心,密行細字,工雅絕倫,書法秀麗若宋璲所寫淵穎集,
各家著録皆不見,其爲寶重當復何如! 丙辰小雪後日沅叔記。(余
藏)

忠謨謹按:此書有跋,收入藏園羣書題記續集卷一。

貞觀政要集論十卷　元戈直撰

元刊元印本,十行二十字,黑口,左右雙闌。板式闊大,高約八寸餘,
闊約六寸餘。字體秀麗,雅近松雪,板心上記字數,陰葉。下記刊工
人名,亦陰葉。有子才刊、彥正、施彥政、息齋刊、焦明、白文仲二、又其、
劉、焦、永、施、化、陳、朱、仁等字。每卷有"禮部官書"朱文大印。

有小方紙記六行如下:

> "貞觀政要原一套五本,五十二年三月初八日暢春園發下去襯紙
> 改一套二本,此書以唐之治績貞觀爲最,因録爲政要。唐史臣吳
> 兢序。　真子昂書。四字朱筆　元板。"

此書有人持至文友堂求售,因閱記之。(壬戌十一月十四日)

貞觀政要集論十卷 <small>元戈直撰　缺九、十兩卷</small>

明刊本，十行二十字，注雙行同，大板心，黑口，四周雙闌。板心下方間記人名。鈐印錄後：

“都穆之印”白、“吏禮兵三部尚書”朱大方。（乙卯歲收得）

牛羊日曆一卷 <small>唐劉軻撰</small>

舊寫本，十行十八字。鈐有王氏印。（癸酉）

東觀奏記三卷 <small>唐裴庭裕撰</small> △一一〇〇四

清乾隆三十七年吳翌鳳寫本。（盛昱遺書。壬子）

東觀奏記三卷 <small>唐斐庭裕撰</small>

精寫本，十行二十□字。版心有“玉蕤齋藏本”五字。（故宮）

平巢事蹟考一卷 <small>明茅元儀撰</small>

舊寫本。有潘椒坡藏印。（繆氏遺書。壬戌）

九國志十二卷 <small>宋路振撰</small>　附 **三楚新志三卷** <small>宋周羽翀撰</small>

舊寫本，十行二十一字。九國志注永樂大典卷數，自大典出。（孫壯家閱）

九國志十二卷 <small>宋路振撰</small>

舊寫本。目後有乾隆四十一年周夢棠有香氏跋語，卽守山閣刻本之底本也。有“有香手校”朱文印。（孫伯恒壯藏書，丙寅）

五國故事二卷

舊寫本九行十七字。有朱筆校語。鈐有“海虞毛晉子晉圖書記”、“涇川洪氏師竹齋藏書記”、“洪子份秘笈印”。（乙亥正月　邃雅齋見）

南唐近事三卷 <small>宋鄭文寶撰</small>　附 **江表志三卷** <small>宋鄭文寶撰</small>

明萬曆刊本。題徐燉校。（涵芬樓藏書。己未）

江表志三卷 <small>宋鄭文寶撰</small>

舊寫本。有劉彥芬跋，云據阮相國元藏本抄，有誤字俟校。（壬子）

三楚新錄三卷 <small>宋周羽翀撰</small>

舊寫本。後有"借自任儀曹子田兄處抄校"一行。(孫伯恒藏書。丙寅)

錦里耆舊傳八卷 _{宋句延慶撰}　存四卷,卷五至八

舊寫本,八行二十字。鈐王阮亭_{士禛}印三方。(同古堂見。丁巳)

錦里耆舊傳八卷 _{宋句延慶撰}　存四卷

舊寫本,九行二十字。鈐有王氏印。(癸酉)

蜀檮杌十卷 _{宋張唐英撰}

舊寫本,十行二十字。

後有吳翌鳳記二百四十餘言。(癸酉)

蜀檮杌二卷 _{宋張唐英撰}　　　　　　　△一一二九六

清勞權手寫本。並用朱筆校。(余藏)

釣磯立談一卷

清康熙四十五年曹寅揚州使院刊棟亭十二種本。黃丕烈手校。

"吳門黃蕘圃_{丕烈}校本,蕘翁手筆予能識之。梅生周鼎銘。"

按:此書後有"臨安府太廟前尹家書籍鋪刊行"一行,是據棚本所校,知不足齋刻本卽出於此,蕘翁添改字句,鈎摹行葉,校勘至爲詳密,可寶也。　　沅叔。(余藏)

江南野史十卷 _{宋龍袞撰}　　　　　　　李□一六九

舊寫本。傳録趙琦美校本。李木齋先生又以授經堂叢書鈔本再校。

趙琦美記語如下:

"三十六年戊申再校焦本於清溪衙齋,時二月初九漏下三鼓。"_{卷一末}

"戊申二月十一日校於栢臺一舫齋。"_{卷二末}

"戊申三十六年二月十五、廿一日兩堂之暇閲於一舫齋。"_{卷三末}

"戊申仲春之月望後五日閲於一舫齋。"_{卷四末}

"三月初一日校於一舫齋。"_{卷五末}

"六月初五日校於公署火房。"_{卷六末}

"是日於署中閱此卷。"卷七末

"萬曆三十六年正月初九日借唐奉本録校。"卷十末

"三月廿六日又假焦太史本更定。"卷十末

李木齋識語録後：

"以黑格本校。黑格本十一行廿二字，格心下有授經堂叢書五字。盛鐸識。"

"乙丑夏五游廠肆，見舊鈔江南野史，鈔字甚劣，譌敓尤多，以每卷後多有趙清常道人題字，是從清常本傳録，遂携歸，擬竢回南中與家中舊藏者一校。越數日，它估送一黑格鈔本，後有嘉慶丙子馬應潮校過者來閱。兩本相讐，源出不同，互有優劣，因發興校之，二日而畢。凡書中朱筆乙改增注及眉端舊校加以圈點者皆黑格本也。第十卷缺字處兩本亦多同異，姑校存此帙，俟他日得善本再爲録補。　大暑前三日識　盛鐸。"（李木齋先生遺書，辛巳借校）

忠謨謹按：此書有跋，收入藏園羣書題記三集卷二。

江南野史十卷　宋龍袞撰

舊寫本，十行二十字。鈐有"漢陽孫氏藏書"一印。（文友堂見。癸亥）

吳越備史五卷　題宋范坰、林禹撰　補遺一卷雜考一卷　明錢受徵輯

傳鈔明萬曆二十七年錢達道刊本，十行二十字。前萬曆二十六年歲次戊戌益津王遴序，萬曆己亥二十五世孫岱序，後二十五世孫達道跋，蓋達道奉其父受徵之命刻於兗州者也。本書首年號考，次世系圖，次諸王子弟官爵封謚表，次十三州圖，次十三州考。卷一武肅王上，卷二武肅王下，卷三文穆王，卷四忠獻王，忠遜王附，卷五大元帥吳越國王，卷六補遺，亦題大元帥吳越國王。附雜考一卷乃二十四世孫受徵所輯，其目爲吳越宗派考，吳越國治考，吳越舊宮考、鐵券考、鐵箭考、鐵幢考。每卷結銜題"武勝軍節度使掌書記范坰、武勝軍節度巡官林禹譔"。"越中十九世孫德洪、吳中二十四世孫受徵、

二十五世孫達道校梓”兩行。鈐有“謙牧堂藏書記”、“禮邸珍玩”二
印。（戊午）

吳越備史六卷 _{題宋范坰、林禹撰}

舊寫本，十三行三十字。題“武勝軍節度使掌書記范坰、武勝軍節度
巡官林禹譔”。“越中十九世孫德洪、吳中二十四世孫受徵、二十五
世孫達道校梓”。有萬曆二十六年戊辰南京兵部尚書孟津王遴序，
萬曆庚子吏部主事真寧趙挹清序，萬曆己亥二十五世孫岱序。本書
卷首年號考、世系圖、諸王子弟官爵封謚表、十三州圖、十三州考，卷
一武肅王上卷二武肅王下，卷三文穆王卷四忠獻王，忠遜王附，卷五
大元帥吳越國王，卷六大元帥吳越國王。附雜考。十三州考後有嘉
靖甲午吳郡馬蓋臣論記一首。二十二世孫汝錫跋，二十五世孫達道
跋，門生巴陵姜性跋，歷下劉勃跋，萬曆庚子晉安謝肇淛跋，闕里門
人孔貞祚跋。

書首副葉朱少河錄簡明目錄及讀書敏求記本書二則，並跋一行。錄
如下：

　　“錫庚按：是本有虞山錢曾遵王藏書圖記，的爲讀書敏求記所稱之
　　本，可寶重也。辛酉六月二日錄識。”

鈐有“虞山錢曾遵王藏書”_朱、“劉銓福”、“大興劉銓福家世守印”_白、
“子重”_朱、“專祖齋”_朱各印。（徐梧生遺書。戊辰）

建康實錄二十卷 _{唐許嵩撰}

舊寫本，八行二十一字。前有序，序後有嘉祐三年江寧府開造建康
實錄卷帙字數及校正官銜名二十八行。鈐有“孫星衍印”、“方伯監
司之官”二印。有孫氏隸書題簽。（陳立炎書，索一百二十元。辛未二月十日
見於杭州）

宋百名人小傳

明寫本，藍格，十三行二十四字，所記皆五代宋初人，人各爲傳。此

名不知何人所題，行間有補綴痕，下書"景清手錄"四字，要是舊帙殘缺而妄署書名以欺人耳。余檢東都事略及宋史核之，各有詳略，未知是隆平集否，竢更考之。人名列後，凡七十一人，傳後有論者排仿宋體：

張延通、梁迥、史珪、田欽祚、侯贇、王文寶、翟守素、姚內斌、董遵海、賀惟忠、馬仁瑀、王贊、張保續、趙玭、盧懷忠、王繼勳、丁德裕、王侁、劉審瓊、解暉、李韜、王晉卿、郭廷謂、趙延進、輔超、楊業、王貴、荊罕儒、曹光實、張暉、司超、李進卿、楊美、何繼筠、李漢超、魏丕、陶穀、扈蒙、王著、王祐子質、楊昭儉、魚崇諒、高錫、顏衎、劇可久、趙逢、蘇曉、高防、馮瓚、邊翊、王明、許仲宣、楊克讓、段思恭、侯陟、李符、蔡審廷、周廣、張勳、石曦、張藏英、劉福、安守忠、孔守正、譚延美、元達、常思德、尹繼倫、薛超、丁罕、趙瑭、郭密、傅思讓、李斌、田仁朗、劉謙。（文祿堂送閱。丙寅）

宋西事案二卷 <small>明祁爾光撰</small>

明刊本。題明海濱詢叟漫輯。<small>據黃汝亨序知為祁爾光。</small>有天啓元年黃汝亨序。卷一緝史事，自明道元年遣使立元昊為西平王至慶曆八年元昊死止，卷二錄當時臣僚奏章論西事者二十一篇。有張方平二、夏竦、劉平、陳執中、范仲淹、四韓琦、三龐籍、張亢、二田況、歐陽修、張齊賢、李繼和、王韶、蘇軾，共十四人。鈐有"吳江史氏藏書"、"吳江史氏貞燁堂圖書"、"松陵史蓉若藏"各印記。（乙丑）

神宗皇帝即位使遼語錄 <small>宋陳襄撰</small> △二一六八

清勞權照宋精鈔本。後有慶元三年陳曄跋。（余藏）

宣靖備史四卷

影寫明嘉靖刊本，有嘉靖陳霆序。清鮑廷博、章紫伯、姚彥侍遞藏。（辛酉歲見）

宣靖備史四卷

經鉏堂寫本，九行二十一字。附書目二葉録如後：

"佚存未備之書，購求原本鈔録，所有書目附於卷末，竢再得秘藏
之本，陸續繕成，以行於時。苕溪漫士識。

漢書地理補注一百三卷　吳卓信編

九朝編年備要三十卷　宋陳均撰

政和五禮新儀二百二十卷　宋鄭居中等奉勑撰。足本重録

金佗稡編二十八卷，續編五十卷　宋岳珂。依宋刻本重録

名臣碑傳琬琰集一百七卷　宋杜大圭編。依宋刊足本録

金石續録四卷　劉青藜撰

苕雪金石考四卷

禄山事蹟三卷　唐姚汝能纂

宣靖備史四卷

南渡録四卷　宋辛棄疾撰

登西台慟哭記一卷　明吳匏庵録本

太白陰經八卷　唐李筌撰

練兵秘要陣記二卷　宋岳飛編，明劉基補

奇門斷閏奇　諸格　歌訣　一千八十局

六壬鈐十二卷

内經素問刺法論、本原論　此二論宋本原缺，今補録

續名醫類案六十卷　魏之琇撰

宣德彝器譜二卷

博古鏡四卷　明于承祖輯

長短經九卷　唐趙蕤撰

劉賓客文集三十卷，外集十卷　唐劉禹錫撰

徐騎省集三十卷　宋徐鉉撰

小畜集三十卷　宋王禹偁撰

穆參軍集三卷,附遺事一卷　宋穆修撰

東觀外集三卷　宋魏野撰

斐然集三十卷　宋胡寅撰

後村居士集五十卷　陸潛校宋本重錄

後村全集六十卷　明季抄本,曹楝亭藏本重錄

滏水文集二十卷　金趙秉文撰

默庵集五卷　元安熙撰　季滄葦藏本重錄

栲栲山人集三卷　元岑安卿撰

玉笥集十卷　元張憲撰

静思集十卷　元郭鈺撰

竢庵文集三十一卷　元李存撰"(己巳正月)

靖康傳信錄三卷　宋李綱撰

舊寫本,十行二十字。　經劉泖生履芬、姚彥侍收藏。壬戌正月廿七
日自翰文齋借來校勘一過。沅叔。

孤臣泣血錄不分卷　題宋丁特起撰

明萬曆刊本。前有萬曆丙午王在公孟肅序。

按:此書以他本略校,時有删節之處,卷末靖康二年六月初九日詔書
後半亦不完具,非善本也。(壬戌)

北宋蒙塵錄不分卷

舊寫本,題宋撰人闕名。鈐有何元錫印。(涵芬樓藏書。己未)

靖康稗史七種　目列後

宣和乙巳奉使金國行程錄一卷

開封府狀一卷

青宮譯語一卷宋王成棣撰

甕中人語一卷宋韋承撰

南征錄彙一卷金李天民輯

呻吟語一卷

宋俘記一卷

吳興張氏適園傳鈔本，記靖康北狩事，極爲慘痛，有用之書，擬借録
一過。

建炎復辟記一卷　　　　　　　　　　　　　△二一二五

明姚舜咨手寫本，藍格竹紙，十行二十字，版心下方有"茶夢軒鈔"四
字。書凡三十二葉，缺末葉。鈐有"姚舜咨圖書"白文印、"歙鮑氏知
不足齋藏書"朱文印，又"唐百川收藏印"朱文印。（邢贊亭新收之書，甲
戌立夏日獲見）

按：此書末葉佚去，無欵識，然審其筆迹實老人七十以後手蹟無疑
也。藏園。

忠謨謹按：此書別有跋，收入藏園羣書題記初集卷二。

建炎復辟記一卷

清寫本。末有跋語已殘脱，僅辨爲從休寧汪季青古香樓藏本重録云
云。後鈐蕭山王氏藏印。（余藏）

偏齊録二卷　宋從政郎楊堯弼撰　　　　　　△七四二九

舊寫本，十四行二十二字。鮑廷博以墨筆校，又有人以朱筆校。後
有烏程程慶餘記於吳中藝海樓跋語一葉。鈐有"老屋三間賜書萬
卷"朱、"歙西長塘鮑氏知不足齋藏書印"朱二印。（陳國祥遺書。己未）

松漠紀聞一卷補遺一卷　宋洪皓撰

舊寫本，藍格。有清王宗炎跋，録後：

　　"此係明嘉靖中顧元慶以宋本重雕於大石山房者，乃是足本，古今
　　逸史中所刊削去大半，非完書也。宗炎記。"

鈐有"蕭山王氏十萬卷樓藏書印"。卷中朱筆校過，疑是宗炎筆。（丙
辰記，余藏）

松漠紀聞二册　宋洪皓撰

舊寫本。後有跋，言是顧氏秀野草堂藏書。鈐有顧曾壽、劉履芬藏印。(壬子)

竊憤録一卷

舊寫本，十二行二十二字。(與也是録、芻蕘奧論二書合裝一册。丙子九月)

錢塘遺事十卷　元劉一清撰　　　　　　　△八〇四九

清嘉慶四年席世臣掃葉山房刊本。鮑廷博手校。吳壽暘再校。有跋：

"己卯仲秋，芷湘先生以是本見际屬校，因取家藏抄本校勘一過，頗見其善。是本爲緑飲丈手校，彌足寶貴，且卷九祈請使行程記多十一、十二、十三日事，余家本亦闕，惜無題識，未詳從何本校出耳。余本係吳中家枚菴丈校正，又經陳簡莊徵君從閣本補校，與此互有得失，兹得合勘，庶益美備矣。十月十八日壽暘記。"(此書歸周叔弢。癸亥)

燼餘録二卷　元徐大焯撰

舊寫本。前有李模序。甲編記宋初宋末事，乙編記吳中事。(繆氏藝風堂遺書，壬戌歲收)

焚椒録一卷　遼王鼎撰

舊寫本。(涵芬樓藏書，己未見)

契丹國志二十七卷　宋葉隆禮撰

元刊本，十二行二十一字，細黑口，四周雙闌。前有契丹初興本末、世系圖、九主年譜、契丹地理圖晉獻契丹全燕圖計七葉，皆刻本所無，眉間有提要，繆刻亦無。(常熟瞿氏藏書，乙卯八月三十日見于邏里瞿宅)

契丹國志二十七卷　宋葉隆禮撰　缺卷十四至十九

清畢瀧朱筆校。頂上有綱要。(涵芬樓藏書，丁巳見)

契丹國志二十七卷　宋葉隆禮撰

舊寫本，十行十六字。首進書表，次契丹國初興本末，次九主年譜，次世系圖,次地理圖,次晉獻契丹全燕圖,次目錄。

收藏印如下:

"潛夫"朱、"敏齋"朱、"葆采"白、"江南汪氏藏書之印記"白、"韓江汪氏家藏"朱、"春草間房"朱、"臣紹之印"白、"秋水"朱、"紹"朱、"江南布衣"朱、"汪鏞之印"白、"勤敷"朱、"汪鏞頌堂"白、"汪"朱、"臣鏞江南布衣"朱、"藉樹樓"。

書衣有木記。文曰:江蘇巡撫採購備選書籍。(陳立炎送閱,辛未三月收。同大金國志共二百元)

契丹國志二十七卷 宋葉隆禮撰

舊寫本,九行十八字。末有"庚申秋仲三日廣林書堂"一行。馮景校過,有跋。(楊守敬氏藏書)

大金國志四十卷 題宋宇文懋昭撰

明藍格寫本,九行二十字。年譜後有世系圖,眉間標題皆席刻所無,似從元刊本抄出。

按:此天一閣佚書,余嘗以校掃葉山房本,別爲跋詳之。

忠謨謹按:此跋收入藏園羣書題記初集卷二。

大金國志四十卷 題宋宇文懋昭撰

清影寫元刊本,十行十八字。查初白慎行手校。(辛酉)

大金國志四十卷 題宋宇文懋昭撰

舊寫本,十行二十字。首金國初興本末,次進書表,次目錄,次年譜。闌上有撮要語,仍元本之式。

收藏印如下:"張敦仁讀過"朱、"陽城張氏省訓堂經籍記"朱、"潛夫"朱、"葆采"白。

全書朱筆校字皆張敦仁筆。(陳立炎送閱,辛未三月收,同契丹圖志共二百元)

大金國志四十卷 題宋宇文懋昭撰

舊寫本,十行二十字,闌上有標目。

杭世駿、孔繼涵跋附後：

> "首題宇文懋昭撰，懋昭不見史册，其書似依仿葉氏契丹志爲之，然舖敍無史例，書太祖創基與金史異，儀衛道里諸篇直是抄撮北盟會編而成，蓋僞書也。杭世駿跋"

> "乾隆卅八年借鈔自徐瀂雲編脩處，己亥三月廿八日復鈔杭跋於末。誧孟記"

卷末有"甲午夏六月望後校"朱字一行。鈐有"微波榭"、"孔繼涵印"、"荵谷"、"拜經館"、"孔憲珪"、"瑞符"各印記。（徐梧生遺書，己巳三月十六日閱）

大金弔伐録不分卷

呂晚村家影寫金刊本，後歸查初白慎行。卷中四太子、郎君等字皆提行，以校守山閣本聚珍本均善。（甲寅）

弔伐録二卷　　　　　　　　　　　△一一二九二

清初錢曾述古堂寫本，十行二十字，無闌格。鈐有鮑廷博藏印。（余藏）

金國南遷録一卷　金張師顔録　　　　　△八〇四七

舊寫本。黃丕烈據葉樹廉校本傳録訂正並手寫序跋，張師顔原序跋。又大德浦元玠、浦梅隱跋二首。其跋語録後：

> "右葉石君校藏本，海寧陳仲魚借以示余，余昨歲購一本，與此正同，前題後跋髣髴如是，謂勝於顧肇修家抄本，今得葉本思一勘之，不知歲除收拾置之何所，因出顧本手校如右。通體注黃筆者皆葉石君手迹也，葉跋無所考證本子處，文繁未及録，惟據趙與峕賓退録以爲僞有三，當可信。余蓄本必講本子，此與顧本異，故校之。他日重尋得昨歲所得本對之，未知尚有異同否？辛未三月廿九日燈下校畢識。復翁"

鈐有"顧肇修讀書記"、"養拙齋"朱文二印。（文友堂取閱，戊辰八月）

南遷録一卷　題金張師顏撰　　　　　　　　　　李□二一四

舊寫本，九行十八字。前有張師顏序，後大德丙午浦元玠跋，又浦梅
隱跋，下錄賓退錄一段，論此書之偽者。

陳仲魚所藏，有印記數方。同治乙丑魏錫曾以拜經樓抄本校過，行
間點校用黃筆，拜經本異處以墨筆記於眉上。

　　“辛酉六月借周雪客寫本抄録，内缺二段，不知世有全本否，俟訪
　　得補之始快也。連日暑毒，揮汗從事，三十日早起，因昨夜得涼識
　　此。菣園六十四。”

　　“壬戌之春句容孫凱之來，示余此書並北狩行録、北狩見聞録，因
　　得較正若干字。菣園即凱之也。余樸學齋老人也，年小凱之一
　　歲。”（李木齋遺書。辛巳）

金國南遷録一卷　金張師顏録

舊寫本，十四行二十八至三十字不等。字迹圓美，似名人筆。鈐印
只“卯橋”二字朱文印可辨，餘則損壞矣。（文友堂取閲。戊辰九月）

金小史□卷

明刊本。有楊循吉敍。鈐有翰林院印，又韓氏玉雨堂藏印。（壬子）

黑韃事略一卷　宋彭大雅撰　徐霆疏證

舊寫本。有嘉靖姚咨跋。與下三書合裝一册。

皇元聖武親征録一卷撰人未詳

承華事略一卷元王惲撰

故宮遺録一卷明蕭洵撰（繆氏藝風堂遺書，壬戌見）

大元丙子平宋録一卷

影寫元刊本，十行二十字。有大德甲辰鄧錡序，又方回序。鈐有璜
川吳氏印及惠定宇印。（涵芬樓藏）

宋紀受終考三卷　明程敏政編

明寫本。有程氏自序，戴銳後序。後有林佶跋。鈐有明徐燉、清林

佶及鄭氏注韓居各印。(繆藝風遺書。壬戌)

元朝秘史五卷

舊寫本,有錢竹汀_{大昕}、張石洲穆跋。

"同治二年癸亥七月十三日永綏張世準校於京師古海王村雙魚罳齋,時漏下四聲矣。""張叔子"白、"雙魚罳齋"朱。(述古堂送閱。丁卯)

元朝秘史十卷續集二卷 六冊　　　△七三九四

影寫元刊本,半葉五行,每句空格,行約二十五至七字,釋文低一格,雙行。

卷首有顧廣圻跋,録後:

"元朝秘史載永樂大典中,錢竹汀少詹家所有卽從之出,凡首尾十五卷。後少詹聞桐鄉金主事德輿有殘元槧本,分卷不同,屬彼記出,據以著録於其元史藝文志者是也。殘本主事嘗携在吳門,予首先見之,卒卒未得寫録,近不知歸何處,頗用爲憾。去年授徒盧州府,晉江張太守許見所收影元槧舊鈔本,通體完善。今年至揚州,遂慫恿古餘先生借來覆影此部,仍見命校勘,乃知異於錢少詹本者不特分元朝秘史十卷續二卷一事也。卽如卷首標題下分注二行,左'忙豁侖紐察'五字,右'脱察安'三字,必係所署撰書名衙,而少詹本無之,當依此補正。其餘字句行段亦往往較勝,可稱佳本矣。校勘既畢,記其顛末如此。若夫所以訂明脩元史之疎略,少詹題跋泊考異中見其大概,引而伸之,唯善讀之君子,茲不及詳論云。嘉慶乙丑七月元和顧廣圻書於郡署之六一堂。"

每卷以朱筆記若干葉某日校。又周鑾詒題識:

"光緒癸未八月寓意園,取此本與連筠簃刻本對讀一過。周鑾詒記。"此行在卷十末葉。

鈐印録後:"澗濱"、"顧澗濱手校"、"十經齋藏書"、"楊氏家藏"、"古餘珍藏子孫永保"、"薦穎葆采兄弟之印"、"張敦仁讀過"、"陽城張氏

省訓堂經籍記"、"陽城張氏與古樓收藏經籍記"、"且圃金氏珍藏"、
"楊慧生藏書印"、"宗室文慤公家世藏"、"聖清宗室盛昱伯羲之印"。
又每卷尾鈐"文章太守"一印。

木匣蓋刊篆書。文曰:

> "影鈔足本元朝秘史十卷,續二卷　伯羲祭酒藏書匱。黃士陵謹
> 題"(盛昱遺書,壬子歲獲觀)

忠謨謹按:此書有跋,收入藏園羣書題記初集卷二。

元朝征緬録一卷 撰人未詳

清嚴元照手寫本。有跋。(繆氏藝風堂遺書。壬戌)

蒙古源流八卷

舊寫本。乾隆時彭楚克林沁點校,光緒時德宗以賜肅王善耆者。余
以校新刊本,改正增補六百三十餘字,而單詞訂正與譯音歧異者尚
所不計。有善耆題識。(丙寅春見於廠肆,爲丁君文楷收去)

忠謨謹按:此書有跋,收入藏園羣書題記三集卷二。

招捕總録一卷 撰人未詳

清嚴元照手寫本,有跋。(江陰繆氏藝風堂遺書。壬戌)

隆平紀事二卷 明松陵史册羲維纂輯

日本舊寫本。所記爲張士誠王吳事。上卷自至正十三年泰州起兵,
至士誠虜至應天,身死國滅。下卷記雜事佚聞,及當時蘇州名人如
楊鐵崖、顧阿瑛諸事。前附吳江縣志史册傳一篇,言熊開元令吳江,
特重之,屬以修志,未成,則明季人也。(日本內閣文庫藏書,己巳十一月十
一日觀)

野紀矇搜十二卷 明黃汝良輯

明刊本。前有汝良自序,署銜爲翰林院學士禮部尚書。

是書自洪武迄隆慶,每朝臚舉大事,自言取累朝實録及前輩談述諸
書纂輯成編。則與祝枝山九朝野記多齊東妄言者異矣。(日本內閣文

庫藏書,己巳十一月十九日觀)

國史唯疑十二卷　明閩人黄景昉撰

舊寫本。有徐釚跋録如下:

"國史唯疑四本共十二卷,係晉江黃東崖相國景昉撰著,辛未夏偶
客三山,從閩人高兆雲客借鈔。虹亭識"

按:此書記明代朝政多有異聞,起洪武至天啟朝。卷一洪武、建文一
百五十條,卷二永樂、洪熙、宣德一百四十六條,卷三正統、景泰、天
順一百四十四條,卷四成化、弘治一百四十九條,卷五正德一百四十
八條,卷六嘉靖一百四十八條,卷七嘉靖一百四十六條,卷八隆慶、
萬曆一百五十條,卷九萬曆一百四十六條,卷十萬曆一百五十條,卷
十一萬曆、泰昌、天啟一百五十九條,卷十二補遺一百九十八條,通
計得一千八百四十條,可謂繁富矣。向無刻本,曾見陳松山藏一帙,
爲東人收去。此帙魏慎甫得之冷攤,亦直數十金。余擬借録副本,
然約共十六萬字,亦須耗三十餘元也。

鈐有"徐釚"白、"菊莊"朱、"虹亭"朱、"友薥"白諸印。(癸酉)

名臣寧攘要編不分卷　明項德楨編

明刊本,前有王衡序。

前編目録:

西征石城記	馬文昇	撫安東夷記	馬文昇
興復哈密記	馬文昇	北虜事跡	王　瓊
西番事跡	王　瓊	西夷事跡	王　瓊
龍憑紀略	田汝成	藤峽紀聞	田汝成
大同紀事	韓邦奇	雲中紀變	孫允中
平黔三記	趙汝濂	交事紀聞	張　岳
紫荆考	楊守謙	大寧考	楊守謙
大同平叛記	尹　耕	藤峽紀略	尹　耕

南太紀略		欸塞始末	劉應箕
伏戎紀事	高　拱	雲中降虜傳	劉紹伽
西南紀事	郭應聘	撫夷紀略	鄭　洛
夷俗記	蕭大亨	再征南紀事	李士達
西南三征記	郭子章	征南紀事	周光鎬
征西紀事	謝　詒	平番紀事	劉伯燮
綏交記	楊寅秋	記勦	茅　坤 （日本内閣文庫藏書，己巳十一月十一日見）

姜氏秘史五卷 明姜清撰

舊寫本。鈐有玉雨堂韓氏藏印。（壬子）

明興雜記二卷 明陳敬則輯

明刊本，題"鄲南野史陳敬則文孺甫輯録"。有隆慶紀元敬則自序。
書中記洪武時雜事，附建文遺事，亦野史之流。鈐有"曾在王鹿鳴
處"朱文長印。（胡安甫送閲。丁巳）

立齋閒録四卷

明朱絲闌寫本，十七行二十八字。紀明代事，自吳元年起至天順時
止，備載朝廷興革大政及章疏，多明史所不詳。有蔣鳳藻題識二則
録下：

　　"此立齋録當是李賢編輯之作也。書中載永樂革除、正統復位事
　　頗詳。方正學、于忠肅輩大節凜然，後先輝映，洵足並垂不朽，而
　　於君子小人安危存亡千古自有定論，豈以一時之榮辱爲重輕者，
　　吁！可慨矣。光緒庚辰八月展卷，蔣鳳藻香生敬識"
　　"有明後來奸邪黨同誤國，昭烈駕奔時有謂臣實亡國之臣，其自永
　　樂正統間有以啟之。"亦香生筆也

鈐有"茂苑香生蔣鳳藻秦漢十印齋秘篋圖書印"朱，餘皆偽印。"翠
谷"白、"心存萬古"、"西方方氏"朱各印。（文友堂取閲。戊辰）

英廟北狩録一卷　明正德王懇撰

舊寫本。有自序。鈐有陸儁靖伯藏印。(繆藝風遺書。壬戌)

南城召對一册

明寫本。紀明代事。題臣時,不知何人。浙江范懇柱進書,鈐有翰
林院印。(壬子)

國朝典故一百十卷　明嘉靖壬寅魯藩朱當㴐輯

明寫本。自皇明玉牒以下六十八種,皆明代別史之類。目別抄。(壬
子)

兩朝平攘録五卷

明刊本。題會稽諸葛元聲輯　商濬校。前有萬曆丙午王泮序,又商
濬序。目次如下:

卷一、順義王俺荅。三娘子附。封順義王贊。

卷二、都蠻九絲。平都蠻贊。

卷三、寧夏哱承恩。平寧夏贊。

卷四、日本關白朝鮮附。平關白贊。

卷五、播州楊應龍。平播贊。(日本內閣文庫藏書,己巳十一月十九日觀)

天鑒孤忠録一卷　明宋守一撰

日本舊寫本。守一爲經略禦倭兵部左侍郎升右都御史宋應昌之子。
守一陳其父征倭功績,乞請恩蔭而作也。首楊時喬兵部左侍郎代奏宋
守一自陳疏,次宋守一辨祠祭司張郎中疏,次上通政司書,次乞問朝
鮮使以證父功疏。(日本內閣文庫藏書,己巳十一月十九日觀)

滇游紀亂一卷　題常熟倪學究撰

原稿本。紀萬曆時夷酋阿克之亂,後附詩二十七首。版心有"且懶
齋藏本"五字,卷末有"且懶齋書畫記"印。文後有東鄙生論一則,題
海虞倪鉅記於沅江舟中,是著者即鉅也。(壬申十月廿六日見,文奎堂書)

萬曆三大征考二册不分卷　明茅瑞徵撰

明刊本。題茗上愚公撰次。前有天啟辛酉清遠居士序。首哱氏，次
倭上倭下，次播州。

按：此書余亦藏一帙，後附地圖十餘幅，亦殊罕見，緣在禁書之列也。
（日本內閣文庫藏書，己巳十一月十九日觀）

東夷考略二冊不分卷 明茅瑞徵撰

明刊本。題茗上愚公撰次。前有浣花主人跋即茗上愚公也。目次如
下：

女直通考　海西女直考　建州女直考

附圖如下：

遼東圖、開鐵圖、開原控帶諸夷圖、瀋陽圖、遼陽圖、廣寧圖、海運餉
道圖。

後附東事答問、辛酉四月茗上愚公識。自傳。天啟元年書浣花居士。（日本內
閣文庫藏書，己巳十一月十九日觀）

酌中志二十四卷 明劉若愚撰　全六冊　　　　△一一五六四

舊寫本。何義門焯藏本，有朱筆批識。原書二十四卷，舊抄存十五
卷，餘照刊本補足。吳仲懌藏本，有手記云："存原鈔十五卷，頂批七
處及行間紅字均義門親筆，精緻可愛。"（海豐吳仲懌遺書，甲戌十月二十五
日津估持來）

酌中志餘

舊寫本。目列後：

東林黨人榜　東林朋黨錄　東林點將錄　東林同志錄　東林籍貫
　　盜夥東林柄　夥壞封疆錄昭易魏應嘉　天鑒錄　欽定逆案分欵全
錄　天啟宮詞虞山陳悰，百首　擬故宮詞毘陵唐宇昭　（文德堂送閱。戊午）

乙丙紀事 孫奇逢撰　　　　　　　　李□二四

清康熙刊本。記營救左光斗、魏大中事，手書上板，極為罕見。（李木
齋遺書。辛巳）

先撥志始二卷 明文秉撰

舊寫本。盛伯羲昱舊藏。鈐有徐梧生藏印。（庚午）

毛大將軍海上情形一卷

寫本，卷末有天啟癸亥天都汪汝淳題跋。封面題"由庚堂梓"。據云
自內府鈔出者。（日本內藤虎藏書，己巳十月二十八日閱）

社事始末一卷　清杜登春撰

舊寫本，題寶禊軒重校。

> "先王父諱喬林字君遷號梅梁，己酉舉人，丙辰進士。本生先父諱
> 麟徵，字仁趾，號素浣，辛酉舉人，辛未進士。　三原宗弟方叔恒
> 焆填諱。"

> "康熙三十一年三月十一日述畢，時住大同府蔚州廣昌縣。知縣
> 杜登春讓水氏譔"

> "甲戌八月二十八日，婁水舟次，讓水先生手書此卷，首尾數卷言
> 百年間前後輩，非一二指可屈數。老頭陀皈依空門久矣，端誦一
> 遍，覺我佛夢幻泡影之說真是機鋒直下，不容略轉半偈一言也。"

> "梅梁卽杜真君，現葬於婁邑郊西之陸家庫，有丙舍數椽，伊後人
> 世居之。其孫卽讓水氏，爲婁東壻，故張大復社，娓娓言之。其人
> 名亦不甚全，觀其重聲氣誇軒冕不免俗情，殆境遇之使然哉！"（壬
> 子歲見）

三垣筆記二卷　明李清撰

傳寫本。李若農先生文田朱筆攷訂評隲至詳，上下四周皆滿。

又一部，亦同時所鈔，更以朱筆校正。（李若農先生文田遺書，乙亥二月二日
見于其孫楼所）

守汴日志　李光壂撰

記崇禎十四年李自成圍攻汴梁事也。（文友收鄂恒氏遺書。辛未）

說略一卷　黃尊素撰

紀明季事。古香書屋項氏寫本。（張菊生藏書，壬子春見）

苞桑叢識一卷

原稿本,爲桐城左□□之筆,粘籤有先忠毅語,當是左光斗之族屬,記明末桐城兵事。其跋云:

"左子曰:吾鄉先生舊有錄曰了遺,紀兵事詳哉言也,而未簡潔,因述其事,約其詞,使可誦焉。其文萬有七百,削之筆之,以七千三百著於篇云。"

"前寄此篇稿去,後細閱,仍有閒話閒字未淨,又删去數千,似老當矣。已與吳涪州同商改定。兼呈廑青閣部校正。"

吳涪州評錄下:

"寄來書亦收閱,褒貶是非,寄情深遠,殊非子遺集所能望見,是爲吾桐所不可少之書。但其行文不無可議之處,宜少宜多,當須斟酌盡善。僕筆墨久荒,妍媸不辨,信手塗鴉不免爲方家所笑耳。"

右文一首余從舊稿本錄出,删易之處一遵原稿。其人左姓,旁注他語有先忠毅公云云。按忠毅有四子:國柱字子正,官武康知縣,甲申後歸隱;國材字子厚,諸生,當桐城困亟時,曾急走安慶請兵於史可法,城賴以全;國楝字子直,國變後隱於龍眠之抱蜀堂,卒年七十。此文恐爲子厚所筆削,以其曾爲邑事奔走兵間,於當時情事皆所身歷而目擊者,故能言之翔實也。然余嘗校戴南山文集,其卷第十四有子遺錄一篇,正是此文。此稿本中原删去歷年災異妖變諸事,戴集則彙附於後,題曰災異記,至其文字繁簡與此篇又多不同。戴文視草稿又加删節,然尚存一萬一千餘言,此文則止七千三百餘言,與左氏之說合。余考其原委,了遺錄當爲別一人所撰,戴氏秖略事修改,存諸集中,左氏則奮筆大加芟薙,所存者只有七千餘言,其實皆非二人所撰也。惜乎稿後跋語簡略,未知左氏定稿後所寄呈者何人,廑青閣部及吳涪州亦不能詳其踪跡本末,異日當就質於桐人,或可得其實也。辛巳十一月二十二日藏園老人識（斐英閣送閱,已錄副本）

甲申紀事雜録四册

不分卷第。前有總目。舊寫本。

亡國讖兆至項周從賊，皆以四字標題，凡十二條，已見於紀載彙編。

陳柱泰兄弟遭禍亦見他書

武岡播遷始末黔陽郭象雲著

朱容藩僭亂始末西充陳景雲著

孫可望脅封謀禪始末榮昌王遇

安龍紀事漵浦安自強

孫可望犯闕敗逃始末

張獻忠亂蜀始末

金道隱上定南王書

何雲從事摘鈔出中湘疏中

明季詩史註略此書起信王至終鍾山樹，凡六十題。見花㡱録。（癸未）

中興實録不分卷

寫本。前有七一老臣馮夢龍述一行。目次如下：

大臣建議中興奇策閣部史

上閣部書陸炎

定中原奇策彭汝亨

功臣迎接福王登極實録文震亨

監國福王詔赦天下廿八欵

監國福王頒行先帝哀詔

先帝哀文

先帝血詔

制虜奇策

新主登極詔書廿五欵

頒行粵東布政司示諭增赦拾欵

聖旨准批羣臣奏章五月十四日起至二十五日止

新主點用文武大臣輔國官員姓氏

逆賊攻打北京實録

逆賊破北京難民確報

逆賊命僞官拷問朝臣慘情

殉難慘情河南道御史王章

大臣盡忠死節者姓氏

功臣合謀備番兵殺賊敗走搗穴擒頭

大臣招撫莊兵劉兵及土寇各貢金銀數萬助餉聖上加銜封職齊心剿賊

皇帝登極逐邪歸正中興説南直各學生員上

醒夢語介石山人

揭大義以明臣節疏

粵東按院劉示諭勤王損俸報國

當道大臣助金護國（日本內閣文庫藏書，己巳十一月十九日觀）

中興偉略不分卷

明刊袖珍本，八行十六字。題"七十二老臣馮夢龍恭撰"。目次如下：

福王登極詔　大行皇帝血詔　難民確報　北京變故　中興奇策史可法　定中原奇策彭時亨　制虜奇策　明臣節疏陳良弼　南都探報附殺虜快報　龍飛紀略　史相公死節報　唐王詔書　唐王令諭　鄭南安同諸老臣疏　唐王監國紀略　吳總制恢復神京　虜使遞戰書報　轅輓考説　治亂相因説馮夢龍此書附國朝捷録之後。

又有日本刊本，後有"正保參義下春風月宗知刊行"牌子二行。（日本內閣文庫藏書，己巳十一月十九日觀）

謏聞續筆一卷　清張怡撰

舊寫本。紀明南渡事。(四明盧氏抱經樓藏。癸丑)

思文大紀八卷

舊寫本。紀明末唐王事。鈐有四明盧氏抱經樓藏印。(古書流通處送閱。壬戌)

也是錄一卷 明鄧凱撰

舊寫本,題"明右軍都督同知鄧凱記錄"。記明桂王入緬事。鄧出家名自非,號普德。前有康熙六年周肇孔遯菴跋,言遇自非於昆明云云。(與葯菴奧論、竊憤錄二書合裝一冊)

甲申野史彙鈔九種 題全祖望輯

舊鈔巾箱本。目列後:

平叛記二卷毛石甫撰　　圍城日錄一卷無名氏　　金陵野鈔十四卷顧雲美撰　　難臣紀略一卷顧雲美撰　　四藩本末四卷錢名世撰　　閣臣事略一卷陳盟撰,四川人　　殷頑錄六卷楊陸榮撰　　剝復錄六卷吳應箕輯　　清流摘鏡六卷明吳嶽撰　　(李若農先生文田遺書,乙亥二月二日其孫李柣見示)

所見錄四卷 清漸岸趙吉士恒夫輯

舊寫本。　子目如下:

流寇瑣聞　殉寇諸賢　羣寇　普吾沙　四鎮附見。(乙亥)

耐嚴考史錄不分卷 撰人未詳　四冊　　　　　△一〇七八七

舊寫本。起明太祖,迄康熙二十九年,蓋紀有明一代遺事本末,終於鄭氏台灣之亡,亦野史之罕見者也。(己未歲見,已收)

滿清紀事一卷

日本活字本。(日本內藤虎博士藏書,己巳十月二十八日閱)

埜語秘彙不分卷

舊寫本。前二冊記啟禎朝野雜事,故題曰啟禎記聞錄,三冊以後則敍順治二年以後事。

李若農先生文田以朱筆考證,細書於眉。

右所記自天啟辛酉至清朝順治癸巳共三十三年之事。（李若農先生遺書，乙亥二月二日見于李棪所）

塾語秘彙八卷

傳鈔本，不著撰人姓名，據卷中所記觀之，其人姓吳，蘇州秀才，以訓蒙爲業。自天啟辛酉至順治癸巳共三十三年，紀當時之事，而載蘇城所聞見爲詳。卷四有國難覩記言，北京甲申之事，播遷日記，言南京乙酉亂事，則別一人所記也。國難覩記末題甲申仲夏草莽東海波臣記。李若農先生文田題云：此書名見錢軹甲申傳信錄序中，其人乃薊州一秀才也。又有史閣部黃虎山殉國記略，與播遷日記爲同一人所記，日記末題乙酉季夏固密齋主人漫記。

王蒿隱年丈跋語錄如下：

"右野語秘彙不著撰人名，李仲約侍郎定爲姓吳，良是。觀卷中齊門西雁地形頗低云云，則作者之里居略可考見。又嘗館王洗馬巷顧氏、白鶴觀張氏，蓋以筆耕爲業者也。眉間評語及旁注皆侍郎筆，此卽從侍郎藏本鈔出者。光緒二十一年四月五日。王頌蔚"

（壬午三月）

忠謨謹按：此書有跋，收入藏園羣書題記三集卷一。

閩頌彙編不分卷

康熙時刊本。此書爲姚少保平閩而作，題閩中子民錄。前有富鳴基序。首再造全閩鴻功碑，次平海圖十六、展界圖八、次演連珠二十五首，次述略二十六則，次留葬衣冠呈文，以下奏疏六卷、文告四卷，後爲頌揚賦騷及雜體詩。詩至七絕止，尚未完，似缺數卷。（己巳五月）

五藩檮杌二卷　題巫峽逸人撰

舊寫本。上卷記吳三桂耿精忠事，下卷記尚可喜孔有德事，而以孫延齡附焉。前有笪重光序。

李若農先生文田題記錄後：

"五藩檮乘黄宗羲行朝録序四五事,令節采之,蓋當時亦以所敍爲可信也。似園記"(乙亥二月見于李棪家)

平定羅刹方略四卷

舊寫本。此書刻入功順堂叢書。(古書流通處送閲。壬戌)

隨鑾紀恩一卷 清汪灝撰

清鈔本,紙格有"研經草堂"四字。汪灝康熙四十二年從駕侍皇太子至灤陽往返所記也。(徐梧生遺書。丁卯)

除邪紀略 清無錫楊揩撰

舊寫本。記百菊溪拏獲教案方榮升之事也。(文友堂收鄂恒家藏書。辛未)

黎陽見聞録 汲縣趙如椿撰

舊寫本。記嘉慶十八年滑縣李文成起事用兵始末事也。(文友堂收鄂恒家藏書。辛未)

守濬日記一卷 清朱鳳森撰

舊寫本。嘉慶十八年滑縣李文成起事,鳳森適爲濬令,與滑鄰近,此其守城十一日所記也。其子朱琦伯韓己未翰林(文友堂收鄂恒家藏書。辛未)

家居自述一卷 清查廷華撰

舊寫本。記虎門招降海盗朱渥事甚詳。(文友堂所收鄂恒家藏書。辛未)

皇朝藩部要略十六卷 清祁韻士撰　張穆改定　　　△二一九一

祁氏原稿,張石洲穆改定。眉上行間細楷如蠶,文長者別寫一幅粘附其後。據李申耆序,原名"各藩提要",今名則石洲別行改定也。地理名著,更經宿儒手訂,擬以善價收之。(癸酉,已收)

澹静齋巡輶百日記一卷 清會稽吳傑撰

蓋吳傑於道光二年任岳常澧道,奉檄赴苗疆辰沅鎮筸一帶盤查銀穀往返所作。陳文述、李宗傳、陳官俊爲之序。(文友堂收鄂恒家藏書。辛未)

潰癰流毒四册

鈔本,皆雅片案奏稿也。(日本内藤虎博士藏書,己巳十月二十八日閲)

夷匪犯境聞見録六卷

日本安政丁巳刊本,亦紀雅片案也。(日本内藤虎博士藏書,己巳十月二十八日閲)

阿芙蓉案彙聞七册

日本舊鈔本,前有關陰潛夫題記。(日本内藤虎次郎藏,己巳十月二十八日閲)

出圍城記一卷 題甦菴道人撰

舊寫本。記道光壬寅英人入鎮江事也。(文友堂所收鄂恒家藏書。辛未)

夷氛聞記五册 清梁廷柟撰

同治十二年鈔本。有鄒誠夢蘭序。(日本内藤虎博士藏書,己巳十月二十八日閲)

紀古滇説集一卷 題宋張道宗撰

明刊本。明楊慎點校、阮元聲攷正。卷末有"旹咸淳元年春正月八日滇民張道宗録"一行。有嘉靖己酉鎮守雲南總兵官沐朝恩序。(丁巳,已收)

滇雲歷年傳十二卷 清倪蛻撰　十册

舊寫本。自堯至雍正。(壬子)

東國史略六卷　　　　　　　　　　　△七〇三

明趙琦美手寫本,十二行十九字。後有萬曆庚戌趙琦美跋八行,載八千卷樓丁氏書目,不備録。卷一末葉有"虞山錢曾遵王述古堂藏書"十一字,小楷精美。鈐印列後:

"馮舒之印"白、"丙申生"朱白文、"松石齋"白、"孫從添印"白回文、"慶增氏"朱、"汪魚亭藏閲書"朱。(八千卷樓舊藏,今歸丁秉衡,乙卯八月見于常熟丁宅)

朝鮮史略六卷

明萬曆刊本，九行十八字。各卷有校人題名：

卷一皇明萬曆丁巳莆中郭天中聖僕校　卷二吳郡趙宧光凡夫校　卷三吳郡黃習
遠伯傳校　卷四吳郡葛一龍震甫校　卷五閩中何璧王長校　卷六秣陵廖孔悅
傳生校

鈐有"梅花草堂"、"石麒"朱文印。

又一部。鈐有"莆陽鄭氏藏書記"、"大雷經勶堂藏書"、"家在元沙之
上"各印。（癸酉）

朝鮮志上下卷附箕田考

舊寫本，綠格，九行二十四字，版心中縫有"嘉蔭簃寫書"五字。後附
箕田考，題"久菴韓百謙著"，"驪江李家煥、完山李義駿輯"。有大興
翁樹昆序，又小跋一葉。

按：此書藝海珠塵刻之，容取一閲。（庚午）

紀年要覽二卷　朝鮮李萬運撰　李德懋增修

朝鮮人稿本。有完山後人李德懋撰序。第一卷紀上古至乾隆止，附
補編。第二卷紀朝鮮，自檀君至明末，各著歷代王后名諱，生卒在位
年月，紀元謚號，男女位號及每代大事，分故實、配享、相臣、錄勳諸門。亦
有補編，蓋朝鮮史略之類也。

序稱老儒李子萬運嫺國朝文獻，出所著中國東方紀年要覽見託，屬
爲修補，因受而歸，二月而成。中國則起鴻荒十紀之世，迄於清，封
建列國僭竊之流無不備書，疆域州郡亦附於後。東方則三朝鮮四郡
二府三韓三國高麗以至於今，而屬國疆界郡縣總數紀載於下。至若
渤海日本世系州郡駕洛琉球世次亦各附錄。蓋德懋據萬運書而修
補之，今卷中上方注增修字者皆德懋之筆也。序末謂上之元年丁
酉，不知爲吾國乾隆後之何年，竢再考之。

每卷鈐"慶州張氏世藏"朱文印，亦彼國之印也。（述古堂見。癸亥）

朝野紀聞不分卷

朝鮮舊寫本。紀其國史事。分目如下：

丁卯虜難、湖關寇亂、章陵追崇、國朝年表、湖堂被選、文廟從享、典禮故事、征討故事、科武故事、宦方故事、儀章故事、制度故事、經營故事、褒寵故事、丙子虜難、貞陵後議、文廟陞黜、國朝大事記、辨改宗系、改易儲嗣、西邊征討、乙亥獄事、討平施愛、追從禮議、啟聖廟議。（涵芬樓藏書。己未）

海東諸國紀不分卷　朝鮮申叔舟撰

朝鮮古活字本，十行二十字。前有海東諸國總圖、日本本國圖、日本國西海道九州圖、日本國一歧島圖、日本國對馬島圖、琉球國圖、熊川薺浦圖、東萊富山圖、蔚山鹽浦圖。有成化七年辛卯季冬輸忠協策靖難同德佐翼保社炳幾定難翊戴純誠明亮經濟佐理功臣大匡輔崇禄大夫議政府領議政兼領經筵藝文館春秋館弘文館觀象監事禮曹判書高靈府院君申叔舟序。

本書分日本國紀、琉球國紀、朝聘應接紀。後列畠山殿副官人良心曹饋餉日呈書契一通，紀彼國東西軍戰事。別附琉球國制度風俗及語音翻譯數則，題弘治十四年四月二十二日啟下承文院。是亦持節之指南，談瀛之秘冊矣。鈐有"明善堂覽書畫印記"、"安樂堂藏書記"、"潘祖蔭藏書記"各印。

按：此書朱竹垞集中有跋。（余藏）

忠謨謹按：此書有跋，收入藏園羣書題記續集卷二。

大越史記外紀七卷本紀十卷

清劉喜海家寫本，藍格，口下有"味經書屋"四字，格外有"東武劉燕庭氏校鈔"八字。（壬子）

嘆咭唎紀略一卷　清道光辛丑陳逢衡撰

日本嘉禾六年采蘭書屋藏板。（日本內藤虎藏書，己巳十月二十八日閱）

詔令奏議類

兩漢詔令二十三卷 西漢十二，宋林虙撰　東漢十一，宋樓昉撰

影寫宋刊本，十行十八字。宋諱缺筆。有紹定癸巳鄭清之序、紹定
戊子壻范光序、翰林學士洪咨夔總論、大觀二年宜興蔣瑎序。
鈐有"愛日精廬藏書"印、又"泰峰"印。（壬戌春上海所見）

兩漢詔令二十三卷 宋林虙、樓昉輯　存西漢詔令十二卷

元刊本，十行十八字，細黑口，四周雙闌，板心題西漢幾，上記字數，
下記刊工姓名，字仿松雪體，頗疏秀，雕工亦精。前有至正己丑五月
甲午趙郡蘇天爵序九行十五字，次翰林學士洪咨夔兩漢詔令總論，次
目錄。用官紙印，紙背有字迹，審爲洪武時兵册，有半官印不甚可
辨。（劉啟瑞藏書。癸酉）

西漢詔令 宋林虙、樓昉輯　存卷一至六，一册

元刊本，十行十八字，官册紙印。（寶應劉啟瑞藏書。庚申）

唐大詔令集一百三十卷 宋宋敏求輯

明鈔藍格本，十五行二十四字。敬、鏡、貞、構皆缺筆。每卷目錄連
本文，目低五格，卷前總目低四格。尚存舊式。
鈐有"謙牧堂藏書記"白、"兼牧堂書畫記"朱、"湘潭曾紀岡子倫藏"朱
各印。（文德堂韓估送閱。戊辰）

宋大詔令集二百四十卷

舊寫本，綠格，板心有"讀經廬鈔本"五字，十二行二十六字。鈐有
"當湖小重山館胡氏篔江珍藏"朱文。（文德堂韓估送閱。戊辰）

明詔敕二卷

明寫本。自洪武元年至洪熙元年。鈐有曹溶、馮開之、真實齋及清
怡府明善堂、安樂堂藏印。（盛昱藏。壬子）

燕王令旨奏章一卷

明紅格寫本。皆燕王起兵時事，可補史乘。（夏閏枝前輩孫桐守四明時得之天一閣者，己巳三月見）

北京建太廟敕諭奏章一卷

明紅格寫本，九行十八字。前錄敕議，後錄奏疏。署嘉靖十三年八月十五日少保兼太子太保禮部尚書翰林院學士臣夏言等九十八人。後附刊布敕議一篇，列夏言等五人銜名，末有本年十一月初二日南京禮部准禮部咨翻刊。（夏閏枝在四明得之天一閣者，己巳三月八日）

聖典二十四卷 明周府宗正管學事朱睦㮮編輯

明萬曆刊本，九行二十字　前有萬曆癸丑兵部職方司主事河南王惟儉序，後有萬曆癸丑周藩輔國中尉奉敕提督宗學宗正朱勤羙跋。此書取明高皇一代訓誥典章分門纂輯，凡二十四卷八十一門。

卷一敬天、尊祖、嚴祀、籍田、聖孝，卷二聖學、聖製、肅宮閫、正大本，卷三燕翼、建都、治曆、尊道、封建、任輔，卷四諭六卿、諭風憲、睦族、篤親、優老、親儒、臨雍，卷五定禮樂、頒訓、勤政，卷六律令、論治，卷七恤刑，卷八明禁刑、求賢，卷九立官、易俗、拊民，卷十諭行省、諭守令，卷十一征伐、飭武、受降，卷十二報功、保全勳臣，卷十三懷舊、求去、勸士，卷十四育才，卷十五鑒戒、端好尚、崇謙，卷十六先儉、體仁、敦信，卷十七表忠、褒孝、旌節，卷十八獎廉、慎銓、覈績、久任，卷十九簡使、辨類、明賞罰、實塞，卷二十恤軍、理財、勸農，卷二十一備邊、寬賦、水利、賑荒、彌災、屯田，卷二十二正文體、評古、購書、廣歌、修史，卷二十三優禮前代、抑瑞、賤貨、屏異端，卷二十四撫馭四夷。

鈐有“雪苑宋氏蘭揮藏書記”等印。（己巳）

以上詔令

東漢書疏八卷 明縉雲周瓚編校

明天順本，十行二十一字，白口單闌，中版心。（癸丑）

國朝諸臣奏議一百五十卷 宋趙汝愚輯　存卷十四至十九、二十七至三十

三、四十四至四十七、一百三至一百七、一百十二至一百十六，共二十七卷

□二八七七

宋淳祐十年史季溫福州刊元明遞修本，半葉十一行，每行二十三字，白口左右雙闌，版心上記字數，下記刊工姓名。間有元大德四年補刊葉，記於版心。（余藏）

註陸宣公奏議十五卷 宋郎曄撰　存卷第五、六

宋刊本，十二行二十二字，板心記字數及刊工姓名。避宋諱至愼字止。黃氏士禮居舊藏。

按：此係婺州刊本，板式不大，與余所見歐陽文粹、南豐文粹字體相同。（日本靜嘉堂文庫藏書，己巳十一月十三日閱）

註陸宣公奏議十五卷 宋郎曄撰

元至正十四年甲午翠巖精舍刊本，十二行二十三字，註雙行同，黑口，四周雙闌。卷一後有木記，文曰：

> 至正甲午仲夏
> 翠巖精舍重刊

權德輿序後有書坊啟八行，文曰：

> "中興奏議本堂舊刊盛行於世，近因回祿之變，所幸元收謝疊山先生經進批點正本猶存，於是重新繡梓。切見棘闈天開，策以經史時務，是書也陳古今之得失，酌時勢之切宜，故願與天下共之。幼學壯行之士，倘熟乎此，則他日敷奏大廷，禹皋陳謨，不外是矣。
> 　　至正甲午仲夏翠巖精舍謹誌"

本書前權德輿序，次紹興二年郎曄進書表，次蘇軾進讀札子，次目錄，文凡六十二首。文字行間有點擲，闌上多評語，當卽啟中所稱疊山先生筆也。鈐有："葉文莊公家藏"、"彭城伯子"、"蓉峰"、"曾在東山劉惺常處"、"臣恕私印"、"甲子丙寅韓德均錢潤文夫婦兩度攜書避難記"等印。

按：此本視宋本注文頗刪節，文之次第亦異。（余藏）

忠謨謹按：此書有跋，收入藏園羣書題記三集卷二。

註陸宣公奏議十五卷 唐陸贄撰　宋郎曄註

明初黑口本，九行十八字，注雙行，黑口，四周雙闌。闌上有小字評語，亦以墨匡界之，板心題"奏一"等字。前權德興序，次紹興二年迪功郎紹興府嵊縣主簿郎曄經進唐陸宣公奏議表，次元祐八年蘇軾進讀奏議箚子，次目錄，用陰文一二等數目記於每篇上。本書首行題"註陸宣公奏議卷之一"，次行低三格標篇名，上冠以橢圓陰文一字。

按：此書余辛亥冬得於杭州梅花碑書肆，當時亦號稱元刊本。余有元翠巖精舍所刻，乃密行細字，行間有點，與此絕不類。然觀其字體扁肥，黑口粗邊，寔有元代遺意，疑是明宣德、正統時刊本，要以罕見爲足貴耳。近時姚覲虞翻刻此書，其底本從繆藝風荃孫乞得，正是此本，當時亦謂是元刻也。頃於京中見有人持此本求售，董授經康給以一葉一金尚不肯易。丙辰秋沅叔識。

經進新註唐陸宣公奏議二十卷　<small>唐陸贄撰　宋郎曄註　存卷十至二十，凡十一卷</small>

宋刊本，半葉十二行，行二十一字，注雙行同，細黑口，左右雙闌，版心中縫題"注奏乂"<small>原爲簡體三字</small>，上記字數。每卷題銜爲"迪功郎新紹興府嵊縣主簿<small>臣</small>郎曄上進"。

此書字體方整，刊工精麗，疑是婺州本也。余藏有元翠巖精舍本，十二行二十三字。又有明刊大黑口本，行格均改易。陸存齋翻刻者乃明本，而以爲翠巖本，實則渠未見元本而誤認耳。元本已不多得，況此宋刊初印乎！<small>（劉啟瑞藏，其子劉文興攜來求售，內閣大庫佚書。戊寅元日）</small>

重刊陸宣公奏議二十二卷　<small>唐陸贄撰　缺一冊，抄配</small>

明天順元年延公祥廣州刊本，十行二十字，黑口，四周雙闌。有天順元年廣東提刑按察副使項忠序，言是天順延公祥知廣州所刻。<small>（丁巳）</small>

陸宣公奏議二十二卷　<small>唐陸贄撰</small>

明萬曆九年徐必進以正校刻本，九行十七字。大字。<small>（滬市見。癸丑）</small>

李相國論事集六卷　唐李絳撰　蔣偕編

舊寫本。清勞格手校。(古書流通處送閱。壬戌)

田表聖先生奏議集一卷　宋田錫撰

明棉紙朱絲闌寫本，九行十九字。前有嘉靖乙巳關中喬世寧序，次
嘉靖壬辰嘉州安磐序，次嘉靖甲辰浙江道監察御史嘉州程啓充序。
後附雜文二首、宋史本傳、范仲淹撰墓誌銘、司馬光書碑記後。
按：據各序知此帙乃安氏鈔集羣書得若干首，而程氏爲刊行之。蓋
公之咸平集五十卷已不可見，公自謂章疏五十二篇，茲掇拾只得十
四首，所存特四之一耳。文目列後：

上太宗論軍國要機朝廷大體太平興國六年　上太宗論邊事太平興國七
年　上太宗條奏事宜太平興國七年　上太宗答詔論邊事端拱二年　上
太宗論旱災端拱二年　上太宗應詔論火災雍熙六年　上真宗乞早建
儲闈咸平元年　上真宗乞賑給河北飢民咸平三年　上真宗論制科當
依漢制取人咸平三年　上真宗進經史子集要語咸平三年　上真宗論
輕於用兵咸平五年　上真宗論點集强壯咸平五年　上真宗論揀選强
壯失信咸平六年　上真宗乞詢求將相咸平六年　用材箴　御覽序(北
京圖書館藏書，癸酉八月十日借校)

范文正公政府奏議二卷　宋范仲淹撰

元元統二年刊本，十二行二十二字，白口，左右雙闌，大版心。目後
有牌子，篆文，文曰：

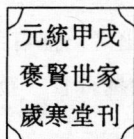

```
元統甲戌
褒賢世家
歲寒堂刊
```

鈐有汲古閣藏印。(壬子歲宏遠堂閱)

孝肅包公奏議集十卷　宋包拯撰　　　　　△一一二九三

明成化二十年張岫開封府刊本，十行二十字，大黑口，四周雙闌。前

有正統元年豫章胡儼序，次宋代門人張田題辭，次包公小影，附正統元年江西布政司右參政合肥方正跋。次本傳、祠記、墓記、遺事、雜錄。後有成化二十年河南開封知府河東張岫序。

按：此集爲公門人張田編次，刊置家廟。正統元年鄉人方正從公後嗣訪得，重爲校正鋟梓。成化辛丑張岫守開封，既新其祠，復輯奏議，考其訛者，板正以傳，即是本也。余壬子歲得殘本於杭州，頃游吳門，復獲前五卷，遂成全帙。戊辰四月藏園記

東坡先生奏議十五卷 <small>宋蘇軾撰</small>

明翻宋刊本，十行十八字，白口，左右雙闌，板心下方記刊工人名。前目錄五葉，本書首行題東坡先生奏議卷第一，次行低四格題目。各卷次第與明成化程宗刊本不同，文字亦有異處。

按：天禄後目有此書，言僅百十二篇，前後序次不同，正是此書。惟後目定爲元刻，殊不可解。後目又謂是它手選刻，欵式亦異，蓋因其與全集不同耳。然要是異本，余偶對勘一二篇，異字已不少矣。此書余還值五百元，久不讓，細審終有可疑，遂校畢還之，大抵是明翻宋本耳。（戊午四月）

元城先生盡言集十三卷 <small>宋劉安世撰　缺卷五至九，存八卷</small>

明寫本，十行二十字。鈐有"十杉閣圖書"、"士禮居"、"黄丕烈印"、"蕘圃"各印。（癸未）

讜論集五卷 <small>宋陳次升撰</small>

清慈谿馮氏醉經樓傳鈔四庫本。書爲自大典中輯出者。前有紹興五年姪陳安國序，後有泰定甲子紫蓋山逸民陳士壯撰行實一篇，至元二年莆□狀元坊鄭棅跋。（德友堂見。甲子）

宋丞相李忠定公奏議六十九卷附錄九卷 <small>宋李綱撰</small>

明正德刊本，十行二十二字，黑口，四周雙闌。卷一二至四行題"後學同郡畏菴朱欽彙校"，"文林郎邵武縣知縣泰和蕭泮繡梓"，"邵武

縣儒學署教諭事嚴陵洪鼐校正"。前陳俊卿序,次朱熹序,後正德丙
子福建巡按御史山陰胡文靜跋,又莆田林俊跋。卷尾有"邵武縣縣
丞吳興陸讓同刊","鄉耆李軒同校"二行。附錄爲靖康傳信錄三卷、
建炎進退志二卷、建炎時政記三卷,餘爲擬表、擬詔、擬制、擬誥諸
文。

收藏鈐有"靈石王良恭觀"、"太原仲子"、"壽椿堂王氏家藏"、"靖
庭"、"靈石書駚"諸印(文友堂閲。庚午)

石林奏議十五卷　宋葉夢得撰

宋刊本,版匡高七寸九分,寬五寸三分,半葉十行,每行二十五字,白
口,左右雙闌,版心下記刊工姓名。鈐有"李開先印",又"吳平齋讀
書記"及陸心源各印。李開先、黄丕烈舊藏。

按:此書板式濶大,雕鐫雅雋,海内孤帙,可寶也! 余在燕京市上見
影宋鈔本,爲汲古閣精寫,云借李中麓開先家藏本影寫,精妙絶倫。
光緒中爲將軍鳳山所得。各篇文字有斷爛處,孫籤跋中亦有缺字,
知從此本影寫者。然取陸氏翻宋本校之,則影本有而刊本無者凡三
百三十字,刊本有而影本無者凡一千六十四字。同出於此宋本,且
余皆得見之,而差異如此,殊不可解。(日本静嘉堂文庫藏書,己巳十一月十
三日閲)

石林奏議十五卷　宋葉夢得撰

汲古閣影寫宋刊本,十行二十五字,白口,左右雙闌,版心下記刊工
姓名,後有開禧丙寅知台州軍州事姪孫籤跋,行書。闌外有毛子晉
跋一行,錄後:

　"從李中麓先生宋本、影宋本影寫,希世之寶也。惜有靡爛處。子
　晉。"

藏印錄後:"宋本"橢朱、"希世之珍"朱、"汲古閣"朱、"毛晉之印"朱白各
一、"毛晉私印"朱白各一、"子晉"朱横竪各一、"汲古主人"朱、"子晉書印"

朱、"毛晉"朱、"虞山毛晉"朱、"汲古得脩綆"朱、"心同太虛"朱、"虞山
毛氏汲古閣考藏"朱、"筆硯精良人生一樂"朱、"子孫寶之"朱、"卓爲
霜下傑"朱、"傳詩家學"朱、"進德修業"朱、"海虞毛晉子晉圖書記"朱、
"鬻及借人爲不孝"朱、"毛扆之印"朱、"斧季"朱。(脩綆堂閱，後自文友堂
借來一校，庚午二月七日記)

忠謨謹按：此書有跋收入藏園羣書題記續集卷一。

石林奏議十五卷　宋葉夢得撰　　　　　　　△二一二二

影寫宋刊本，十行二十五字。後有葉廷琯手跋。

鈐有："道光秀才咸豐舉人同治進士東郡楊紹和字彥合鑑藏金石書
畫之印"、"祕閣校理"、"東郡楊氏宋存書室珍藏"各印。皆楊氏印
也。(庚午)

"石林奏議十五卷，直齋書錄解題載之，勝國時吾家菉竹堂、陳氏
世善堂俱有藏本，逮我國朝其書漸堙，諸大家藏書目均未著錄。
乾隆中四庫館開，未聞採進，世間傳本之少可知。近時顧澗薲先
生爲黃蕘翁撰百宋一廛賦，注其行數字數以及跋欸，按宋本每半葉十
行，行廿五字，百宋一廛賦訛記每行廿字。且言汲古閣祕本目有影宋鈔
本，此較勝之，惟惜紙版有剝落處，賦語所謂：眂石林之奏議，欝剝
落而生芒也。蕘翁宋本書後歸三十五峰園汪氏，余昔校刊建康集
時附輯紀年略一卷，每以未獲見公奏議爲歉。未幾汪氏藏書亦
散，此書爲吾族人雲曙閣所得，曾假讀一過，惜不及採入紀年略
矣。按文獻通考載公志愧集自序，稱以家藏奏稿次序爲十卷，是
公在日已有手定之本。此十五卷者爲第三子模所編刊，當在福州
歸老以後，卽因志愧集增輯而成，雖南渡以前奏議概未採入，然半
生偉略英謨已燦然俱備，且有足補史事之遺者，洵爲考古者不可
少之書也。雲曙閣藏此數年，欲重梓而無力，近聞胡君心耘搜刻
祕笈，遂介余以歸之，胡君欣然錄副，流布四方，以此原本藏諸名
山，蓋自開禧鋟板至今，閱七百餘年，若存若亡而復傳于是，亦公

之精神蘊結，默有呵護其間。公自序所云留以遺公子孫，或有感
勵奮發，少能著見者，凡在裔姓，讀此尚無忘公貽厥之力哉！而胡
君之樂于表彰先哲遺書，自謂與公尤有緣，并擬集資排印，其意良
可感矣。咸豐五年乙卯春仲裔孫廷瑄謹識。"（庚午十月）

呂忠穆公奏議三卷　宋呂頤浩撰

明嘉靖呂清刊本，八行十六字。卷首有"十二世孫呂清校刊"一行。
卷末有嘉靖庚子仲冬長至，十三世孫呂欒跋九行。（癸酉十一月十二日
見，周叔弢藏）

育德堂奏議六卷　宋蔡幼學撰

宋刊本，大板心，半葉九行，行十八字，白口，左右雙闌。板心上魚尾
上記字數，下記奏議幾，下魚尾下記葉數，下記刊工姓名，有江正、葉
樞、葉仁、共生、江德、余士、賴正、陳文、劉甫、王正、劉生明、金□、魏
□，又有意、余、酉、李、機、石等。卷中語涉宋帝空一格，宋諱廓字缺
末筆，魏徵作魏證，公孫弘作公孫洪。
卷中虜、胡等字皆挖去，填敵字。
鈐印列後："永哉蔡昭祖宗文印"朱、"蔡氏圖書子孫永寶用"朱、"永哉
蔡氏文愻世家"朱、"與清堂"白、"毛斧季收藏印"朱長、"汲古閣世寶"
白長、"毛扆之印"白、"斧季"朱、"在在處處有神物護持"白、"叔鄭後
人"白。（見於徐星署處。癸亥）

宋特進左丞相許國公奏議四卷　宋吳潛撰　存卷第三

明嘉靖刊本，十一行二十字，白口，單闌，版心不題書名，祇"卷之三"
三字，迥非恒式，次行題"明汝州守十一世孫詔相編梓"。
按：此書陸氏十萬卷樓曾刻之。（甲戌）

宋左史呂午公諫草一卷　宋歙人呂午伯可撰

舊寫本，十一行二十一字。後附方回撰家傳及監簿呂沇傳與祭文、
挽詩等篇。鈐有"五硯樓藏"、"袁廷檮"、"又檮"、"陳仲魚圖象"各

印。後又入八千卷樓，有印記。（戊辰）

羅山奏疏七卷 　明張孚敬撰

明刊本，十行二十字。第一卷皆正典禮疏，正德年上，皆議追尊興獻事也。（己巳）

晉溪奏議八卷 　明王瓊撰　　四厚册

明寫本，棉紙藍格，十三行二十二字，鄭曉藏書。

卷一、二薊州類三宣府大同類四山西類五、六陝西甘肅類七陝西甘肅下，八山東類

鈐明印三方："浙西鄭曉圖書"白、"海瀕逸民平泉鄭履準凝雲樓書畫之印"朱文大方印、"凝雲深處清暇奇觀"朱文大長印。（癸丑）

應郎中審録疏略 附林郎中疏略一卷

明藍格寫本。應爲審録江南刑獄，林則條議録囚之法，皆嘉靖時人也。（夏閏枝前輩孫桐守四明時所得天一閣佚書。己巳三月）

梁端肅公奏議十四卷 　明梁材撰

明萬曆刊本。前有焦竑序，次本傳，出京學志。云材字大用，南金吾右衛人。（辛巳十一月六日見於翰文齋，潘伯寅遺書）

以上奏議

傳　記　類

春秋列傳五卷 　明劉節撰

明嘉靖刊本，十行二十字。（壬子）

古列女傳六卷 　漢劉向撰

明正德刊本，十行二十二字，黑口，四周雙闌。前有正德庚午遼州知州江陰高賁序，正德辛巳汝州知州張崇德後序。

按：此書缺第七卷，不知原刻删去抑流傳軼去也。（己未）

劉向古列女傳七卷 　漢劉向撰　　明黃魯曾贊撰　　補續一卷

明嘉靖三十一年黄魯曾刊本，十二行二十字。每卷次行題"吳郡黄魯曾贊"，三行題"吳郡朱景固校正"。首嘉靖三十一年黄魯曾序，次曾鞏序，次王回序，嘉祐八年，"圖其狀"下"揔"字不同俗本譌作"勿以"二字。次嘉靖壬子朱衍序，次嘉定七年蔡驥序。（甲寅）

古列女傳八卷　漢劉向撰

明萬曆刊本，十行二十字。有萬曆丙午新都黄嘉育懷英序，即刊書人。次嘉祐八年長樂王回序，次曾鞏序，次小序，即各傳贊語也。後跋八行，略謂列女傳頌義、大序、小序及頌非顔所作，今將頌義大序列于目前，小序七篇散見目錄中間，頌見各人傳後云云。卷八爲續傳二十人，無頌，每卷有一圖，繪刻極工緻。（己巳）

四書人物考四十卷　明薛應旂撰

明嘉靖三十六年丁巳刊本。（辛酉）

高士傳三卷　晉皇甫謐撰　明黄省曾頌

明嘉靖三十一年黄魯曾刊本，十二行二十字。首黄魯曾序，次嘉靖十二年癸巳黄省曾序。次皇甫謐序。鈐印錄後："不寐道人收藏"白方、"不寐道人"白方、"俊明""孝章"朱文連珠印、"彭城"朱橢、"長水龕"朱。（甲寅）

高士傳三卷　明黄省曾撰頌贊

舊寫本，十一行二十二字。題玄晏先生皇甫謐撰，五嶽山人黄省曾頌。前有嘉靖癸巳黄省曾撰序，又總序一首，則統列女列仙而言也。次皇甫謐序。

後有毛晉手跋，錄後：

"高士傳三卷爲有明黄省曾所撰頌言，一時爲之紙貴。鈔胥寫首卷至中卷兩翻而止，彭龍池先生急於謄録，鈔胥不及終卷，遂自爲書之，藏於家。後余收得，以爲汲古長物。先賢著述已可寶貴，況又加以鄉賢之手澤耶！毛晉識。"

藏印如下：“龍池山人”朱、“毛晉之印”朱、“甲子年七十”朱圓、“何煌私
印”、“芳草堂”、“高吟半閣”、“轉畫甕藏”、“乙雲”、“乙雲詞客”、“馬
曰璐”、“沈尉祖印”、“華華韋齋印”、“曉青之印”、“僧鑒”、“玉函杞
璞”、“起潛印信長壽”、“玉函寶藏”、“子魚流覽所及”、“拙菴珍藏”、
“起潛”、“滋野”、“江崔亭曾觀”、“秋聲館主”、“潘氏淵古樓藏書記”、
“叔潤藏書”、“潘叔潤圖書記”、“潘介祉印”、“古吳潘介祉叔潤氏收
藏印記”、“紅豆山房校正善本”、“筍玉”、“蓮石”。（海豐吳仲懌遺書。甲
戌）

英雄記一卷　題魏王粲撰

舊寫本，九行二十字。鈐有“雪苑宋氏蘭揮藏書記”朱、“一官常憎處
非才”朱二印。（癸酉）

歷代故事十二卷　宋楊次山編

宋刊本，高六寸八分，寬五寸一分。半葉八行，每行十六字，白口，左
右雙闌，版心記刊工姓名。前有嘉定四年楊後序，標“坤寧殿題”。
本書摘史記、前後漢書、三國志、晉書、南北史、唐書、五代史、左傳、
家語、説苑、新序、國策諸書，楊次山手書上版，書法雅秀而兼疏古之
意。此書自來目錄所未載，可云孤行天壤之祕帙矣。（日本靜嘉堂文庫
藏書，己巳十一月十三日閲）

廣卓異記二十卷　宋樂史撰

舊寫本，十一行二十二字。第二十卷末匡俗條末清初刊本有缺，此
本獨完，其下尚有數條。此書道光丁未有聚珍板，是宜黃黃秩模所
校，視清初刊本爲善，卷末亦多數條。（修綆堂送來看，云陶蘭泉已購定者。
壬戌）

壽者傳三卷　明嘉興陳懋仁無功撰

舊寫本，有萬曆庚戌懋仁自序。分帝王、國老、庶老三門。四明盧氏
抱經樓藏書。（己未）

懿畜前編不分卷 題漳海史氏黄道周纂

墨格寫本,板心有"梅閣藏本"四字。輯録名臣事迹如諸葛亮、謝安、韓琦之類。鈐有"謙牧堂藏書記"、"埽葉山房"二印。(臨清徐梧生遺書,癸亥見)

宦寺考八卷 明李騰芳撰弟駢芳同校

明刊本,九行二十字。前有吳道行序。其書輯録歷代宦官事迹,自春秋列國寺人貂起,至元代李邦寧、朴不花止,大率鈔自史籍,用爲勸戒。卷中有圈點有評語,不脱明人習氣。有李若農文田先生手跋。(乙亥正月見於李勁莘楘家,若農先生遺書)

唐忠臣録三卷 明鄭瑄撰 二册

明正統刊本,十一行二十字,黑口。記張巡許遠事,正統十四年衛庸刊。(張菊生藏。壬子)

孫内翰北里志不分卷 唐孫棨撰

清葉樹廉手寫本,烏絲闌,半葉十一行。前有無爲子自序,末有後序,即刻本所述不測、堪戒二事。鈐有"樸學齋"、"石君"、"孫從添印"、"慶增氏"、"平江黃氏圖書"、"半查"諸印。(甲子)

皇朝名臣續碑傳琬琰録十六卷 宋眉山杜大圭編 前集八卷,後集八卷

宋刊本,疑元翻本。十二行二十三字。有鮑廷博跋,并録孫星衍跋。又徐渭仁跋。(顧鶴逸藏書,壬子二月十一日觀)

新刊名臣碑傳琬琰三集上集二十七卷中集五十五卷下集二十五卷 宋杜大圭輯

宋刊明修本,半葉十五行,行二十五字,白口,左右雙闌,間有黑口。版心間記字數及人名。缺上集第十一卷及十二卷第一、二兩葉。

鈐有"乙酉年收藏圖書記"一印。(癸丑)

新刊名臣碑傳琬琰三集上集二十七卷中集五十五卷下集二十五卷 宋杜大圭輯 △三四二一

宋刊元明遞修本,半葉十五行,行二十五字,白口,左右雙闌,密行細
字,刻工甚精,世傳以爲宋本。己未七月見之于上海,惜其不完棄置
不顧,節前羅子經來函,謂二百餘元可購,且所缺只四卷,似不難寫
補,因馳書取之,重其爲鄉賢之著作也。邵亭書目云:陽湖孫氏有宋
刊,今此書正有"伯淵宋元祕籍"、"孫星衍伯淵氏"二印,蓋卽五松園
舊物,確爲宋本者也。鄧氏羣碧樓有此本,當借影以補足之。前有
大字序,半葉七行,題"紹熙甲寅暮春之初謹書",不著撰人。

藏印列後:"棟亭曹氏藏書"朱、"長白敷槎氏菫齋昌齡圖書印"朱、"曹
仁虎印"白、"來應習菴"、"林元潤印"白、"孚巖"、"得心子章"、"頤煊
審定"、"伯淵宋元祕籍"、"孫星衍伯淵氏"白、"小學齋"、"辛卯"、"黃
鈞"朱白、"次歐"、"當湖小重山館胡氏篴江珍藏"。(己未歲收得)

新刊名臣碑傳琬琰三集上集二十七卷中集五十五卷下集二十五卷 　宋杜大珪輯

經鉏堂重錄宋本,半葉十五行,行二十五字,竹紙綠格本,左闌外下
方有"經鉏堂重錄宋本"七字。前有序文,半葉七行。

"辛丑仲冬得見袁氏五硯樓藏宋刻本宋名臣碑傳琬琰之集中下兩
集,惟缺上集,後有顧千里跋云:'曾見陽城張古餘所藏抄本極其
精善'。歷年訪購其書,遇有此本,不惜重價,質衣而得。復與宋
本比校,缺者依張本抄補,張本所缺依宋校補,惟再少上集十一卷
至十二卷第四葉止、二十二卷第七葉,中集十七卷第六葉,無能補
足耳。又金佗稡編續編依宋本重錄,九朝編年、宣靖備史、太平治
迹統類均依竹垞藏本重錄,備存宋史之源流,亦藝林快事也。苕
溪漫士記。"

"癸卯仲夏聞錫山邵氏藏有宋刊,予購得,較之袁本缺葉尚多,舛
訛亦復不少。幸彼此不同,惟上集十一卷及二十二卷第七葉補
全,餘則仍缺,俟再得五葉之備可稱完璧云。苕溪漫士又記。"

“乙巳暮春從士禮居轉購上集十二卷補全。又記。”

鈐有：“莒溪漫士之印”朱文印。（翰文齋送閱，索二百五十元。庚午六月二十一日記）

五朝名臣言行錄十卷三朝名臣言行錄十四卷 宋朱熹輯

△八六七○

宋刊本，半葉十行，行十七字，小字雙行低一格，二十字，白口，四周雙闌。版心上記字數，下記刊工姓名，有周俊、周通、周升、周時、吳拱、吳先、劉永、劉升、劉光、詹文、江陵、江忠、葉新、陳閏、陳中、余闌、余山、余仁、李立、李辛、謝四、李盛、楊郴、萬十四、張洪、杜明、上官信、柯文、高安道、蔡元、蔡中、蕭韶。每卷題卷幾之幾。避諱至慎字止。審其刀法，應是豫章刊本。（袁寒雲藏。乙卯）

五朝名臣言行錄七十九卷 存前集卷一至十，後集卷一至九，續錄卷一，別集卷十三上下，外集十七卷。餘日本人鈔補

元刊本，十二行二十三字，黑口，左右雙闌。（日本內閣文庫藏書，己巳十一月十九日觀）

五朝名臣言行錄後集十四卷別集十三卷外集十七卷續集八卷

明刊本，十二行二十三字，白口單闌。後集題“朱熹纂集”、“太平老圃李衡校正”、“後學安福張鰲山校正重刊”。前有寶祐戊午廬陵李居安序。　別集、外集、續集題“李幼武士英纂集”、“張鰲山校正重刊”。外集前有景定辛酉浚儀趙崇砭平翁序。有道統傳授圖及名儒小像（文德堂送閱）

宋名臣言行錄十卷後集十四卷

明刊本，十一行二十三字，白口，四周單闌。每卷人名標題大字占雙行。前錄有朱熹序，目錄三行題建昌郡齋校刊，後集同。附有補遺正誤五葉，此前本所無也。鈐有“蕭氏鳴韶”朱文印。（文友堂送閱。己巳）

四朝名臣言行錄 存卷三、四、六，凡三卷

宋刊巾箱本，版匡高三寸四分，寬二寸六分，半葉十四行，每行十九字，細黑口，四周雙闌，版心上方記字數，左闌外標篇名。每卷次行標人名，低四格。第三行小傳，低二格。本書頂格，次行低一格。卷三爲吳丞相敏、种樞使師道、朱丞相勝非、鄭朝奉俠。卷四爲游御史酢、權樞密邦彦、范丞相宗尹、楊侍郎時、胡御史舜陟。末附諸儒集議，游酢二則，楊時九則，權邦彦一則。卷六爲大資劉忠顯公韐、少傅劉公子羽。卷中語涉宋帝空一格，宋諱惇字缺末筆，刀法勁峭，建本之佳者。卷三、四癸亥歲獲於廠市文德堂，卷六則從嘉善曹君秉章藏本影寫，蓋皆出於内閣大庫者也。

考名臣言行錄世傳洪刻翻宋本爲李衡校正，論者疑頗非晦菴手筆，要出後人增損者爲多。曩於滬市見宋刊本，題五朝、三朝兩集，與洪刻詳略卽不盡同。旋爲諸價，歸之張菊生前輩元濟，今四部叢刊影印者是也。昨又覯此巾箱本，題爲四朝，與李幼武所纂别集同名，而次第乃大異。别集祇有朱勝非、權邦彦、范宗尹、胡舜陟、劉子羽五人，而吳敏、种師道、劉韐乃在續集，楊時、游酢乃在外集，至鄭俠則五集皆無之。小傳中删落之迹顯然，如集英修撰曰集撰，徽猷待制曰徽制。其餘文字更多節略，所采言行各條多寡亦迥别，如胡舜陟洪刻只九則，此本則十三則，吳敏洪刻只四則，此本則十一則，劉韐洪刻只十則，此本則十七則，且往往同採一書同引一事而洪刻刊落或存不及半，證之影印宋本，亦莫不然。頗疑此爲原稿，而李衡等所纂校或出殘缺不完之餘而重加編輯者也。嘗閱葉文莊水東日記，言嘗見章副使繪有巾箱本，則此本其爲文莊所見者歟？惜今本所存祇此三卷，無序跋可以考見，未知兩本孰爲後先，姑懸此願，以竢訪求耳。

　　藏園

忠謨謹按：此書有跋，收入藏園羣書題記三集卷二。

四朝名臣言行錄别集十六卷後集十六卷

宋刊本，十一行二十一字，黑口，四周雙闌。（故宮藏，丁卯七月見）

南宋名臣言行錄十六卷　澄江居士尹直纂集

明刊本，十行二十二字，黑口單闌。序跋俱佚。此書似爲續朱子而行，自陳正獻公俊卿起，至簽書樞密院事家鉉翁止，凡十六卷一百二十一人。刻工草率，然審爲成、弘間所梓，不知何人題作宋板，良可噱也。癸未十二月文友堂見之，藏園

道命錄十卷　宋李心傳撰

影寫宋刊本，十三行二十七字。有嘉熙三年己亥心傳自序，淳祐十一年知江州軍新安朱申序，言刻梓于九江郡齋。鈐有"平江黃氏圖書印"、"伯寅藏書"二印。（甲子）

道命錄十卷　宋李心傳撰

舊寫本，十行二十字。前有淳祐十一年朱申序，至順四年浙江儒學提舉新安程榮秀序。程序爲知不足齋本所無。鈐有王氏印。（癸酉）

國朝名臣事略十五卷　元蘇天爵輯

元刊本，十三行二十四字。目後題"元統乙亥余志安刊於勤有書堂"。

有李兆洛跋、沈炳垣跋，季滄葦、張芙川、郁泰峰遞藏。（繆藝風藏書。壬子）

國朝名臣事略十五卷　元蘇天爵輯　存卷一至七

影寫元刊本，十二行二十四字。前有天歷乙巳歐陽玄序，至順辛未六月翰林國史院編修官南鄭王理敘。目錄後有"元統乙亥余志安刊于勤有書堂"一行。

有朱少河錫庚手記三行，文曰：

"簡明目錄元朝名臣事略十五卷，元蘇天爵撰，所記元代名臣事迹始穆呼哩，終劉因，凡四十七人，所載碑記、行狀、家傳爲多，大旨似杜大圭而有所刪節耳。入史部傳記類。"

藏印如下："王蓮涇鈔書記"白、"秀野草堂顧氏藏書印"朱文方印、"顧
嗣立印"白、"俠君"朱。（壬午）

國朝名臣事略十五卷 元蘇天爵輯 △七四一四

明末祁氏淡生堂藍格寫本。黃丕烈據元刊本校并手抄序三葉及脫
文十三葉。跋語錄下：

> "蘇天爵名臣事略一書世多鈔本，其元板甚鮮。往年吳枚菴家有
> 之，爲張訒菴所得，時予與訒菴未甚諗，謀諸師德堂主人，以抄易
> 刻，俾校元刻，因是訒菴有鈔校本而余則有元刻本矣。年來力絀，
> 宋元板書日就散逸，元刻歸晴川愛日精廬，余則鈔本亦無，故未再
> 校，適見此淡生堂鈔本，復易諸友人所，向借訒菴手校元本增補缺
> 失，改正訛謬，於去冬十一月中手校一過，凡所增補悉附于後，恐
> 失真也。書之貴元刻而舊鈔之不可信有如此者，校本之重，職是
> 故耳。
>
> 道光四年甲申二月花朝後一日老蕘識。"

鈐有王鳴盛、貝墉藏印。（余藏）

草莽私乘一卷 元陶宗儀撰

舊寫本。吳江陳鍾英校，有跋。（古書流通處送閱。壬戌）

草莽私乘一卷 明陶宗儀輯

清寫本。末有"乾隆五十年十月朔日南陔居士錄於紅鵝池館"一行。
鈐有蕭山王氏十萬卷樓藏印。（丙辰記，余藏）

青樓集一卷 元夏伯和庭芝輯

舊寫本，八行二十一字。前至正庚子四月雪蓑釣隱自序，至正甲辰
六月觀夢道人隴右邾經序，後有至正丙午春頑老子張鐸鳴善序，山
陰朱武序，姑蘇張肯寄夢敍。

有趙、周、蔣諸跋，錄後：

> "此樊榭山房校本，爲樊榭先生手錄，云照小玲瓏館舊鈔本補入。

嘉慶七年閏二月十九日借録于何子夢華處,趙魏識。書共七千五
百八十字。"

"青樓集雪蓑釣隱夏伯和輯,至正邾經、朱武、張鐸、張肯四序,自
序作于至正庚子,敘院本雜劇本事極詳,合之周草窗、吳自牧、沈
德符諸記,則宋金元明四朝劇曲源流瞭如矣。所記始于元初,相
去已遠,意有未及目□,故曰有聞而知之者也。又曰風塵澒洞,郡
邑蕭條,追念昔游,恍成夢境,則亦東京夢華之類也。蓋伯和當張
九四據吳之日,家居吳淞,追記舊事而爲此也。周季眖跋。""季
眖"白、"甲寅人"白。

"錢唐趙晉齋多藏祕籍,每每手自校鈔,昔余友人高子瞻曾以晉齋
手抄安禄山紀事、牛蕭紀聞等小説合訂一册求售,書法精雅,惜其
殘蝕不勘觸手而止。此册雖僅寥寥二十餘頁,實爲四庫遺書,蓋
古書而晚出者也。亮足珍祕。光緒十年春正月二日雨窗無聊,偶
讀一過,鳳藻因記。"(文友堂見。戊辰)

青樓集一卷　元夏伯和撰

黄丕烈手校并跋。(癸丑)

元相臣傳十二卷　明魏顯國撰

明刊本,十行二十字。題"豫章外史魏顯國纂述","伯子一鵬編次",
"同郡後學胡以良考證","張啟焯校正","鄧履吉全訂"。

列傳者耶律楚材、廉希憲、史天澤、劉秉忠、姚樞、伯顏、阿尤、阿里海
牙、不忽木、阿魯澤薩理、張雄飛、安童、哈剌阿孫、阿沙不花、脱脱、
李孟、張珪、拜住、康里脱脱、趙世延、朵爾直班、太平鐵木兒、塔識、
普顏不花,凡二十四人,不知其完與否也。

鈐有"薛時雨印"、"慰農"二印。(己巳)

元朝人物略不分卷　原名大都元氣録　題退谷逸叟著　一册

稿本,分勳德、事功、撫循三類。卷首鈐"北平孫氏章",蓋卽孫退谷承

澤稿本也。前有退谷逸叟序。(余藏。壬子)

皇朝名臣言行録十四卷　明徐咸輯

明刊本。弘治戊午楊廉序,謂彭鳳儀國朝名臣傳贊收三十一人,今增至五十四人云云。嘉靖辛卯海鹽徐咸序,謂彭鳳儀贊録後,泰和尹正言直有通録,豐城楊方震廉有言行録,莆田林從學有補贊,咸因通加採訪,共得四十八人,爲言行録云。起徐達,終羅欽順,凡一百四十三人。目後有王宗沐題記四行如下:

"廣西臬臺舊刻本朝名臣言行録,自徐武寧王而下凡一百人。至嘉靖癸丑六月宗沐得海鹽本後,益以郭威襄公而下四十三人,蓋始具備,使觀者得詳考焉。臨海後學王宗沐識。"(己巳)

殿閣詞林記二十二卷　明廖道南撰

明嘉靖三十一年書林詹氏就正齋刊本,十行二十字。前有嘉靖乙巳廖道南序。目後有牌子:

嘉靖壬子書林
詹氏就正齋刊

鈐有惠棟、王鳴盛藏印。(潘伯寅滂喜齋遺書,辛巳十一月六日見於翰文齋)

殿閣詞林記二十二卷　明廖道南撰

明嘉靖刊本,十行二十字。比前本版心較大。前有嘉靖乙巳廖道南序。

鈐劉喜海藏印。(潘伯寅遺書)

皇朝中州人物志十六卷　明朱睦㰂撰

明刊本,十行十八字。前隆慶四年應天巡撫餘姚翁大立序,言西亭宗正受聘纂中州通志,取國朝一百四十人,倣世史述其生平,各爲論斷云云。後有山西按察使臨海金立敬序。卷十六末有跋録後:

"右兄西亭先生所著皇朝中州人物志十六卷,始于洪武,訖于嘉靖,年幾二百,人凡百三十有奇,脫稿已久。今年春余請編校,遂刻置家塾,傳諸其人。又有文獻志四十卷,俟續梓行也。隆慶二

年春正月望第西園睦棻謹題。”（此書保萃齋送來，索一百元，閱畢還之。甲
子）

本朝分省人物考一百十五卷　明過庭訓纂集

明刊本。題“明南直督學御史西浙過庭訓纂集”，“門人蘇松備兵副
使南郡熊膏參閱”，“男過銘盤、過銘盂、過銘簹、寧國府學生員嚴弘
志同訂正”。前有庭訓自序、毛一鷺序、熊膏序、天啟壬戌陳繼儒序。
前見涵芬樓有抄本此書，今于文友堂見刻本，因段來披閱。其凡例
數則言採之本朝實録，或家乘野史，或從吾學編、列卿紀、名臣言行
録、獻征録與各省通志隨筆劄記而成。每省分府不分縣，而雲貴廣
西又只括以省，不分府。壬戌于句容發梓。別輯有名臣類編，尚未
刊行也。

卷一百七至九爲四川省，凡成都府六十一人，保寧府十九人，順慶府
二十六人，絞州府二十四人，重慶府四十二人，夔州府二十八人，馬
湖府七人，潼川府二十五人，眉川一人，嘉定州十八人，瀘州十四人。
異時擬鈔此三卷刻入叢書中，爲吾蜀志乘考證之資，聊志于此，以備
遺忘。沅叔。（乙丑）

皇明相業考一卷軍功考一卷　明沈夢熊輯

明刊本。題“明西吳後學沈夢熊兆揚集”，“友人費邦校無逸、包鉉鼎
玉校”。有天啟三年薛玉衡序。宰相自楊士奇至申時行。軍功分開
創、捍禦、文臣三門，自徐達至王崇古，凡三十三人。（聚珍堂送閱，云得
之南皮張氏。癸亥）

國朝內閣名臣事略十六卷　明宣城吳伯與福生父輯　存卷三至六、十一、十

三至十六，凡九卷

明刊本，九行十八字。

卷三、楊文忠公廷和趙貞吉撰祠堂碑、温純撰文忠三録序、視草餘録五十葉、奏疏
十一篇。

卷四蔣文定公狀略字敬所　毛文簡公狀略毛紀　疏一篇　梁文康公狀

略　費文憲公狀略_{費宏}　楊文襄公狀略_{楊一清}　疏七篇

卷五張文忠公傳_{張孚敬}　王元美撰　諭對九首

卷六，又奏疏諭對等九首

卷十一張文忠公狀略_{張居正}　附始末遺事　奏疏六首，論邊事書二十一首

卷十三張文毅傳略　申文定狀略_{申時行}　賜閒堂雜記書八首

卷十四余文敏公傳略_{余有丁}　許文穆公狀略_{疏四首，條議八首}

卷十五王文肅公狀略_{奏疏二十首}

卷十六又王文肅公奏疏五首　王文端公狀略_{奏疏五首，揭帖四首，書牘二十五}首

按：此書罕見，姑就存卷詳記其目。（戊寅）

皇明理學名臣言行錄上下卷 _{明楊廉輯撰} 補續一卷 _{明劉涇輯}

明刊本，十行十八字。卷上薛瑄、吳與弼、陳真晟、陳獻章、胡居仁、陳選。下卷張元禎、羅綸、周瑛、黃仲昭、章懋。續卷何瑭、崔銑、呂柟、王廷相。（乙亥）

三家世典一卷

明藍格寫本，十二行二十二字。記明徐達、沐英、郭英世系勳代。（天一閣佚出之書。丁巳）

復社姓氏錄一卷 _{吳應箕輯}

舊寫本。有古潭州袁臥雪廬藏印。（古書流通處送閱。壬戌）

啟禎野乘一集十六卷二集八卷 _{清梁溪鄒漪漪流綺纂}

舊寫本。皆明代萬曆以後大臣名人列傳也。鈐有"馥"、"鹿山"二印。（遼雅齋送閱。乙亥）

明末忠烈紀實二十卷 _{清徐秉義撰}

舊寫本，十行二十二字。前有錢澄之序，凡例十二則。本書分殉豫、殉秦、殉楚、殉蜀、殉晉、殉江北、殉齊魯、殉黔滇、殉豫章、殉君、殉福、殉唐、殉魯、殉桂、効死、違制、殉國、烈女上、下。每類一卷，惟烈

女二卷。（乙亥正月見於李椒家）

崇禎忠節錄三十二卷 _{清嘉興高承埏撰}

有同治丙寅一跋，謂刊未半而高君卒，板不知落何所。（癸丑）

殷頑錄六卷 _{清楊陸榮撰　缺第五卷}

舊寫本。每人傳文殊略。（壬子）

續名賢小紀 _{題秦臺樵史徐晟曾銘氏述}

清吳翌鳳手寫本。時年七十有四。（張菊生書。壬子）

四王傳四卷附錄 _{清錢名世撰}

繆荃孫手寫本。錄有清笪重光跋。（繆氏藝風堂遺書。壬戌）

國朝名家小傳

舊寫本。王引之手校。（滂喜齋藏書。丁卯）

皇朝大臣紀盛八卷 _{清長白麟慶纂輯}

清鈔本，八行二十六字，鈐有"嬋嬛妙境"朱文印，又半畝園藏書籤
題，蓋卽其家所藏稿本也。前有麟自序一首，凡例七則，分名臣、勛
臣、治臣、貞臣、能臣、勇臣、詞臣八類，類爲一卷，卷前各有小序，茲
錄于下：

"欽惟我國家人才之盛，邁越千古，册府所載，外臣罕覯，卽稗官野
史傳述遺文，要未足以徵信實而資考鏡也。臣年十九倖捷南宮，
備員東閣，會有重修大臣傳之命，因得分任校讐，縱觀史籍，仰見
我太祖太宗神聖文武締造艱難，其時諸王如禮、睿、鄭、蕭，大臣如
費揚英東、額亦都、范文程、楊古利，參贊廟謨，恢廓疆土。迨及世祖
定鼎燕京，承明季凋敝之餘，流寇擾亂中原，遺孽稽誅南服。比康
熙初年，三藩肆逆，而天戈所指，迅奏膚功，李國翰、圖海等實有以
贊襄鴻業，卽甘文焜、范承謨、馬雄鎮諸人，亦各以孤忠亮節震鑠
古今。嗣是海宇乂安，士民樂業。聖祖以仁育萬物，世宗以義正
百官，高宗四征不庭，疆宇日闢，而蓋臣碩輔輝映後先，有若費揚

古、有若李光地、有若鄂爾泰、有若劉統勳,皆卓然爲名世之佐。
諺以爲堯舜復生、皋夔再世,豈虛語哉!方今英哲挺生,我皇上知
人善任,大小臣工爭自磨濯,以贊成聖治,其嘉言懿行、偉績豐功
自必有蒸蒸日上者。臣幸與斯役,景慕前賢,誠恐日久遺忘,漸滋
訛謬。用敢不揣冒昧,於入直之時,謹就國史所載,參以見聞,自
開國時起,至乾隆六十年止,得尤著者二百三十八人,删繁撮要,
各爲略述一篇,分卷有八,敬題其名曰皇朝大臣紀盛,蓋上以徵明
良之慶,下以申仰止之思云爾。時嘉慶二十有二年,歲在丁丑九
月既望,兵部堂主事,前內閣中書,國史館分校臣麟慶謹序。"
"凡例:
一、此編採自大臣傳,故上而宗王,下而末秩皆不載入。
一、此編分卷爲八,各紀其勝,非有軒輊。每人一傳,各述其略,非
有增減。至各卷次序,則以編年爲準。
一、此編所輯以國史爲主,旁及平定各逆方略、一統志、八旗族譜、
武功紀盛等書。其稗官野史概不援引。
一、此編各有標題,書官書謚。銜加三公則特書,重隆恩也。爵列
五等則特書,昭奇績也。其餘官階及承襲之爵請免標出。
一、此編以紀盛爲名,如譚、年、徐、高諸公,瑕瑜不掩,而文學武功
實有可紀,仍請節錄。此外勤慎供職者不採,曾任前明顯宦者不
採。
一、此編各傳以述略名,事績不能備載,即有逸事遺聞,足爲則法,
而考鏡無據者,亦不輯錄。
一、此編聊誌景仰之私,管窺蠡測,難免遺珠,觀者諒之。"
"各卷小序:
聖神相繼,治邁唐。堯純臣正笏,儒將珥貂。象徵乾惕、瑞葉泰
交。經文緯武,輔翼皇朝。作名臣紀盛。

雲龍風虎，濟濟羣英。或參帷幄，或備干城。版圖著績，竹帛垂
名。承恩世禄，與國咸亨。作勛臣紀盛。

聖主當陽，英賢雲萃。正己安民，革弊興利。功在撫綏，治隆經
濟。思日贊襄，偉哉國器。作治臣紀盛。

欝欝喬松，傲彼霜雪。磽磽烈士，標其志節。浩氣如虹，寸心如
鐵。二十四人，允宜同列。作貞臣紀盛。

神羊有角，其形嶽嶽。劍龍有聲，其鋒鍔鍔。聖治雍熙，諫書不
作。維彼直臣，自昭謇諤。作直臣紀盛。

網羅俊彦，所用無方。繭絲保障，各効其長。運籌制勝，奉使勤
王。百爾君子，爲國之光。作能臣紀盛。

戰將披堅，志在破虜。其健如龍，有力如虎。搴彼雲旗，壯我金
鼓。糾糾桓桓，昭宣聖武。作勇臣紀盛。

儒林簪筆，蔚爲國華。紫庭屬草，黃閣宣麻。如天有漢，如春有
花。備兹一格，黼黻王家。作詞臣紀盛。"（甲戌十月二十日自文友堂取
回一閲）

蒭詢録□卷　清劉思敬撰　存徵上下，凡二卷　　　　△二五八四

清康熙六年周亮工刊本。有周亮工序。版心題"存徵"二字。記金
陵耆獻。（余藏）

秦淮士女表一卷　金壇曹大章撰

寫本。前有駢體序。自女學士、太史、狀元以下凡十四人，人著小
字、行貫、住址，品以五言二句。附曲中志，天都潘之恒撰，凡二十
七，表中人居其半。（江陰繆氏藝風堂藏書。庚午）

毘陵人品記十卷　明吳亮輯

舊寫本，九行二十字。題曰增修，蓋就毛古菴名憲舊稿而補訂之也。
前有萬曆四十六年吳亮自序，又夏樹芳、蔣應震、史孟麟、高攀龍、錢
春、岑原道各序。卷一商周至南朝，卷二梁陳至南唐，卷三、四宋，卷

五元，卷六至十國朝。

前鈐"翰林院印"。四庫存目有之。亮字採于，吳中行之子也。(丙子)

松陵文獻十五卷 清潘檉章撰

清康熙三十二年潘耒刊本。前潘耒序，後附戴笠撰傳及耒後序。卷一至十二爲人物志，卷十三至十五爲官師志，述歷代守令丞倅簿尉之績，而以教職附之。

按：潘氏以舊志疏失，又自嘉靖至明季渺無紀述，撰爲此書，獻以紀先賢之事蹟，文以存邑里之詩文。乃文集未完而遇禍，其弟得獻集於灰燼中，乃序而傳之。(余藏)

忠謨謹按：此書有跋，收入藏園羣書題記三集卷二。

潤州先賢事實錄六卷 題知府四明姚堂編輯　通判湘陰劉文徵同編

明天順刊本，十二行二十一字，黑口，四周雙闌。

前有天順六年戶部尚書雲陽沈固序，七年鎮江府知府四明姚堂序，癸未工部主事同安鄭霶序，後序缺失撰人名。

按：此書爲四明姚堂守鎮江時所輯刊。高風第一爲吳札、焦光、劉宰，忠節第二桓彥範、宗澤、陳東、陸秀夫，相業第三蘇頌、張綱，直諫第四洪擬、王遂，德望第五王存、石曼卿、邵亢，文學第六包咸、韋昭、馬懷素、許渾、焦千之、洪興祖。每人皆采史傳及事實遺文，又繪一象于前，各爲之贊。(富晉書社送閱。癸酉)

金華先民傳十卷 明應廷育撰

明寫本，九行二十四字。前有嘉靖戊午永康應廷育仁卿自序，次引用書目。鈐有"餘姚黃氏石庫藏書記"白、"朱昆田曾觀是書大略"朱，又唐鴻學百川藏印三方。(邃雅齋見，乙亥正月)

豫章書一百二十二卷 明郭子章撰

明藍格寫本，九行二十字，傳後有蠹衣生論。

以上總錄

軒轅黃帝傳不分卷

明刊本，十行二十字，白口，四周雙闌，注大字低一格。與道藏本小有異同。（故宮藏書）

孔子通紀八卷 明潘府撰

日本活字印本，九行十六字。廣東提學副使上虞潘府校著，弟建陽縣典史潘正捐俸刊行。弘治辛酉台人謝鐸序，同年西蜀劉瑞序，弘治癸亥潘府自序。凡例八則。（辛巳十一月六日見於翰文齋，潘伯寅遺書）

晏子春秋八卷

明刊本，九行十八字，白口，左右雙闌，板心題晏子幾。首目錄，目後劉向校書序。本書首葉首行題“晏子春秋內篇諫上第一”，旁注“凡二十五章”，以下篇目，目後接本書。

後有王懿榮跋，錄後：

> “此明本，卽吳山尊學士仿本所自出，偶爲元本，吳氏誤刌也。伯兮藏、懿榮記。”

鈐有“孫氏星衍”白、“孫氏淵如”朱、“五松書屋”朱白、“古潭州袁臥雪廬收藏”白各印。

按：此晏子春秋余得之盛意園曓家，驗其字體刻工，當是正德時本。丁氏善本書目有元本，余往江南圖書館視之，其板式行格與此悉同，而細審之實明時活字本也。嗣至虞山觀鐵琴銅劍樓藏書，聞有縣眇閣本晏子春秋，急請觀之，則正是此本，前後別無序跋，不知何以定爲縣眇閣所刊。頗疑此書別無元本。余此本有孫氏印記數方，則王文敏斷爲山尊誤刌殆非虛語。然此刻板式古雅，流布至稀，雖正德時所刊，要自可珍，正不必號稱元刻及縣眇閣刻始足貴也。惟活字本實從此出，而流傳更少，微余鑑別之，殆無人道及，則真足異矣。丙辰十月沅叔記。

晏子春秋八卷

陸氏原題元刊本，九行十八字。

按：此書實明刊本，余雙鑑樓中有之，即孫淵如所藏吳山尊所校者也。（日本静嘉堂文庫藏書，己巳十一月十三日閲）

晏子春秋　存卷三四

明刊本，九行二十字，白口，四周單闌。書名在版心上方，每卷次行題"檇李沈啟南校梓"一行。（癸酉）

晏子春秋四卷

明刊本，九行二十字。序後有萬曆十六年冬月之吉後學吳懷保校梓一行。封面隸書四字，下題"萬曆戊子冬梓"。（乙亥春見，已收）

晏子春秋四卷

明崇禎十三年郭紹孔傳抄吳懷保刊本。卷三後書"萬曆十六年冬吳懷保梓"。卷一後書："崇禎十三年庚辰閏正月初六日校録于雪履齋，仁和郭紹孔伯翼甫識。"盖即從吳本傳録，而用藍筆以他本校異字於旁者也。郭紹孔無可考，板心有"墨巢"二字。

卷中有吳兔床騫夾簽。鈐有吳兔床藏印，又"兼吉字曰又溪"小印。（余藏）

漢丞相諸葛忠武侯傳　宋張栻撰

宋刊本，十行十七字，白口雙闌。標題大字占雙行。共三十三葉。（孫廷翰藏，壬子見）

諸葛忠武録五卷　長洲沈津編

明刊本，十行二十字，嘉靖唐藩刊。（述古堂送閲。壬戌）

關王事迹五卷　元巴郡胡琦編

明初刊本，八行十六字，大黑口，四周雙闌。有歲次戊申至大元年正月上元日胡琦自序。（已收。壬子）

紹陶録二卷　宋王質撰　　　　　　　　△七四〇九

舊寫本，版心下方有"知不足齋正本"六字。孔葒谷繼涵手鈔序，稱雲

韜堂紹陶録。有朱筆校。（蔣孟蘋藏，甲寅六月初九觀於上海）

魏鄭公諫録五卷 唐王方慶撰

明正德二年曾大有刊本，九行十九字。日本享政二年活字印本卽從
此出。（莫棠藏，後歸吳慈培，今在李贊侯家）

魏鄭公諫録六卷 唐王方慶撰

舊寫本，十行二十一字。卷五末有淳熙己亥十月上澣吳興李□跋，
卷六乃吳郡學生彭年增編，凡十條，末有彭年自跋。各卷有"吏部主
事華云校"一行，蓋從華本抄出也。（己巳二月十九日閲，山東徐季孺藏書，
已收）

安禄山事迹三卷 唐姚汝能撰

舊寫本，九行二十一字，注大字低一格。

鈐有"友竹軒"、"雪苑宋氏蘭揮藏書記"、"己丑進士"，"太史圖書"各
印。

此書孫伯恒壯送閲，審視之鈔手極舊，取學海本略對勘，其改正脱誤
頗多，與余昔年所校繆藝風藏本正同。（庚午八月）

安禄山事迹三卷 唐姚汝能撰

舊寫本，九行二十一字。鈐王氏印。（癸酉）

安禄山事迹三卷 唐姚汝能撰

舊寫本，八行十七字。鈐陳仲魚、馬二樵印。（張菊生書。壬子）

安禄山事迹三卷 華陰縣尉姚汝能纂　安吉林富善輔氏輯

舊寫本，紅格，七行十五字。（涵芬樓藏書。己未）

忠獻韓魏王家傳十卷別録三卷 宋王巌叟撰　遺事一卷 宋强至撰

明正德九年張士隆刊本，十一行十八字。（癸丑）

豐清敏公遺事一卷 宋李朴撰　附録一卷 明豐慶輯

舊寫本，十一行十九字。題門人章貢李朴編次。有紹熙二年夏四月
戊寅朔朝散郎直寶文閣權發遣漳州軍州事朱嘉序。

附錄嗣孫慶編次,後學天台陳聰看詳。有景泰六年乙亥河南布政司
右參議十一世孫慶謹識。(己未)

歐公本末四卷 宋呂祖謙編

宋刊本,版匡高七寸一分,寬五寸,半葉九行,每行十八字,白口,左
右雙闌,版心記字數及刊工姓名。避宋諱至敦字止。後有嘉定五年
壬申嚴陵詹父民刻書跋。書法秀美,體兼歐柳。用元延祐官册紙所
印。自書錄解題以後不見於著錄,真秘笈也。(日本靜嘉堂文庫藏書,己
巳十一月十三日閱)

新雕名臣紀述老蘇先生事實一卷

宋刊本,半葉十四行,每行二十二至二十四字不等,白口左右雙闌,
密行細字,鐵畫銀鉤,頗爲精雅。首歐陽修薦表,次歐陽修撰墓誌
銘,次張方平撰墓表,次曾子固哀詞,次蒲宗孟祭文,次司馬光武陽
縣君程氏墓誌銘。全帙凡九葉。

按:此書南宋初建本,陸氏皕宋樓藏書志原載極簡略,故詳記於此。
余假出影印,收入蜀賢叢書中。(日本靜嘉堂文庫藏書,己巳十一月十三日
閱)

宋陳少陽先生盡忠錄八卷 明陳沂輯

明正德乙亥孫育刊本,十二行二十字,白口,雙闌。

卷一事實、卷二奏議、卷三詔敕書札、卷四奏議、卷五詔敕書札、卷六挽詞、卷
七題跋、卷八遺稿、雜詠。目錄有正德乙亥後四月晦後學鄞陳沂魯南
跋,卷八後有正德乙亥秋九月丁未後學孫育記。刊板者爲縣令申
君、太學孫思和卽育也。

藏印列後:"李鑑之印"、"明古"、"李氏收藏"、"宋筠"、"蘭揮"、"中
肅"、"善化賀瑗所藏書畫印"。

按:此本分八卷,與明季賀懋忠刊十卷本敍次大不同。(丁卯)

宋陳少陽先生盡忠錄八卷 明陳沂輯

明正德乙亥孫育刊本,十二行二十字。采詔勅、奏疏、換詞題跋爲七
卷,後附遺稿一卷。目後有正德乙亥鄞陳沂魯南行書記。

鈐有"翰林院印"。乾隆三十八年馬裕所進,有木記。（癸丑）

宋太學生陳東盡忠錄八卷　明陳沂輯

舊寫本,題正德乙亥陳沂輯錄,雲間朱國盛校梓。（古書流通處送閱。壬
戌）

鄂國金佗稡編二十八卷續編三十卷　宋岳珂撰

清倪氏經鉏堂寫本。九行十七字,綠色格紙,闌外有"宋本重錄"四
字,語涉宋帝提行空格。每卷缺佚之葉記于卷首。有苕溪漫士之印
朱文印。有舊跋二則:

"宋岳穆公忠孝遺文事迹而珂所集刊而于世,宋元明以來,稡編殘
佚而續編止缺數葉,不卜何也。今藏書家所得者,模糊佚葉,無從
補之,倘有秘藏與此異同者,可鈔補以成全璧云。"

"按嘉靖本黃日敬重刊,內多殘刓,佚葉甚多。今所得宋板原本內
尚少十葉,想此希世之物,故特錄行世,俟同志者購秘藏足本以補
全其闕而成完璧爲快。"此在續編。（戊午）

鄂國金佗續編三十卷　宋岳珂撰

宋刊本,半葉九行,行十七字,黑口,左右雙闌,板心上記字數,下記
刊工姓名。後印,補板,斷損亦多。鈐有"田耕堂藏"、"泰峰"二印。

（文錄堂取閱,辛巳十二月十五日記）

鄂國金佗續編三十卷　宋岳珂輯

元刊本,九行十七字,白口,雙闌,版心上記字數,下記刊工人名。每
卷岳珂編次結銜占三行。　　其浙本中缺葉可補者如下,然尚有不能
補者十許葉也。

卷八,紹興七年相度京西一帶事宜劄後　缺二葉。

卷十八,一、二葉　浙本缺　此本仍缺。十九、二十葉　浙本缺　此

本仍缺。

卷十九,第八葉至西京長水縣以下　浙本缺　此本不缺。

卷二十,第五六葉　浙本缺　此本不缺抄補。第廿一、廿二葉　此本仍斷爛缺字。

卷二十一,第四葉　浙本缺　此本抄補。又論一首　浙本缺　此本不缺。

卷二十四,第十六葉後半葉　浙本缺　此本不缺。

卷二十六,第五葉　浙本有　此本缺。第六葉　浙本有　此本抄補。

卷二十七,第七、八葉　此本仍斷爛缺字。

卷二十九,第五葉討賊大兵下　浙本缺　此本仍缺。第八葉　浙本缺　此本仍缺。

第十五葉卷末一行　浙本缺　此本不缺。

通計補浙本缺文六葉,不能補者六葉,其斷版處亦補得數十字。

此耆壽民家藏,售與肆文堂,號爲宋版。然宋諱不避,字體刁工亦不類,當是元翻本,頗疑卽西湖書院本也。(辛未)

按:余歷年校此二書,取殘宋本、元西湖書院本、舊鈔本、宋刊忠文王紀事實録、鈔本四將傳諸書合參,補缺文十二葉,改訂數千字,然尚有十餘缺葉未能補也。藏園。

忠文王紀事實録五卷　宋謝起巖撰　　　　△一一二九四

宋刊本,十行二十二字,白口,左右雙闌,版心上記字數,下記人名葉數。全書通葉號,共一百三十九葉。有吳安朝、謝起巖二序。據序,卽咸淳七年吳氏所刊也。

　"太學,岳鄂王故宅也,今司土之神或曰卽王焉。公朝申錫廟號、爵封、徽章具存,王血忱衞共天命而立民彝,忠在令甲,乃今右我多士,扶持名教,威靈凜凜,猶生民敵愾之忠,何拳拳斯文如此哉!

孝悌忠信，自有撻甲兵之道，聲明文物，仁義禮樂所曁，可以化夷
爲華。我朝中天之禍，可謂烈矣，實在當時諸人不知乎此，有以啟
之，此所以貽王之憂也。王齋志地下，有時神游故宅，幸其今爲斯
文之所聚也。所以衛之甚力者，蓋謂六籍之教不墜，五帝三王之
學常明，天理人倫常不晦蝕，夷狄其能侵中國乎！其視張睢陽志
于爲厲鬼以擊賊者又萬萬矣。夫爲厲鬼以擊賊孰愈乎昭義理、暢
聲教而使賊自懾服乎！此王所以宜食于故宅也。景定壬戌年間，
本齋同舍廬陵謝起巖蒐王世系勳閥，凡旂鼎所銘，冊書所著，奉常
所議，考功所録，州志、家乘、野史所紀，其涉于王者輯爲一書，計
若干卷，目曰紀事實録，不特使圉神既者有考，抑以示妥安靈媢之
意。又十年爲咸淳七年，乃相率袁金而壽之木。書之篇末，極知
其僭。是歲春二月明善齋齋諭學生吳安朝謹識。”

“忠顯廟忠文王紀事實録本末序

王忠孝出于天資，功業存乎社稷，萬古在後，諒亦知其烈也，誰歟
厄之？我國家思所以雪藻而日熙者，直與巍然衮冕不祀威虁同
科，厄果終厄乎哉！今皇帝紬功繹德，闡幽煥懿，辟雍湯湯，貌像
堂堂，彼得祠于他所者莫之與京。且暢其忠義之氣，充之以脈斯
文。忠文徽號視疇昔武穆爲有加，意向所寓，亦可覩矣。蓋欲合
光岳之分，有相之道，壹是全材，以副時需，豈止使之能撣禮樂以
陶吾民于天下治而已。故事實之有本末，王之所以垂竹帛而詔令
傳後者，竊志之久矣。嘗嘆其在國史者不易見，在家集者不及見，
在將傳者不多見，幸歲昨得與忠文諸孫同筆硯交，見其鄂國金佗
有編，袞類浩繁，僭躐仍其纂記，而爲要之提，誓書一通，以置之
側。筆甫既，自念王之行事在國史、在人心，固不增損于是集之有
無也。然有忠義于肝膽者，庶其一閱于目則必將有激于衷而爲之
憮然。景定癸亥元正太學明善齋學生廬陵謝起巖序。”

卷一高宗皇帝宸翰，內列紹興四年至十一年詔書七十四通。後附追封鄂王告詞，又岳雲張憲贈官勑。又太學生楊懋卿等陳請賜廟額、封王爵及父母、妻子、子婦、將佐加封尚書省牒文。封忠文王告詞、景定二年二月。王父告詞、王子告詞、佐神告詞年月同上。

按牒文，太學土地本名靈通廟廟，神爲正顯昭德文忠英濟侯，奉勑改爲忠顯廟、超封忠文王。蓋相傳岳王爲太學司土之神也。此不見他書，特記于此。沅叔。

卷二行實編年，自崇寧二年起，紹興三年癸丑止。卷三行實編年，自紹興四年至十一年王薨止。卷四行實紀遺，坿秦國夫人及諸子遺事，籲天辨誣通序。卷五奏議七首。

卷中鈐有“香晚堂記”白、“子高文房之印”葫蘆形朱、“錫山安國寶藏”朱等印。錦函泥金籤，籤上題“宋岳忠文王行實錄，下署乾隆乙酉賜經筵講官禮部尚書兼文淵閣直閣事臣紀昀”隸書三行。（徐梧生遺書，乙丑歲收）

忠謨謹按：此書別有跋，收入藏園羣書題記三集卷二。

岳飛傳一卷　附岳忠武王廟名賢詩

此傳乃就元刊宋史抽印一卷，後附刊祠廟詩文。本傳十行二十二字，黑口，四周雙闌，版心上方記字數，小題在上，爲列傳第一百二十四，大題在下，爲宋史三百六十五。附卷題岳忠武王廟名賢詩，下題住山僧可觀錄。詩文目列下：

葉紹翁、趙孟頫、金華胡月山、胡邦衡、方秋崖、蜀郡牟景陽、孔天碧、高郵龔子敬、古汴趙仲光、吳興章德懋、霞城聞益明、丹邱柯敬仲。以下重興祠宇作：達兼善、鄭明德、李五峰、段吉甫、吳興陳政德、古汴班彥功、宇文子貞、永嘉高則誠、闕里孔世瞻、潘子素、晉安林清源、會稽楊廉夫、徑山釋信道元、天台釋大覺、貫酸齋、武昌軍卒、天台僧成本空、錢塘臧湖隱、天台僧觀大千、霍賓陽、大梁霍惟肅、眉山程正輔、吳興朱希顏、毗陵吳子華、滎水鄭希道、吳郡鄒士表、徑山僧此若溪，果越施則夫、沂陽王彥琬、天台陳剛中、中吳陳子平。

以下行款爲半葉十二行，行二十四五字。

吳郡朱祐之、又祭文。靈隱寺印鐵牛、劉改之、天台翟宗仁、吳興唐子華、古汴趙明仲、張安國、吳溥泉、古汴趙彥恭、眉山楊子壽、吳興高子宜、金華吳子善、赤城金用賓、會稽彭瑛、江西高若鳳、天台華文中、錢塘何師善、武林沈叔敬、汴人周越道、趙公孫天有、丹邱柯履道、趙郡蘇大年昌齡、南陽李復希顏、正定王鑑明卿、宛丘陳秀民庶子、鄭元長卿、韋羌陳基敬初、海陽張源、京兆姚子章。

岳墳褒忠衍福寺復業記方回撰、趙孟頫書。大德九年乙巳中元日

重建褒忠衍福寺記咸淳四年戊辰元孫岳通記并書

重建岳王祠寺疏鄭元祐明德撰

重建精忠廟記鄭元祐撰、吳郡錢逵書篆。至元二年庚辰五月

重建岳鄂祠宇詩序三山吳叔巽撰又吳興陸友仁撰

又詩：丹邱楊天顯、西夏楊九思、徑山僧翁元康、錢唐錢繡、高昌鐵穆爾。

卷末標云“岳鄂王廟名賢詩”，下題曰“歲在己卯菊月住山僧高會重集”。（己卯四月）

懷賢録不分卷

明正統刊本，九行十六字，黑口，四周雙闌。

此書爲崑山沈愚通理編集劉龍洲遺事而作，后附龍洲詞，視各本溢出數十首，文字亦大不同。羅子經振常得之以印行，故于詩文次第不復詳記。（乙丑）

宋待制徐文清公家傳一卷

明正德刊本，九行十八字，黑口，四周雙闌。篇中遇宋帝提行空格。

前正德辛未十一世孫貢生興序，次成化五年龔永吉序，後有成化己丑江浦郁珍序。

明良慶會錄四卷 宋程樟輯　明程敏政重輯

明成化刊本，十行十八字，上空二格。黑口，四周雙闌。

前有鄭天麟序，題"當元頒國號之二年四月吉旦，宋室遺民鄭天麟拜書"。

按：是書乃纂輯宋理宗時宰相程文清公元鳳恩遇出處事實，蓋韓魏公家傳及徐文清家傳之類。首王言，次奏議，次行實。卷末跋語不完，大要考之，書爲元鳳子承奉郎樟所輯，而族孫敏政又重爲輯錄者也。（鏡古堂送閱。戊午）

宋丞相崔清獻公全錄十卷 明崔子璥編

明刊本，嘉靖以前。十行十九字。記宋崔與之遺事遺文。（癸丑）

運使復齋郭公言行錄一卷 元徐東撰 敏行錄一卷

清張蓉鏡家影寫元刊本，言行錄九行十八字，敏行錄十行二十字。

有單學傅、繆荃孫二跋，錄後：

"元運使郭郁字文卿號復齋言行錄一册、敏行錄三册，芙川張兄得當時原刊本，選工影寫，而略改徐東所編書例，實自來藏書家所未經著錄本也。然非郭公實有善行感通其間，將虛譽之辭能傳留五六百年之久耶！讀潘必大、葉天本、王持福書，王昭德詩，陶璞啟，尤可想見元代政治風草種種有虛有積，郭公示之揮斥，其門下士且拾而編次付刊，想亦必有所施行者，至歆動官司，聞風興起，是書固大有功於治化也，不然，雖稱秘笈，又何貴傳寫而矜之。時道光十年孟秋單學傅跋。"

"復齋郭公言行錄、敏行錄，昭文張芙川影元寫本。此書自阮文達公進呈後，間有傳本，芙川選工精寫，尚有邑先輩絳雲汲古之風，而略改徐東所編書例，似乎不合。藏印纍纍，内有'芷湄借觀'、'叔芷女士'、'若衡'三印，皆閨閣中物，若衡方勤襄公第五女也。

　　宣統辛亥閏二月江陰繆荃孫識。"（丙辰，余藏）

熊襄愍事略一卷　附淮南四鎮傳

舊寫本。　　前性氣先生傳，次鄒漪所撰傳，次鈕琇筆記一則，次蕭芝筆記一則，次族孫堳增記一則，次讞疏，次饒京遵旨確查疏，次韓爌訟冤疏，次魏廷謨熊孝子傳。附淮南四鎮傳。（癸丑）

國姓爺鄭成功傳上下卷　清閩海鄭亦鄒居仲著

日本浪華木村蒹葭堂刊本。本書題曰"白薿藏書鄭成功傳，清閩海鄭亦鄒居仲著，日本浪華木孔恭世肅校"。封面題"浪華木氏校勘于蒹葭堂"。聞亦日本藏書有名者也。前有皇東明和辛卯金雄道人敬雄序，印曰釋敬雄章。後有安永二年芥焕彥章跋。傳後附論一首。至鄭克塽投誠止。（日本內閣文庫藏書，己巳十一月十一日觀）

明季遂志録一卷

清刊本。卽鄭成功傳。版心下方有"白薿藏書"四字。前有徵信序，爲康熙四十一年二月二十一日海澂鄭亦鄒居仲氏所撰，序後附同安林霍題跋十九行。次白薿藏書徵信序，不署名，當仍是居仲也。序言：既成遂志録之三年，卽作明季辨誤四卷，江閩事略六卷，明餘行國録十六卷，明遺民録一卷。兩序後接鄭氏傳，然版心題曰"島上附傳"，疑居仲所撰別有正帙，而鄭傳特爲附存耳。

鈐有"蒹葭堂藏書記"朱文印，蓋卽浪華木村所刊之底本也。第浪華木村刊本無徵信録二序。（日本內閣文庫藏書，己巳十一月十九日觀）

以上個人

澹然年譜二卷　明玉峰陳其柱編

明萬曆刊本。有申時行序。

明陳敬宗字光世，永樂甲申進士，官至國子監祭酒，謚文定，浙之慈谿人，永樂三年預修永樂大典。（癸亥十月見於上海古書流通處）

秦襄毅公年譜　明秦紘自撰

明刊本。自宣德元年至弘治十八年，年八十。（潘伯寅遺書。辛巳十一

月）

牧翁先生年譜 清葛萬里編

舊寫本。與夢航雜綴、清異録合爲一册。（藝風堂藏書。庚午）

徵君孫先生年譜二卷 門人湯斌、魏一鰲等編　方苞訂正

舊寫本。有魏一鰲跋。（壬戌）

以上年譜

元郭天錫日記 元郭畀撰

清趙之玉寫本，卷末有"嘉慶己未冬月某泉居士趙之玉寫于星鳳閣"
一行。

"嘉慶庚申四月初九日錢唐趙素門先生抄贈，知元蹟在宋芝山先
生處。十一日偕周松泉五兄訪芝山于剪刀巷寓館，以真蹟不在行
篋中，出手鈔副本見借，卽趙本所從出也。袖歸舟次，校勘竟日，
五鼓次大麻始畢，記此以誌良友之惠。"

"元郭天錫手書日記墨迹四册，始于至大元年戊申八月廿七日，止
于二年己酉十月三十日，并閏月，共十六閱月，逐日詳書天氣之陰
晴寒暑，人事之往來酬答，委曲瑣屑，靡不備盡。所尤詳者遇飲酒
必書，求書畫者必書，所觀書畫必書，所遊寺觀必書，稱謂之間褒
譏寓焉，感嘆之際義理昭焉。細讀一過，如見其人之性情心事，而
與之周旋談笑于十有六月之久也。天錫墨跡傳世已少，此册行楷
細書，妙逼松雪，四册凡三萬餘字，逐日書之，無一懈筆，真海内尤
物。厲樊榭先生曾摘鈔其客杭日記，吾友鮑以文刻入叢書第一集
中，非全文也。余于乾隆己酉之冬，以大米行書赤壁賦易之于揚
州汪竹農兄，旋爲吳杜村同年借觀，去冬復來游揚，始獲索歸，十
二月十九日作武昌之行，因于舟中録成副本，藏之行笈。甲寅元
日舟泊九江安邑宋葆淳記。"

"余少具書癖，聞父執厲樊榭先生有手録郭天錫日記，未克一見，

既而爲吾友鮑淥飲刻入叢書,然僅客杭一卷,惜當日樊榭未録其全也。今春密友宋君芝山招余小飲,出手録全帙見示,酒邊展卷,狂喜不可遏。攜歸静讀,覺朋友之往來,風氣之好尚,歷歷在目,不啻追隨古人於朝夕,而數十年所未遂者于是大暢,天下事殆有不求而自得者耶!芝山云,此書宜贈淥飲,以廣其傳,蓋淥飲所好篤,所校精,而且勇于從事,余因急命長男之玉日夜抄録,行欵悉依原文,間有字體草草,未能識者,芝山僅據墨迹,不可不闕疑也。録成亟以還之。時嘉慶庚申春日錢唐趙輯寧跋于竹影盦。"

前有包希魯郭天錫文集序及崑山周倫跋,乃從真迹録出,附趙晉齋跋:

"退思集世無傳本,此序從真跡録出,後有崑山周司寇跋語,並爲寫出,以附云山日記之後。嘉慶乙丑秋仲趙魏識。"

鈐有"老屋三間賜書萬卷"、"歙西長塘鮑氏知不足齋藏書印"、"知不足齋藏書"朱文、"曾在碧琳琅館藏過"白文。

按:卷中朱筆校改各處審是鮑淥飲廷博手迹,趙跋亦經鮑氏改易,似備付刊之底帙也。沅叔記。(丁卯)

南歸紀行上下卷 _{明楊士奇撰} **附南歸詩稿一卷** 　△二五四五

明寫本。　楊士奇正統四年二月回籍省墓所記也。前有璽書奏摺祭告祝文。後附南歸詩稿,凡詩七十餘首。

鈐有"葉德榮甫世藏"白文印。(余藏)

春浮園別集六卷 _{明蕭士瑋撰}

清初刊本,十二行二十字,白口,左右雙闌。

南歸日録一卷　汴遊録一卷　春浮園偶録二卷　深牧菴日涉録一卷　蕭齋日記一卷

迎鑾日記一卷二紀一卷三紀一卷 _{清宋犖撰}　△一一三〇二

原稿本。爲西陂類稿之卷四十至四十二。初紀記康熙三十八年在吳門迎鑾事,二紀記康熙四十二年迎鑾事,三紀記康熙四十四年迎鑾事。

忠謨謹按:此書有跋,收入藏園羣書題記三集卷二。

果親王西藏日記不分卷　清允禮撰　　　　　△二五二一

稿本,雍正十二年果親王允禮奉旨前往泰寧與達賴喇嘛相見,兼命閱視經過地方營伍,往返記程之作。始雍正十二年甲寅冬十月,終十三年乙卯夏四月。詳記山川風土,古今名跡。篇中改竄之處頗多,當是就原稿錄出而覆加訂正者。(壬子歲獲於杭州文元書坊)

忠謨謹按:此書有跋,收入藏園羣書題記初集卷四。

觀齋行年自記　清壽陽祁雋藻

原稿本。封面題"咸豐八年初稿"。前有小引,敘遷晉之始,暨三代兄弟事迹。乾隆五十八年癸丑六月己未初四日乙丑亥時生。至咸豐四年八月開缺,十二月遷回四眼井宅止。(揚州張子重寄來,旋卽還之。己卯)

以上日譜

紹興十七年同年錄一卷

明弘治刊嘉靖甲午重修本。後有弘治辛亥會稽王鑑之跋,言始得鈔本于國子祭酒鄭君廷綱,嗣得刊本于句容江璽。璽乃錄中糾彈江賓王之孫,乃重加校閱,屬徽守李宗仁刻置紫陽書院云云。跋後有"歲嘉靖甲午秋七月朔日奉祀裔孫鐠、鎬、銘重刊"二行。錄前有手詔、策題及知貢舉等官銜各葉,每半葉七行。本錄每半葉六人,下格詳列家世履歷籍貫,凡三十行,黑口,四周雙闌。(己巳九月)

宋紹興十八年同年小錄一卷　　　　　△八○七一

清寫本。翁方綱細字詳校並批。又丁錦鴻校。鈐有蘭話堂藏印、葉志詵印。

宋寶祐四年登科錄一卷

明嘉靖刊本。前有御試策題及敕差考試官等銜名、禮節等共七葉。
本錄每葉八人，下格詳注履歷籍貫，凡七十二葉，白口，四周單闌。

（右紹興十七年、寶祐四年二登科錄已巳九月見於陳乃乾家，索二百四十元）

宋寶祐四年登科錄一卷　　　　　　△八〇七二

清寫本。清林佶抄本傳并跋。翁方綱手批細字詳校。卷中前後葉
不全。翁方綱手抄補之。丁錦鴻校，又吳孝顯加簽甚多。葉井叔批
校。鈐有"蘭話堂印"、"葉志詵"印。

明建文二年會試錄

天一閣藏明寫本。前有禮部侍郎董倫序，太常寺右少卿高遜志序，
皆考試官也。知貢舉爲陳迪、黃觀二人。第一場四書義三道，五經
義每經各四道。第二場論一、銘一、誥一、表一、判語五。第三場策
五問。會元爲吳溥，次爲楊溥，八名爲胡廣，十三名爲金幼孜。四川
中試者二人，内江熊文綬、邛縣黃宗敏。共計一百九名，後附殿試登
科錄。讀卷官有方練諸人，受卷官有解縉。一甲胡靖即胡廣也。王
艮、李貫，皆江西人。

按：此書羅子經振常得之天一閣，頗自珍秘，寄來一閱，余因屬北京圖
書館抄存一册。（戊午）

隆慶二年進士登科錄　一册

明刊本。首載玉音。恭依高皇帝欽定資格，第一甲例取三名，從六品。第二第
三名正七品，第二甲從七品，第三甲正八品。讀卷官十一人徐階、李春芳、張居正、
楊博、雷禮、馬森、殷士儋、霍冀、王廷、李邦珍、諸大綬。一甲三名：羅萬紀一甫
浙江會稽、黃鳳翔鳴周　福建晉江、趙志皐汝邁　浙江蘭谿。二甲七十七名：
李長春元甫　四川富順。三甲三百二十三名：盧維楨司典　福建漳浦。後
附策問及鼎甲對策。（盛昱遺書。壬子）

皇明歷科狀元錄　明吳郡雨泉陳鎏子兼輯

明刊本。起洪武四年辛亥，終隆慶辛未。前有吳江徐師曾序。鈐有

明善堂、安樂堂藏印。（潘伯寅遺書，辛巳十一月）

思樂編前集

舊寫本。海寧縣學歷科歲試取入學人名，自順治三年至乾隆五十九年每試題目及入學撥府者皆著于編。每科會試中式者亦注入。前有歷任學政人名。（甲子）

以上貢舉

新刊真楷大字全號搢紳便覽一卷　　　　△二四九〇

明萬曆十二年北京宣武門裏鐵匠胡同葉舖刊本。八葉九行。藍印本。

首內閣大學士，次春坊翰林，次內閣屬官，其掌誥勅掌中書事以大理鴻臚少卿充之。次六部，次都察院，各省巡撫列名於此。次通政司，大理寺，次六科，次尚寶卿，次太常，次光禄，次國子監，次太僕寺，次鴻臚，次欽天監、太醫院，次都督府、錦衣衛，次順天府尹，次駙馬都尉及勳衛。

末行大字題北京宣武門裏鐵匠胡同葉舖刊行，麒麟爲記。

大學士爲申時行、余有丁、許國。各官俱注號兩字。外官墨印密行小字，十六行，行分四排。（丁巳）

新刊南北直隸十三省府州縣正佐首領全號宦林備覽二卷

△二四九一

明萬曆十二年北京宣武門裏鐵匠胡同刊行。內載四川江安縣知縣張必焕_{崑海永昌人}吏員、縣丞孫億_{上虞人}吏員、主簿……典史李廷奉_{松溪雲南人}。鈐有陳又田、阮芸台元印。（丁巳）

以上職官錄

鎮遠先獻記二十四卷　明顧大猷撰

明天啟時南湘外史顧大猷撰，輯其先世列侯事實，自洪武元年至萬曆十年止，而以所引典籍及諸名人履歷附焉。顧氏始祖名成本，揚州人，以征蠻功世襲貴州都指揮使，官至右都督，封鎮遠侯。傳爵七世至大猷，乃述其先人功烈及制誥章疏碑傳雜志等，彙爲一編，亦家乘之流裔也。前有大猷自序及凡例十二則，述事必標其書，錄文必著其人，尚有義法，且藉此可考明代黔中兵役，故錄而收之。沅叔。

（戊辰閏二月，蘇州百雙齋送閱）

伊爾根覺羅氏家傳 鄂恒撰

紀其曾祖穆森泰、祖烏什哈達、叔巴彥保、叔祖兆海、父圖勒弼善事，各爲之傳，而叔祖奎寶諸人附焉。寫本。（辛未歲文友堂所收鄂恒家藏書）

以上家傳

孔氏祖庭廣記十二卷 金孔元措撰　　　　△九五九四

蒙古刊本，題大蒙古國壬寅年，當乃馬真后元年。半葉十一行，行二十字，白口，左右雙闌，板心中縫闊大。序後有"正大四年歲次丁亥十月望日訖功"一行。又畫像校正等人銜名七行。圖第一葉右闌外下方有"浮光季齋刊"五字。有錢大昕、黃丕烈、邵淵耀、瞿中溶、孫星衍、吳翌鳳跋及觀款。（常熟瞿氏鐵琴銅劍樓藏書，乙卯八月三十日見於罟里瞿宅）

孔氏祖庭廣記十二卷 金孔元措撰

影寫蒙古刊本，十一行二十字。前有圖十二幅，校正官銜七行。家譜舊引、元豐八年四十六世孫宗翰。祖庭雜記舊引、宣和六年四十七代孫傳。又引、正大四年五十一代孫元措。又引。正大四年尚書左丞張行信。鈐有張芙川、方柳橋藏印數方。（己巳）

孔氏祖庭廣記十二卷 金孔元措撰

清張金吾愛日精廬寫本，張金吾朱筆校，卽琳琅秘室叢書之祖本也。

（徐積餘藏書，甲寅歲見）

漢天師世家不分卷 明張國祥輯

明萬曆甲午刊本。卷首題"賜進士通議大夫工部左侍郎安仁張鉞

校”。前有洪武九年宋濂序,洪武二十三年蘇伯衡序,萬曆丁酉喻文
偉序,王德新序,萬曆癸巳周天球序。後有嗣孫四十三代天師宇初
跋,又萬曆二十二年甲午五十代孫國祥跋,蓋卽國祥所輯刻也。余
別跋詳之,此不贅。

忠謨謹按:此跋收入藏園羣書題記三集卷二。

李氏世譜

興化李氏乾隆甲午新刊。李若農先生文田手跋:

“光緒戊子余奉命典試江南,是年有興化登榜之王庭芬,因談及前
明李映碧撰三垣筆記議論右奄黨,疑其家世皆奄黨也。史稱映碧
卽文定元孫,不知其於逆案李思誠何如人。及索得此譜,果思誠
之直下孫也。然則李清之甘心助奄宜矣。非以其姓李之故而欲
玫也。五千卷室漫識。”(李若農先生文田遺書,乙亥二月二日其孫李棪見
示)

以上譜牒

藏園羣書經眼録卷五

史 部 三

地 理 類

元和郡縣圖志四十卷 唐李吉甫纂修　存三十四卷

影宋精鈔本，十行二十二字，口上書名無圖字。前李吉甫序，後淳熙二年秘書監程大昌序，又跋，又淳熙三年番陽洪邁序，又上秦張子顏跋，言刻板於襄陽幕府。

原缺卷十九、二十、二十三、二十四、三十五、三十六，計六卷。

鈐有"怡府世寶"、"明善堂珍藏書畫印記"、"安樂堂藏書記"，又有朱子清收藏各印。（丁巳十二月初二日見于熙實臣齋中）

元和郡縣圖志四十卷 唐李吉甫纂修　缺十九、二十、二十三、二十四、三十五、三十六，計六卷，存三十四卷

舊寫本，十行二十字。前李吉甫進書序，後淳熙二年五月一日秘書少監程大昌後敍，又跋九行，淳熙三年十一月番陽洪邁跋，淳熙三年十二月朔旦上秦張子顏跋。陳仲魚龡用朱筆手校，識語録後：

> "是書爲冶泉司馬鈔本，吾友黃君薳圃既識其原委矣。越二年，又見錢獻之別駕所藏鈔本，每卷題武陵盧文弨校閱，蓋從吾郡盧抱經學士校本傳録，而誤書武林作武陵也。中有孫淵如觀察跋語及

評校處，知觀察曾校閱一過，後卽刻入岱南閣叢書者。然脱誤甚多，不及此本遠甚，因互爲一校而併録錢、孫兩家之説，雖寥寥數則，究屬通人之筆，非憑空臆譔比耳。嘉慶十二年秋日海寧陳鱣記。"鈐"仲魚"一印

"校後數日，有書買持鈔本來，係吳中周有香孝廉手校，蓋以孔葒谷農部、翁覃谿學士、戴東原吉士各家藏本彼此相參，補正千有餘處，可儷善本，孫觀察亦據以付刻。因亟對校於是本後，補得第十七卷所缺一葉。然是本亦有勝於周本者，知舊鈔正不可偏廢也。鱣再筆。"鈐"臣鱣之印"

又黄蕘圃丕烈跋：

"郡縣志近始有聚珍本及岱南閣刻，前此則惟鈔本流傳。然鈔必以舊爲佳，此本出冶坊浜陳冶泉家，冶泉名樹華，承累代書香之後，由茂才作宦，官至司馬而止。居平手自鈔校諸書，猶及與惠松崖、余蕭客諸君相周旋，故所藏書皆有淵源。罷官後，余猶及見其一面。身後書籍零落，半歸他姓，聞有蜀石刻左傳殘本，見質諸葑門宋于庭孝廉處，宋又隨父任貴州作縣，其物携行篋中，物主屢欲贖而無由，未知其作何歸結也。今仲魚從坊間易得，不知其書之何來，余悉其原委，因誌數語，并著物之聚散亦無甚定也，爲之慨然。蕘翁書於石泉古舍。乙丑六月十日。"

書衣有孫淵如星衍跋：

"元和郡縣圖志四十卷，據程大昌跋云：圖亡、志有闕逸，不敢强補，是以傳本無圖及缺十九、二十、二十三、二十四、三十五、三十六共六卷。宋時既已不移其篇第，今亦只可仍之，以存宋本舊式。吾友嚴文學觀曾作補志，他時附後行之，亦不置之書中以足卷數也。孫星衍記。"

鈐有："仲魚手校"、"海寧陳鱣觀"、"簡莊藝文"、"得此書費辛苦後之

人其鑑我"、"仲魚圖象"各印。（徐梧生藏書。乙丑）

元和郡縣圖志四十卷 唐李吉甫撰　存三十四卷

明寫本，十行二十二字。前李吉甫序，後程大昌序并跋，又洪邁序，
張子顏序。

鈐藏印如下：

"千頃堂圖書"白、"宛平王氏家藏"白、"慕齋鑒定"朱、"好學爲福齋
藏"朱、"大興朱氏竹君藏書之印"朱、"商丘陳氏書畫記"朱、又葉奐彬
各印。（宋星五在湖南收于葉氏者。辛未）

元和郡縣圖志四十卷目錄二卷 唐李吉甫撰　存三十四卷

墨格寫本，十行二十二字，板心有"怡顏堂鈔書"五字。（古書流通處送
閱。壬戌）

太平寰宇記二百卷目錄二卷 宋樂史撰　存三十三卷

宋刊本，半葉十一行，每行二十字，白口，左右雙闌。版心上記字數，
下記刊工姓名，然亦多於字數下卽寫刊工姓名者。卷中府縣名以白
文別之。版匡高七寸五分半，版式橫闊，中縫特爲寬展。寫刻工麗，
字體豐華，麻紙蝶裝，頗爲悦目。

此書載日本訪書志，言從官庫借出，校勘一過。其卷一百十三至一
百十八刊於古逸叢書中，蓋中土所缺也。楊氏記宋本存佚卷數至
詳，兹録如後：計完全者三十三卷：

一、二、七、八、九、七十八、缺第七葉。九十一、九十九、一百一、一百
二、一百四、一百七、一百八、一百九、一百十二、一百十三、一百十
五、一百十六、一百十七、一百十八、一百二十五、一百三十三、一百
三十四、一百三十五、一百三十六、一百三十七、一百四十一、一百九
十四、缺第一葉。一百九十五、一百九十六、一百九十七、一百九十八、
一百九十九。

各卷存殘葉如後：

卷三存前十三葉，五存十四五兩葉，六存校勘一葉，十存前九葉，十二存一至五、又第七葉，三十七存七葉，四十四存七葉，四十七存第四葉以下，四十八存前三葉，五十存第十三葉，七十二存第二、三、五、六葉，七十七存第三葉以下，八十九存第七、十兩葉，九十存前三葉，九十六存前八葉，一百五存前九葉，一百六存第八葉以下，一百十存前七葉，一百十一存第八葉以下，一百十四存前九葉，一百二十四存十三、十四葉，一百三十八存前六葉，一百四十二缺第三四五六葉，一百四十三存前七葉，一百四十七存第三葉以下，一百四十八缺第六七葉，一百四十九存前八葉，一百五十五存第七八葉，一百六十一存第七葉，一百八十七存前四葉，一百八十八存第七葉以下，一百八十九存前九葉，二百存前六葉。（日本帝室圖書寮藏書，己巳十一月十一日觀）

太平寰宇記二百卷目録二卷 宋樂史撰

舊寫本，十行二十二字。（己巳二月見，徐季孺藏書）

〔元豐〕新定九域志十卷 宋王存等纂修

影寫宋刊本，大字七行十五字。

鈐有吳兔床雋藏印。（癸酉）

〔元豐〕新定九域志十卷 宋王存等纂修

影寫宋刊本，十一行二十二字，注雙行二十四五六字不等。

有吳槎客雋、唐翰題跋，録後：

"吾家枚庵僑居吳下，性喜藏書，每遇秘本輒手爲傳録，蓋今之方山也。王正仲九域志流傳絶少，而有古迹者尤爲難得，癸卯夏從枚庵借得，因亟鈔而藏諸拜經樓。槎客"

"壬子仲春，復以錢遵王影宋鈔本及嘉興馮氏新刊本重校一過朱筆隸書。"

"内吳槎客先生手校二紙録入拜經樓題跋記卷三地志目中，後有槎翁分書朱墨筆二跋。劉彦清太守借録副本，既歸記此。時庚午二月花朝日也。唐翰題。"

鈐印有："宋本"、"甲"、"拜經樓"、"吳氏兔床書畫印"、"騫"、"兔床手校"、"鷦安校勘秘籍"、"江山劉履芬觀"、"福地謫仙"、"海豐吳重憙印"、"景州之印"。

又有吳騫跋，見拜經樓題跋中，不更贅。（癸酉九月三十日記）

〔元豐〕新定九域志十卷　宋王存等纂修

清寫本，十行二十二字。各類多古蹟一門，所謂民本也。卷中空字甚多，當從宋刻本出。鈐有白堤錢聽默經眼小印。（文友堂送閱己未歲）

輿地廣記三十八卷　宋歐陽忞撰　存卷十八第四葉起至三十八第五葉止

△八六七一

宋九江郡齋刊，嘉泰四年、淳祐十年遞修本，半葉十三行，行二十四字，黑口雙闌，版心上記字數，下記人名，一字。字數下有"庚戌刊"三字。陰文或陽文不等。間有無此三字者，大要是元本也。有顧千里廣圻黃蕘圃丕烈跋，錄後：

"殘宋槧本歐陽忞輿地廣記，起十八卷四葉，盡卅八卷五葉，大較廿一卷，季滄葦藏，有圖記，先從兄抱冲收得。維時周漪堂家先有是書鈔本，脫落譌錯，殆不可讀。曾借去就所存者校正，深以爲精。於後外間復有從周借傳者，其題目此殘宋槧則曰'重修本'，蓋緣第十九卷尾云'嘉泰甲子郡守譙令憲重修，淳祐庚戌郡守朱申重修'，第十八、廿三、卅一、卅五卷尾皆云'淳祐庚戌郡守朱申重修'故也。夫譙令憲、朱申皆自稱郡守而不署其郡，然則果何郡耶！以予論之，二人者皆廬陵郡守也。忞書之板何以在廬陵？以忞其郡人也。是書撰於北宋政和中，由嘉泰甲子上數之，相距凡八十餘年，而開雕歲月未有明文也。下數淳祐十年庚戌，首尾四十七年耳。兩次重修皆郡守主其事，故前後二人並列焉。補葉雖漸多，初版終未全泯，固可寶也。此外又有朱竹垞藏本，曾在浙人韓姓家，所缺卷葉互爲不同，而皆缺者尚有之也。不寧惟是，以此

本相決,朱本乃另一翻板。何以言之？細勘廿一卷内無一葉之
同,卽板心記數工匠姓名無不皆然,故曰另一板也。字形相近之
譌往往沿襲重修本而且加多焉,故曰翻也。翻者非他也,翻重修
本而已矣。周漪塘家抄本正出於彼,其印本甚模糊,宜鈔本之脱
落譌錯矣。今年病暑餘暇,借先從兄遺書來讀一過,知其原委,因
卽題於此首,庶將來有得見之者據吾所言以覈其實焉。又,竹垞
藏本聞汪君閬源近已買得,擬他日借來再勘之。嘉慶庚辰六月望
後一日元和顧千里甫記於楓江僦舍。"後鈐"千里"、"廣圻審定"朱
文二印。

"此殘宋本歐陽忞輿地廣記,自十八卷起至第三十八卷止,爲余亡
友顧抱冲藏書也。初抱冲得諸華陽橋顧聽玉家,余未及借讀,適
爲周香嚴携去。香嚴告余曰:此本與家藏抄本行欵同,故得以知
其移易卷第之迹,而抄本似又從別本宋刻傳録,不及殘本之精。
余識其言不忘。既而抱冲作古,從其家借出,見其根題曰"宋板輿
地廣記廿一卷",以元、亨、利、貞爲次,於兩浙路上一册有宋本圖
記一,有季振宜藏書圖記一,知延令宋板書目有輿地廣記廿一卷
卽此本也。蓋是本移易卷第在滄葦收藏時已然,幸有抄本可證,
得以復其舊觀。爰命工重爲改裝,自十八卷後悉編排無誤。十八
卷缺前三葉,三十八卷缺後幾葉,皆向來如此,闕疑可也。册數分
四爲五,皆以每路之可分者爲定,書根字迹未敢滅去,俾延令目中
所云有可攷焉爾。

嘉慶庚申歲春二月黄丕烈書於士禮居"鈐"蕘圃"緑色印

輿地廣記三十八卷 <small>宋歐陽忞撰　存卷七至十一、二十五至三十一,共存十二卷</small>
宋刊本,半葉十三行,每行二十四字,白口,左右雙闌,版心上方記字
數,下方記刊工人名。補刊之葉上魚尾上有"庚戌刊"三字或"庚戌"
白文二字。每卷尾有"淳祐庚戌郡守朱申重修"一行。卷二十六後

有"嘉泰甲子郡守譙令憲重修"、"嘉定庚辰郡守陸子虡重修"，"淳祐庚戌郡守朱申重修"三行，蓋南宋江州刊，嘉泰四年、嘉定十三年、淳祐十年遞修本。卷中殷、匡、恒、朗、慎均缺末筆。

按：此書士禮居據曝書亭藏宋刊初本翻雕，其宋本缺卷缺葉及字體不可辨者則據重修本補之，附刻校記可按也。余昔年曾見方地山所藏重修本二十卷，有郡守朱申重修一行，深以不及手校爲恨。庚申南游，獲此帙於寶應劉啟瑞家，蝶裝巨冊，猶存天水舊制，望而知爲內閣大庫佚書，所存祇十二卷，與方本版刻正同，因取士禮居刻詳校一通，則異字正復不少。茲略舉於後：如第七卷彭城縣下"封弟交爲楚元王"，"交"不誤"友"。考城縣下，"邑多遇災"，"災"不誤"火"。濟陰縣下，"分濟陰置蒙縣"，"蒙"不誤"黃"。第八卷襄陽縣下"蜀將關羽"，"蜀"不誤"置"。金州下，"魏以漢中遺人"，"遺"不誤"遣"。武當縣下"今名木塞山"，"木"不誤"大"。郿鄉縣下"晉太康五年"，"五"不誤"三"。泌陽縣下"開寶元年"，"元"不誤"五"。第九卷河陽縣下"爾朱榮害三百餘人於此"，"於"不誤"卽"。梁縣下"唐屬汝州"，不作"唐曰"。"承休石壕驛"，"壕"不誤"城"。魯山縣下"懼而遷於魯縣"，"遷"不誤"避"。卷十一獲鹿縣下"天寶十五載"，"載"不作"年"。邢州下"常山王張耳都之"，"之"不作"焉"。龍岡縣下"太興二年"，"興"不誤"和"。"襄國郡廢焉"，"廢"不誤"漢"。唐爲"邢州理"，"理"作"有"，屬夷儀嶺爲句。洺州下"置武安郡，唐爲洺州"，"郡唐"二字不誤"縣後"。永年縣下"皆爲郡治"，不脫"治"字。卷二十六營道縣下"虞時庫國之地"及下文"斥庫亭神記"，"庫"不作"鼻"。卷二十七江陽縣下"晉徙荆州治"，"徙荆"二字不缺。武陵縣下"數爲攻敗"，"攻"不作"所"。長陽縣下"清泉噴流"，"噴"不誤"潰"。卷二十九"非夜郎故地"，"地"不誤"也"。又卷三十一長寧軍下宋本缺十四字，富順監下宋本缺二十字，皆據周校及隋唐史各地志補入，此本皆不缺。其餘校記中所稱宋本缺壞之字此皆完好，可以辨析。蓋初刻本即多糢糊，重修本又從周校轉錄，不免舛誤。此帙印本較清，故其糾愆正繆之功正自不尠。夫菉圃圈書號稱精審，彼親見宋本，又得顧千里諸人爲之讐勘，宜無遺憾矣，而拾遺補闕猶有待於後來。然則世之善讀書者慎勿輕視殘帙而高閣束之，更毋震於昔賢而故步自封也。乙丑上元日傅增湘記。

輿地廣記三十八卷　宋歐陽忞撰

清商丘宋氏從朱彝尊潛采堂本移寫，十三行二十四字。景宋精寫本。（壬子）

輿地紀勝二百卷　宋王象之撰　缺卷十三至十六、五十至五十四、一百三十六至一百四十四、一百六十八至一百七十三、一百九十三至二百。存一百六十八卷

舊寫本，十行二十字，注雙行同，照宋本傳錄。版心記大小字數，右闌外記篇名，標題雙鉤白文，曾巧鳳剗子影寫墨迹。

鈐有"艷秋閣物"、"研樵藏書之章"、"湛華閣藏書"各印記。

按：此書岑建功刊本行欵與宋本同，而提行空格處皆連屬之，行格遂不盡相符也。此書雖殘佚，猶存宋刊面目，亦足珍也。（韓左泉送閱，索二百元，戊辰歲收）

新編方輿勝覽七十卷　宋祝穆撰

宋刊本，中版心，半葉十四行二十三字，凡地名人名皆大字占雙行，約三字當小字五字，左闌外上方標地名，黑口，左右雙闌。前有嘉熙己亥新安呂午序，四行。又嘉熙己亥建安祝穆自序。

收藏鈐有"清白家聲"白、"文宗寶學"白，似明以前印。又"百聯堂覽書畫印記"頗類明善堂印，疑亦故王邸印也。"葛鱵之印"、"是書曾藏自强齋"、"自彊齋藏書記"、"毅調"各印，又"禹門審定宋本"一印。（鳳禹門山遺書己巳四月）

新編方輿勝覽七十卷　宋祝穆撰　存五十四卷

宋刊本，十四行二十三字。缺卷十五至三十，正失去第二函也。鈐

有"王鳴盛"、"西莊居士"二印。(故宮藏書)

方輿勝覽七十卷 <small>宋祝穆撰</small>

宋刊巾箱本。半葉十四行,行二十三字。有嘉熙己亥新安吕午序
文,祝穆自序。(南皮張氏書,壬戌春見於日知報館)

新編四六必用方輿勝覽七十二卷首二卷 <small>宋祝穆輯</small>

方輿勝覽四十三卷,後集七卷、附分類詩文目一卷續集二十卷拾遺
一卷。

宋刊本,版匡高五寸六分,寬三寸一分,半葉七行,注雙行二十五字,
上空一格,實二十四字。大字一當小字二,細黑口,左右雙闌。前有嘉熙
二年兩浙轉運司牓文,又福建轉運司牒文,各集目前後有小啟,均録
於後:

"兩浙轉運司　録白:據祝太博宅幹人吴吉狀:本宅見雕諸郡志名
曰方輿勝覽□四六寶苑兩書,並係本宅進士私自編輯,數載辛勤。
今來雕板所費浩瀚。竊印恐書市嗜印利之徒輒將上印件書版翻
開,或改換名目,或以節略輿地紀勝等書爲名,翻開攙奪,致本宅
徒勞心力枉費錢本,委實切害。照得雕書合經使臺申明,乞行約
束,庶絶翻版之患,乞給榜下衢婺州雕書籍處張掛曉示,如有此
色,容本宅陳告,乞追人毀版斷治施行。奉台判備榜須至指揮。
右今出牓衢婺州雕書籍去處張掛曉示,各令知悉,如有似此之人,
仰經所屬陳告追究,毀版施行。故牓。　嘉印熙貳印年拾貳印月印
日牓　衢婺州雕書去籍處張掛　轉運副使曾　台押
福建路轉運司狀乞給牓約束所屬不得翻開上件書版並同前式,更
不再録白。"以上共一葉

"是編蒐獵名賢記序詩文及史傳稗官雜説殆數千篇,若非表而出
之,亦幾明珠之暗投。今取全篇分類,以便檢閱,其一聯片語不成
章者,更不贅録,蓋演而伸之則爲一部郡志,總而會之則爲一部文

集，庶幾旁通曲暢云。"此木記在引用文集目録之前

"今將每郡事要標出卷首，餘并做此，覽者切幸詳鑒！

郡名、風俗、形勝、土産、山川、學館、堂院、亭臺、樓閣、軒榭、館驛、橋梁、寺觀、祠墓、古跡、名宦、人物、名賢、題詠、四六。"此在前集目録之前

"今將兩淮州郡作後集刊行。西蜀及兩淮新復之境見此纂輯，續當鋟梓。引用文目已具前集卷首，更不重複。仍標出每郡事要如右。"此在後集目録之前

"是編亦既鋟梓流布矣。重惟天下奇聞壯觀見於文人才士之所記述者，浩不可窮，耳目所及幸而得之，則亦泰山一毫芒耳。因閱羣書，復抄小集，附刊於後，各以拾遺。每州各空其紙，以俟博雅君子續自筆入，或因鬻書者録以見寄，使足成此一奇書，蓋所深望云。"此在拾遺目録之前

卷四十三後有牌子，如下式：

"淮蜀見作
　後集刊行"

按：此亦市橋獻書之一。(日本帝室圖書寮藏書，己巳十一月十一日觀)

聖朝混一方輿勝覽三卷

明初刊本，十二行二十字，黑口四周雙闌。(癸丑)

聖朝混一方輿勝覽三卷

明初刊本。目録半葉十五行，本書半葉十二行二十字，注雙行。標題大字占雙行。(蔣孟蘋藏，甲寅六月初九觀于上海)

歷代地理指掌圖不分卷　題宋蘇軾撰

宋刊本，板式絕大，殆高九寸餘，半葉十八行，每行二十八字。前有蘇軾序，前人謂是託名者。後有總論，半葉十七行，每行三十字，白口，左右雙闌，版心上記字數。總論後有牌子一行，文曰：

"西川成都府市西俞家印"

按：余曾在廠市文友堂見之。明代有翻刊本。（東洋文庫石田幹之助藏，
己巳十一月十九日閱）

歷代地理指掌圖不分卷 題宋蘇軾撰

明刊本，十行二十字，白口雙闌，版心上方記書名，次記篇名。總論
後標題下有"毘陵陳奎刊"五字，是嘉靖刊也。前有淳熙乙巳中元日
浚儀趙亮夫茂德序於靜治堂，言假守桐汭，觀書籍中有此圖，字畫浸
不可攷，乃加校勘，命工鋟木，續有陞改，亦併足之云云。次眉山蘇
軾序，言歷考分志，參驗古昔，代別爲圖，著其因革同異，凡四十有四
云。全書自古今華夷總括圖始，至宋朝升改廢置州郡終，正四十有
四，然前有昊天成象圖，後有總論，則目錄不載也。圖後各附以説，
惟華夷總括及春秋列國二圖下注云"箋注附"，則文字較詳核。

有吳兔床騫跋，錄後：

　　"愚嘗疑此東坡之書而宋史藝文志及通志藝文略、晁氏讀書志等
　　皆無可攷，後見楊升菴丹鉛總錄云：'地理指掌圖、蜀人税安禮撰，
　　元符中欲上之朝，未及而卒，書肆所刻皆不著名氏，蜀本有涪右任
　　慥序，序極詳。'意始釋然。此本毘陵人所刊，蓋因舊本不著姓氏，
　　遂妄託文忠以欺世耳。當別求蜀本之有任序者攷之！乾隆壬辰
　　上元日兔床吳騫記"

　　"升菴之説本之文獻通考，然卽以是書證之，通考亦不能無誤也。"

　　"按：後升改廢置州郡有紹興三十二年者，上距元符已六十餘年，
　　安得云爾耶？然則其所謂税安禮撰者亦未可定其必然也。"

　　"費袞梁溪漫志云：今世所傳地理指掌圖不知何人所作，其攷究精
　　詳，詮次有法，上下數千年一覽而盡，非博學洽聞者不能爲，自足
　　以傳遠，然必託之東坡，其序亦云東坡所爲，觀其文淺陋，乃舉子
　　綴緝對策手段，東坡安有此語！最後有本朝陞改廢置州郡一圖，
　　乃有崇寧以後迄於建炎紹興所廢置者在，此豈出於東坡之手哉！
　　癸巳秋夜"

　　"按：絳雲樓書目有宋刻東坡地理指掌圖，費補之亦宋人，初不言
　　稅安禮著。"

目録：

古今華夷總括一箋注附　古今山水名號二　帝嚳九州三　舜十有二
州四　禹迹五　商九有六　周職方七　春秋列國八　七國壤地九
秦郡國天下十　劉項中分十一　西漢郡國十二　西漢異姓八五
十三　西漢吳楚七國十四　東漢郡國十五　三國鼎峙十六　西晉
郡國十七　東晉中興江左十八　劉宋南國十九　蕭齊南國二十
蕭梁南國二十一　陳氏南國二十二　元魏北國二十三　高齊北國
二十四　後周北國二十五　隋氏有國二十六　唐十道二十七　唐
郡名二十八　唐十五採訪使二十九　唐藩鎮疆界三十　朱梁及十
國三十一　後唐及五國三十二　石晉及七國三十三　劉漢及六國
三十四　郭周及七國三十五　天象分野三十六　二十八舍辰次分
野三十七　唐一行山河兩戒三十八　雜標地名三十九　宋朝太祖
肇造四十　宋朝太宗統一四十一　元豐頒行九域四十二　宋朝化
外州郡四十三　宋朝升改廢置州郡四十四。

鈐有"章氏圖書"、"然明氏"、"吳郡城隍神廟東偏審是堂徐氏書畫
記"、"兔床山人"各印。（庚午）

余昔年曾見一宋本，乃成都所刻，卷末有記字一行，聞是日本人郵置
廠市裝璜者，昨歲在東京尚及見之，版式正與此同，則此刻爲翻宋本
可無疑也。費補之言非東坡所爲，兔床亦不信爲稅安禮著，然宋南
渡初人撰述耳。趙亮夫序言舊本漫不可省，重鋟，續有陞改亦併足
之，則圖中及於炎興改置州郡或爲趙氏所增，亦未可遽定爲非稅氏
所撰也。姑志於此，以竢博考。沅叔附記。

歷代地理指掌圖不分卷　題宋蘇軾撰

明刊本，十行二十一字，全書不分卷，一百二十六番長號頭。爲圖四

十四,圖各有説。前有眉山蘇軾序,齊東野語已辨其爲託名,蓋聖朝升改廢置州郡説内已及建炎、紹興年事矣。然敍述有法,圖亦簡明。

按:此書傳本絶少,此刻無年號,當是明萬曆時本也。(己未夏得于杭州述古齋)

大明清類天文分野之書二十二卷 缺二十至二十二凡三卷

明初刊本,八行二十字,黑口,四周雙闌,大字如錢,頗悦目。前有凡例及目錄,凡例後有"洪武十七年歲次甲子閏十月二十七日進"一行。

其書以直隷府州縣及十三布政司遼東衛府州縣數分配十二分野星次,實卽大明一統志也。

鈐有徐渭、項墨林及"古潭州袁卧雪廬收藏"白文各印。(甲戌見)

明季郡國利病全書一百二十卷 明顧炎武撰

清乾隆時吳郡人士所寫。内有顧荍手寫一册,翰墨工雅。餘卷亦多署寫者姓名,字亦雅麗。(余藏)

歷代宅京記二十卷 明顧炎武撰　　　　　　△二二四五

舊寫本,十行二十八字,前徐文元序。後有男衍生誌。有丁杰跋錄下:

"按亭林先生嗣子衍生跋云:'復錄二本,一贈靖逆侯。'靖逆侯不知何人,浙江采集遺書總錄閏集第八十六翻有張襄壯公奏疏六卷,云國朝靖逆侯西安張勇撰,皆爲奏績疆場及歷辭封號諸疏,據此則衍生贈書之靖逆侯似卽張襄壯矣。此書浙江進本只一册,蘇州志亦云今傳寫本六卷,蓋總序二卷關中四卷而外,自洛陽以至遼陽世人罕見也。特未知此本卽出靖逆侯家否?　丁小疋　後讀鈕氏秦觚,知靖逆侯爲秦人,近代儒將也。"

又張敦仁跋,朱筆,錄後:

"敦案:此書所引三輔黃圖,雖中不無删削,然前後錯見大□俱在,

較之靈岩山館所刻黃圖本互有異同,亦互有得失。兹就其傳寫脱
誤校然明顯者,依畢本改正,餘則一仍其舊。蓋三輔黃圖自宋以
來傳本不一,所據各異,正未可以彼而議此也。壬子閏月廿六日
燈下識"(陳立炎書,辛未三月收,價一百元)

忠謨謹按:此書有跋,收入藏園羣書題記初集卷三。

歷代宅京記二十卷　明顧炎武撰

舊寫本。彭元瑞手校。(盛伯羲遺書。壬子)

一統志案説十六卷　清顧炎武撰

崑山顧亭林原本,徐乾學纂,吳兆宜抄。有道光順德張青選序,言爲
姚春木所贈。(徐枋遺書。癸亥)

肇域記六卷　明顧炎武撰　　　　　　　△八〇七七

清韓應陛屬王雪舫影鈔潄喜園藏本,并録黃蕘圃弄烈跋。又錢竹汀
大昕跋,未完。(癸酉十一月十二日見,周叔弢藏)

肇域志八册

傳寫本。徐積餘乃昌所藏,後歸繆藝風荃孫。原書二十册,每册四十
餘葉,葉三十行,行五十餘字,小如蠅頭,缺北直隸及江西四川兩布
政司。此帙所存僅南直隸一省耳。

自序、梁同書跋、阮元跋、梁章鉅跋、程瑤田跋、吳鍾駿跋、□定跋、吳
榮光跋、胡虔跋、姚椿跋二則、許慶宗跋、劉韻珂跋、楊象濟跋、高學泗
跋、張曜孫跋、汪士鐸跋。(庚午)

欽定皇輿全覽□□卷　存三十九卷,三十三册

清康熙時内府刊本,卷數不詳,内府書目亦不載,現存三十九卷,凡
三十三册。半葉九行二十二字。其書以京師爲主,自京師至各省詳
載經過州縣道里山川名勝古迹及古來詩文,以備采用。如直隸十
卷:卷一京師至盛京錦州寧遠縣界,經過二府、十州縣、一衛。卷二
京師至山東濟南府德州陸路,經三府十一州縣。卷三京師至山東東

昌府武城縣界水路,經二府十州縣一衛。卷四京師至河南彰德府磁
州界,經五府二十一州縣。卷五京師至山西太原府平定州界,經三
府十四州縣。又山西太原府五台縣界、經三府十一州縣。又京師至
保定府易州紫荆關,經二府五州縣。略如輿地紀勝之類,但以蹕路
爲經,以道里山川爲緯,似備當時乘輿巡方謁陵途中披檢撰擬文字
之用。編輯次第頗有法,采録尤爲繁富,真有用之書。刊工極精,如
佩文韻府之式,但不審何人所編何時所刻耳。前有直隷九府邊幅里
數,大率每府皆如此也。(陶湘涉園藏書,癸酉歲見)

忠謨謹按:此書有跋,收入藏園羣書題記三集卷二。

以上總志

天府廣記四十四卷 <small>題都門八十歲老人孫承澤纂</small>

舊寫本。卷目録後:

卷一建置、形勝、險隘、分野、風習,卷二府治、城防,卷三學宮、武學、
書院、國學,卷四城池,卷五宮殿、後市、鼓院,卷六郊壇,卷七山川
壇、地壇、朝日壇、夕月壇、先農壇、先蠶壇,卷八社稷、宗廟,卷九帝
王廟、文廟、廟祠,卷十官署、六科、尚寶司,卷十一宗人府,卷十二吏
部,卷十三户部,卷十四倉場,卷十五禮部,卷十六禮部,卷十七禮
部,卷十八兵部,卷十九兵部,卷二十工部,卷二十一工部、寶源局,
卷二十二刑部,卷二十三都察院,卷二十四大理寺、通政司,卷二十
五詹事府,卷二十六翰林院,卷二十七太常寺、四譯館,卷二十八太
僕寺、南太僕寺、統論苑馬茶馬、苑馬寺、茶馬、御馬監、國子監,卷二
十九欽天監、觀象台,卷三十鴻臚寺,卷三十一太醫院、行人司、上林
苑、衍聖公府,卷三十二五軍都督府、錦衣衛,卷三十三人物,卷三十
四人物,卷三十五嚴簏,卷三十六川渠,卷三十七園亭,卷三十八寺
廟,卷三十九石刻,卷四十陵園,卷四十一賦,卷四十二詩,卷四十三
詩,卷四十四詩。

按：此與春明夢餘録近似。惟春明夢餘録分七十卷，此則四十四卷，
此一異也；春明詩賦附逐卷内，此則列之卷末，分爲四卷，此二異也；
春明分八十二門，此則分七十門，省併增益，各有不同，此三異也；每
門之内文字互有詳略，此四異也。竊意此二書出於一稿，成書時各
爲之增删改編，故差異如此之甚也。沅叔。(丁卯)

〔乾隆〕永清縣志二十五卷　清章學誠纂修

清乾隆四十五年刊本，纂修爲章學誠，殊少見。(己未)

〔嘉靖〕固安縣志九卷　明蘇志皋纂輯

明嘉靖四十四年刊本，九行二十字。題"右副都御史縣人蘇志皋纂
輯"。前有嘉靖乙丑自序，後有知縣河内何永慶篆書序。目列後：
卷一象緯、方輿二宫室、三食貨、四秩官五、六人物、七藝文、八附録、九拾遺
鈐有"繡谷亭續藏書"白文印。(癸亥)

〔嘉靖〕遼東志九卷

明嘉靖刊本，九行十八字，大黑口四周雙闌。晉安龔用卿序，又寧都
董越序，東魯畢恭序。次目録。後有新河陳寬序弘治紀元，汝南王祥
序景泰元年，武進吳希孟序，閩人薛廷寵序，古澶史褒善跋。
鈐有"孚氏藏書畫印"、"汪魚門藏閲印"。(乙亥二月)

〔景定〕建康志五十卷　宋周應合纂修　　　　　△三八五九

舊寫本。九行十九字。封面有"嘉定潛擘堂錢氏鈔本"及印記，卷目
皆竹汀先生手蹟，蓋錢氏鈔本也。
鈐有"黃鈞"、"次歐"、"小學齋"各印。
考：此本卷二十二末半山園後比刊本多半葉，增二百餘字。(辛未三月
見)

〔至正〕金陵新志十五卷　元張鉉纂修　　　　李□四六七五

元至正刊本，大版心，九行十八字。版心記字數及刻工姓名。有集
慶路牒文十一葉。鈐有馬玉堂藏印。(李木齋藏書。壬子)

吳地記一卷 題唐陸廣徵撰 後集一卷　　　　△八〇八六

清張海鵬刊學津討源本。唐鷦安翰題以舊寫本校，録有錢竹汀大昕跋。

"大明萬曆二年歲次甲戌六月朔旦郡理泰和龍公宗武捐俸繡梓，版留長洲錢氏懸磬室。

此抄錢氏所藏之龍宗武刊本，今亦藏敬亭孫明府處，并借校一過。"下鈐"鷦安校勘秘籍"。（蘇估柳蓉春書，曾借校。後集未校）

吳郡圖經續記三卷 宋朱長文撰

宋刊本，半葉九行，行十七至十九字不等，白口左右雙闌。版匡高六寸二分，闊四寸三分。版心題"續圖經"三字，下記刊工姓名。白紙初印。内三葉錢磬室縠手寫補完。有黃丕烈、翁同龢跋。鈐有葉盛、徐乾學、汪士鐘各印。（汪鳴鑾藏書。癸丑）

吳郡圖經續記三卷 宋朱長文撰

乾隆二十四年裔孫朱鏞刊本。黃丕烈據錢磬室縠刊本校，又以影宋本校，有跋。（已具蕘圃題跋中，不更録）

咫進齋姚彥侍舊藏，有印記。今歸陶蘭泉。（庚午八月）

吳郡圖經續記三卷 宋朱長文撰

明錢叔寶縠寫本。有顧廣圻、黃丕烈跋。（壬子歲見。張菊生書）

吳郡圖經續記三卷 宋朱長文撰

舊寫本。有人以宋本校過。有黃丕烈跋語，又嘉慶癸亥顧廣圻記。云與黃氏易得者。又有題云：

"大明萬曆二年歲次甲戌六月朔旦郡理泰和龍公宗武捐俸繡梓，版留長洲錢氏懸磬室。"

按：錢氏刻本絕少見。（涵芬樓藏書。己未）

吳郡圖經續記三卷 宋朱長文撰　　　　△二六五九

清寫本，十行二十一字。卷中下二卷原缺，翁松禪師同龢據汪柳門鳴

鑾藏宋刊本補録。又補書序一首，卷末録黄丕烈、胡珽二跋，米芾樂
圃先生墓表。録後復以宋本再校，附手識七行。（邵和甫藏，後以遺余）

忠謨謹按：此書有跋，收入藏園羣書題記續集卷二。

吳郡志五十卷　宋范成大撰

宋紹定刊本，半葉九行，行十八字，白口，左右雙闌，板心下記刊工姓
名。字體方嚴，間有抄配，亦極精。（癸丑）

〔洪武〕蘇州府志五十卷　明盧熊纂修　缺葉毛氏汲古閣影補

　　　　　　　　　　　　　　　　　　　△一一四八二

明洪武刊本，半葉十三行，行二十三字，黑口，四周雙闌，版心上記字
數，下記刊工姓名。前有洪武十二年金華宋濂序，次目録。目後圖
説一卷，凡十八圖。一、春秋吳國境，二、秦漢會稽郡，三、東漢吳郡，
四、三國六朝郡境，五、隋唐五代州境，六、宋平江府境，七、元平江路
境，八、本朝蘇州府境，九、蘇州府城，十、蘇州府治，十一、蘇州府學，
十二、吳縣界，十三、長洲縣界，十四、崑山縣界，十五、常熟縣界，十
六、吳江縣界，十七、嘉定縣界，十八、崇明縣界。卷一、沿革分野疆
界，卷二、山，卷三、川，水利，卷四、城池鄉都，卷五、坊市，卷六、橋
梁，卷七、園第，卷八、九、官宇，卷十、賦口稅賦，卷十一、賑貸廩禄，
卷十二、學校，卷十三、貢舉，卷十四、兵衛，卷十五、祠祀，卷十六、風
俗氏族，卷十七、封爵旌表，卷十八至二十、牧守題名，卷二十一至四
十一、人物，卷四十二、土産，卷四十三、古跡、寺觀，卷四十四、冢墓，
卷四十五、異聞，卷四十六、考證雜志，卷四十七、四十八、集文，卷四
十九、五十、集詩。

鈐有："汲古閣"朱、"西河"白、"石韞玉印"白、"琢堂"朱、"凌波閣藏書
印"朱、"吳中石氏凌波閣藏書"朱、"田耕堂藏"、"泰峰所藏善本"朱、
"慶餘堂印"白諸印。

卷末黄筆書"婁水宋賓王校補"一行。缺字經宋氏填補。

按：此志四庫未收，阮氏亦未進呈，於吳諸志中最爲罕覯。余壬子春獲之蘇估楊馥堂手。捨此本外，海虞瞿氏藏一本，有宋賓王跋。日本靜嘉堂藏一本，有朱彝尊跋、黃丕烈舊藏。顧鶴逸麟士藏一本，余癸丑歲代收于翰文齋。計當世所存僅此四本耳。

忠謨謹按：此書有跋，收入藏園羣書題記續集卷二。

〔正德〕姑蘇志六十卷　明吳寬、王鏊、杜啟纂修

明正德刊本，十行二十字，白口，左右雙闌，版心上記字數，魚尾下記蘇志幾，下記葉數。首正德元年王鏊序。謂成化間丘霽守蘇，延劉昌、李應禎、陳頎修志，丘罷事已；弘治中史簡、曹鳳繼爲之，延都穆張習修，而決於吳寬，史、曹死而罷；今林世遠守蘇，乃以委鏊，聘七人，會范盧二志，參以諸家，裨以近事，閱八月成，得六十卷云云。次范志序，盧志序，成化十年劉昌姑蘇郡邑志序。即丘霽修而未成者。次修志名氏，吳、王、杜啟外，有浦應祥、祝允明、蔡羽、朱存理、文壁、邢參等人。

全書多沿用盧志正文，而以雙行注補詩文於下。卷二十一官署內府治條稱嘉靖間火云云，可證經嘉靖修補。

〔至正〕崑山郡志六卷　元楊譓纂修

舊寫本。浦城楊譓纂。有至正四年秋七月泰定李黼牓賜第二甲進士會稽楊維楨敘。鈐有丹鉛精舍印。(辛酉)

〔嘉靖〕崑山縣志十六卷　明方鵬纂修

明刊本，八行十八字，大字，刊刻甚精。有嘉靖十七年邑人方鵬所撰自序。前有圖五幅。

鈐有："吳城字敦復""汲古閣"等印。(翰文齋送閱。壬戌)

〔咸淳〕毗陵志三十卷　宋史能之纂修　存卷七至十九、二十四，合十四卷，餘抄配

宋刊本，半葉九行，每行二十字，白口，左右雙闌，版心記字數。

按：此書版式闊大，字體整齊，雖鈔補過半，要是俊物。其卷十二第四葉有缺葉，而末葉號數復挖改，卷十三缺第四葉。趙味辛懷玉刊本皆接連而下，其誤甚矣。（日本靜嘉堂文庫藏書，己巳十一月十三日閱）

〔咸淳〕重修毗陵志三十卷　宋史能之纂修

清寫本，九行二十字。鈐有汪士鐘印。（癸丑見）

〔正德〕常州府誌續集八卷　明錫山張愷著

明正德刊本，九行二十字，黑口，四周雙闌。前有愷自序，題爲正德八年歲在癸酉中秋日致仕運使錫山後學張愷識。

卷一、地理、城郭、坊市、橋梁。詔令、官寺、府縣治、公館、察院、諸司廨舍、倉庫。食貨。戶口、財賦、課程。　卷二、職官。封統、祿秩、官績、題名。　卷三、文事、學校、甲科、鄉試、歲貢、例貢。武備、氏兵、教場。山川。河、泉、瀆、港、沙、堰。　卷四、人物。名宦、忠節、孝友、文學、遺逸、列女、方伎。　卷五、宮室。堂亭、樓閣、館驛、祠廟、寺院、陵墓、祥異。　卷六、詞翰。碑、記。　卷七、詞翰。記、序。　卷八、詞翰。詩、碑碣、雜著、摭遺。（辛巳正月廿三日攜歸錄副）

無錫志四卷　題元王仁輔撰　　　　　　　　　李□八八五二

明初刊本，十行二十字，白口，左右雙闌。卷三分上下，卷四分上中下三卷。鈐有翰林院大官印、古潭州袁臥雪廬收藏白文印。

按：此書字體寬博，有元代風，當是洪武所刊，第殘蝕太甚，未免減色耳。（李木齋書，押于周叔弢家。丁丑五月十日借歸一校）

〔弘治〕徽州府志　存第十一、十二兩卷并補遺

明成化刊本，九行二十三字，大黑口，四周雙闌。卷中文皆雙行夾注。刊工樸雅。（甲戌）

〔嘉靖〕太原縣志六卷　明高汝行纂輯

明嘉靖間邑人高汝行纂輯，邑人王朝立校正。天啟間重修。天啟刊本。前有嘉靖辛亥太原府知府汝南張祉序，天啟丙寅太原縣知縣關

中屈鍾嶽重修序。後有嘉靖三十年三月邑人高汝行跋。序後凡例
五則。

卷一：沿革、分野、疆域、風俗、形勝、山川、城池、堡塞、坊郭、鄉鎮、橋梁、烽堠、公署、
學校、郵舍、倉場、壇壝、宮室、祠廟、陵墓、寺觀、土產、戶口、田賦、土貢、徭役、屯莊、水
利、古蹟、景致、名宦、職官。凡三十二門。卷二：寓賢、人物、科貢、恩封、恩蔭、
武階、吏、坊門、貞烈、仙釋。凡十門。卷三：祥異、雜志、遺事。凡三門。卷
四：聖製。卷五集文。卷六集詩、碑目。(壬午)

〔嘉靖〕榮河縣志二卷　題應天後學宋綱編輯

明墨格棉紙寫本，十行二十二字。前有嘉靖十七年戊戌平陽府蒲州
猗氏縣儒學教諭應天後學宋綱自序，言榮河舊無志，大巡舜澤蘇公
按臨，命編纂，因按通志所載，改諸經史，詢諸耆舊，撮其體要，分為
八綱，統目四十有三，附刊詩文碑刻。唐令縉遂捐俸鋟梓云云。卷
一為疆域、山川、田賦、祠祀、建設、古迹、官守、人品八志，卷二為集
文題詠及頌疏記銘敘各類。

鈐有抱經樓朱文印，四明盧址遺書也。(己巳九月)

〔嘉靖〕山東通志四十卷　明陸釴、陳沂纂修

明刊本，大板心，十行二十字。有嘉靖癸巳巡按山東監察御史新安
方遠宜序，山東布政使司右參政楊維聰序，左參政陳沂序，山東按察
副使提督學政陸釴序。

按：據各序，此志主撰者為四明陸釴，而陳沂副之，取正德時中丞白
沙黃公志稿及嘉靖余副憲子華志草十二卷為底本，為卷四十，為類
五十二，為附類十。蓋山東六郡志成書莫先於此矣。(己未)

〔嘉靖〕登州府志十卷　郡人吳昶、張詡、王言、吳國相纂修

明刊本，九行十八字。前有嘉靖庚申王言序。

卷首圖，卷一沿革表、職官表、選舉表。卷二天文志、星野、災祥。卷三地理志，
疆域。卷四地理志，風俗。卷五地理志，建置。卷六地理志，田賦、海運。卷七

人事志，封建。卷八人事志，戎祀。卷九人事志，人物。卷十人事表，藝文、識異附。（天一閣佚書。乙卯）

〔嘉靖〕高唐州志七卷 　知州龍泉胡民表、州同知義烏金江撰

明刊本，九行二十字。有嘉靖癸丑金江序。

卷一圖表，卷二天文志，卷三地理紀，卷四政治述，卷五列傳，卷六藝文類，卷七雜述紀。（天一閣佚出書。乙卯）

〔成化〕河南總志二十卷 　缺卷二十

明刊本，九行二十四字，黑口，四周雙闌。前成化二十三年劉欽謨序，成化甲辰會稽胡謐序，圖九幅，凡例二十五則。卷目如下：

一諸王府，二三司，三、四開封府，五汝寧府，六南陽府，七河南府，八懷慶府，九衛輝府，十彰德府，十一汝州，十二聖製，十三至十七集文，十八集詩，十九碑目，二十書目。（甲戌）

〔萬曆〕濮州志六卷 　明李先芳纂修　　　　　　　△二一八一

明萬曆十年刊本，九行二十字。題賜進士尚寶司少卿郡人李先芳編次。前有嘉靖丁亥郡人李廷相舊序，次萬曆壬午順陽李蓘序。次凡例十二則。卷一疆域、圖表、星野、古蹟、河渠、帝系表、帝紀、世家、年紀，卷二賦役、學校、兵防、職官、貢舉、科第，卷三名宦、鄉賢，卷四孝友、明經、貨殖、仙釋，卷五藝文，卷六文，附北山野史傳。（余藏）

忠謨謹按：此書有跋，收入藏園羣書題記初集卷三。

雍大記三十六卷 　明何景明撰

明嘉靖刊本。有吳岫、張獻翼題識録後：

"大復氏大記之作足以當關陝全志哉，且其考據核而精，其論詳而要，鋪敍得史家法，而文詞爛然，關陝全志中之佳品哉。若其首補以疆里山川之圖，末標以地產之所出，而釋老二氏之故迹兼不遺焉，則使後有作者，予亦不欲觀矣。姑蘇吳岫識。"

"萬曆改元張獻翼借展，豈惟方輿指掌於□地哉，蓋有良史才矣。"

鈐有"吳岫書籍"宋字朱記、"姑蘇吳岫家藏"、"姑蘇吳岫塵外軒讀一
過"朱、"張獻翼章"、"別字幼予"。又季滄葦各印,天禄琳琅各璽印。
(戊辰)

長安志二十卷　宋宋敏求纂輯　**圖三卷**　元李好文撰

明嘉靖十一年李經刊於西安,十行二十字。

有李文藻跋,並録朱彝尊跋,録後:

"'韋述東西京記世無完書,宋敏求本之撰河南、長安二志,世稱其
該洽。長安志舊有雕本,字畫麄惡,斯編借録於汪編修文升,善本
也。惜乎河南志不復可得,爲之憮然。金風亭長彝尊識。'乾隆己
丑八月十九日李文藻於曝書亭集録此跋。其所謂字畫麄惡者,卽
此本也。暇日亦擬求好手另鈔之而去其後序。"

鈐"大雲山房"朱、"南澗居士"朱、"李文藻印"白。(盛氏書,壬子見,索六
十)

長安志二十卷　宋宋敏求纂　**圖三卷**　元李好文撰

影寫明成化本,十二行二十二字。抄頗精妙。(盧氏抱經樓藏。癸丑)

〔天啓〕渭南志十六卷　明南師仲

明天啓刊本,十行二十字。標題如下:

"明中順大夫浙江紹興府知府邑南火吉撰　朝議大夫山東布政司
左參議姪南軒續編　奉議大夫右春坊右庶子兼翰林院侍讀姪孫南
師仲增訂　文林郎知渭南縣事西蜀徐吉參閱"

有天啓元年知渭南縣事内水徐吉序,嘉靖辛丑巡撫河南僉都御史富
平李宗樞序,萬曆庚寅原任渭南令順天府丞東明崔邦亮序,萬曆庚
寅山西按察司副使邑人薛騰蛟序,萬曆庚寅山東布政司左參議邑人
南軒序,萬曆庚寅兵科給事中南吏部尚書邑人孫瑋序。卷一、二封
域志,三建置志,四祠祀志,五食貨志,六、七官師志,八至十二人物
志,十三節義志,十四選舉志,十五遷寓志,十六紀事志、藝文志。末

有天啓改元南師仲自序，又南企仲後序。（癸酉八月十日記，文友堂見）

〔正德〕武功縣志三卷　明康海纂修

明正德刊本，十行二十四字，白口雙闌。前有正德己卯涇野呂柟序，次何景明序，次目，次圖，末有湆西子自識三行。

有林吉人佶跋錄後：

> "武功志出康對山先生筆，最爲善本，其翦裁紋事最得法，近代志中之董狐也。先公令三原得此本，後人其寶藏之。康熙四十二年癸未小春鹿原佶力疾識"

> "朝邑志爲韓五泉筆，與此志並稱，先輩讚其巨麗，惜未得，姑俟異日至秦訪之　佶再識。"

收藏鈐有"鄭氏注韓居珍藏記"、"鄭杰之印"、"名人杰字昌英"、"鹿原林氏藏書"、"林佶之印"、"吉人私辭"、"樸學齋印"各印記。（庚午）

〔乾道〕臨安志十五卷　宋周淙彥廣撰　存卷一至三

舊寫本，九行二十字。鈐有"汪喜孫孟慈印"、"小字阿買"、"師竹齋圖書"各印，並繆氏藝風堂藏印。（古書流通處送閱）

〔咸淳〕臨安志一百卷　宋潛說友撰　存九十五卷，内抄配十二卷

宋刊本，版匡高九寸四分，寬六寸二分，半葉十行，每行二十字，註雙行，白口左右雙闌，版心上記字數，下記刊工姓名。有黄丕烈手跋四則。

按：此書版式寬展，寫刻工整，杭本之良也。（日本静嘉堂文庫藏書，己巳十一月十三日閱）

咸淳臨安志一百卷　宋潛說友撰　存二十二卷

宋刊本，十行二十字，註雙行同，白口，左右雙闌。版心上方記字數，大小分左右。下方記人名，有陳升、陳茂、陳松、盛允中、尤明、尤有明、徐璟叔、王春馬、王垚、張中、伍于、翁正、毛粹、毛梓、范實賢、梁建、成盛、詹周等。避諱極謹，即舊諱亦註明。存卷如下：

二十、二十一、二十四、二十五、三十三抄、三十四抄、三十五、七十五、七十六抄、七十七抄、七十八抄三頁又補綴、七十九抄。

鈐印有："寶"圓印、"季滄葦圖書記"、"珊瑚閣珍藏印"、"宋存書室"、"海源閣"、"宋存書室"、"楊氏緦卿平生真賞"、"海源閣藏書"。

按：此海源閣散出之書，王獻唐見之濟南肆中，因代爲購得，計耗去四百金。前歲曾收得五册，亦刻鈔各半，爲卷三十六、三十七、三十八、三十九、四十抄、四十一抄、四十二抄、四十三抄、四十四抄、四十五抄。

今日趙萬里又送八册來看，索八百金，別記之。

忠謨謹按：此書別有跋，收入藏園羣書題記初集卷三。

咸淳臨安志一百卷 宋潛説友撰　殘本，存十六卷

宋刊本，十行二十字，註雙行同，白口，左右雙闌，版心上方記字數，大小分左右。下記刊工人名。存卷如下：六十、六一抄、六二抄、六三抄、六五至七四、八十、八三。內只卷六十一至六十三抄補，凡三卷，餘均刊本。（癸酉八月趙萬里持售，索八百元）

咸淳臨安志三函 宋潛説友撰　刻本十一册，鈔本七册。共三十二卷，內鈔本十五卷

宋刊本。存卷一至八七、八鈔配，卷九至十九九、十、十六至十九鈔配，然卷十六圖刻本，卷八十四至八十九，卷九十一至九十七鈔配。

序首葉版心下有"作頭趙某"小字，字不甚可辨。

咸淳臨安志一百卷 宋潛説友纂修　存卷一至六十三，六十五至八十九，九十一至九十七，共九十五卷　　　　△一一〇一七

清花山馬氏道古樓寫本，烏絲闌，十行二十字。吳尺鳧焯手校，蔣蔣村又補校。版心有"花山馬氏道古樓抄"八字，蔣蔣村補圖，有"西湖蔣氏小雲寶館補"九字。各卷識語擇其有關版刻及地方史事者錄如下：

“□□無事静坐鑒閣簷前垂絲盛□華光艷目披校終卷、戊戌上巳日”_{卷一末}

“嘉慶戊辰七月石樵爲蔣村校”_{卷一後}

“從花山馬氏道古樓借下半部録畢，近復假得上半部手自參校。宋版校過，譌字差盡，卷而藏之，可寶也。康熙己亥中秋前三日焞記於繡谷亭”_{卷四末}

“己亥中秋前一夕月光澄皎，金粟香清，點筆夜分始罷。此卷可備宋一代官制”_{卷七末}

“登聞鼓院南宋但置院而無鼓，以鼓在汴京，兹不復設，見周煇清波別志。”_{卷八末}

“似道權姦誤國，千古痛恨，當時附麗之徒，極口稱揚，腥穢滿紙，至今讀者猶有餘憤。後村、放翁皆一代名流，而玷名於此，所以君子立言不可不慎。然而審時度勢，殆有難焉者，薛方山名代儒流，而撰浙江通志，紀援倭功，載分宜諸作，亦與此穢志貽譏於後，可哀也已。己亥中秋日繡谷亭主焞”_{卷十末}

“振興學校，時王善政，宋代於此加詳，宜其□儒輩出也”_{卷十一末}

“四至八到，宋人撰輿地志皆詳列，便稽核也。諸圖宋本已失，殊爲可惜。”_{卷十七末}

“卷內諸圖原本已失，先君子深以爲惜。近小山趙氏購得宋槧本半部，其圖具在，誠夫爲畫九頁見遺，余拜而受之，殊喜此書之完善而追先子之不及見也，展書不禁潛然。己未冬日吳城記”

“郡縣境詳四至八到，所以分經畫紀王程也。後之職志者多失之，卽有存者，參差互易，蓋其法必前後對同，庶免牴牾之病。至先後沿革，尤宜分晰周詳，未可草率從事，讀此卷可以爲法。己亥八月十九日燈下書”_{卷十九末}

“地名多改易，惟橋梁大半尚存。”_{卷二十一末}

"王洲之橘唐代充貢，今富陽不聞有此。杭地橘之佳者無過塘栖，而當日虞淵簿録又未之載，古今物産不同如此。癸卯初秋檢南宋遺事因記。蟬花居士"卷二十三末

"外縣諸山與後來成化志所載微有不同，此古今地理之遷移，故當細檢之。"卷二十六

"古今滄桑更變，惟山不易，然余讀元和志載錢唐有界石山，其名已不見於此志，後之作志者並此書亦未之見，則古來山名之湮没者正多矣。嗟乎！山猶是耳，其名則亡，亦有更易其名而重出互見者，所以職志事當細核也。己亥八月廿又三日南山尋桂歸，手披此卷。"卷二十七

"陶翰至漁浦詩：'樟亭忽已隱，界峰未及觀。'釋皎然有界石守風望天全靈隱二山詩，則界石當爲艮石山，今其地不可攷。猶志中欽賢鄉有石壁山，今亦莫知其處。蓋地名之顯於昔而晦於今者多矣。十四日閲並記　炯"

"紹弓學士云：宋刻買魏公上俱空一格，臣也而擬於君矣。當悉仍之，以著其謟至越分亦有所不恤矣。十四日閲畢並録存其語，以見門生恩父士節埽地，不獨一陳自强也。炯"

"海濤江塘是浙中第一要害，官斯土者宜經意也。"卷三十一

"古無白公堤之名，見於白公錢唐湖石記者甚明，此志中作孤山路者是也。卽蘇公亦經呂惠卿奏毁，咸淳中復置，當亦非坡公之舊。後來修志者不考舊文，率爾淄載，深可慨嘆。數十年來湖葑漸合，近復爲居民佃種，漸致豪强兼併，無復有過而問焉者。讀坡公浚湖諸條奏，令人追憶前賢芳躅云。己亥八月廿又五日"卷三十二末

"秩官表最爲明晰，凡除罷月日，了然可考。後之作志者，於職官僅登其名，而歲月漫無所稽。此後人之所以不及古人也。"

"南渡以後，一歲之中官數遷轉，朝家何以收用人之效乎！今制，

牧民者必久於其任，論俸資深，更經考察，始予遷轉。蓋久則熟於
民情，宜於土俗，三年有成，不失撫字斯民之道也。己亥九月三日
校宋版志上部一半畢。繡谷亭吳焯記"卷四十八

"府治舊在鳳凰山，宋南渡建行宮，徙於今處。其間故迹，賴有諸
記可考。本朝修郡治（志），脫略殆盡，惟夏大理成化志猶及見此書
之全，故能不失當時規矩。己亥八月十日再記"卷五十二

"靈隱山下有錢唐故治，此説自古有之，揆其地勢當必不爾。"卷五
十四

"初八夜校時漏三下。上蘭里人"卷五十五。沅叔按：此是蔣氏語。

"志稱葱出板橋蘿蔔出西溪爲勝，今兩地絶不聞產，何也？惟馬塍
山茶瑞香猶盛如昔耳。初九日閲。上蘭里人"

"卷內釐俓等當從原刻。卷末編卷數只隔二行，此宋版式也。燈
下復校再書"

"紹弓學士云：爲民代輸亦是美事，不可以好名議之。亦足見當時
牧守之力有餘，故能耳。蔣郇"

"初九日夜以抱經盧氏本合較於鋤經樓，從盧本增入者凡七字，而
盧本所無以此增入者計一百八十四字，蓋此本足而盧本多闕也。
同一校宋本而詳略不同如是，誠以鼠嚙蟲蝕之餘，不獨魚豕多訛
也。蔣郇"

"穀雨前一日從秦亭汲塊泉回，試龍井新芽旗槍嫩葉，風味可人。
北宋朝吾杭貢茶只稱寶雲、香林、白雲，今天竺產絶不佳，惟龍井
獨勝，古今地土不同如此。今日校人物志二卷。"卷六十三

"七月晦日校淮海雪齋記，宋搨余曾在京口張氏見之，當時刻於西
林也。"卷七十七

"余昨年修錢唐邑志，以曹松隱六和塔記屬裘庶常蔗村纂入志中。
今日校此卷，是以在焉，因以松隱集摹對，凡正誤數處。此書搜録
之廣實爲可愛，惜往時修吾郡志乘者多未見此，良可歎也。潮生

日記"卷八十三

"園亭撝録未盡，古蹟體裁猶未爲善也。戊戌八月盡日再題"

"自八十一卷至八十三卷以紹弓學士校宋本合校於鋤經樓。其兩本所改互異處，則分註於下，至般若院吳本抹去"大中"，改"大中祥符元年"，盧本則乙去大"中祥符元年"，仍稱"大中十一年"、"祥符元年"。按宋史真宗景德四年後改大中祥符爲元年，無止稱大中及祥符之理。且大中祥符止九年，後改爲天禧元年，亦無十一年之理。吳氏所改爲近似，而"大中十一年"疑宋刻或有訛脱，故兩本不同耳。其曹松隱六和塔記則吳本所改但依集纂對，盧則尚仍宋刻之舊。十三日申刻閱並記　蔣邨"

"自八十一卷至此卷原係鈔本，其間字畫少有疑誤處，凡見於文集者都爲參校。閏八月五日青蘿室桂華下書"卷八十九

"紀事諸條異聞殊少"卷九十二

"□□□朝野僉載影抄宋本與時……古版之可愛如此，昨年校……文頗有與此牴牾惜……不能盡改，余雖不受……愧矣。閏秋二十有六日記"卷九十七

"採撝之富□□□書，惜乎藝文與碑版三卷缺焉。合浦珠沉，延津劍化，不知猶有尚在人間否。康熙戊戌重九重展因書"

"是日校咸淳志下半部畢。繡谷主人"

"卷中所録詩文重校一通，誤字差盡，戊辰年小谷重校。"

卷五十後七葉，卷六十五、六十六兩卷蔣邨草堂補鈔。卷七十後脱孝感拾遺一葉有半，蔣邨補完。各卷鈐印記於下方："繡谷熏習"朱、"性命以之"朱、"西泠吳氏"朱、"鵝籠生"朱、"吳焯"白、"尺鳧"朱、"願流傳勿污損"朱，以上皆吳氏印，又有"曾爲徐紫珊所藏"朱文長印。（趙元方藏書，持以相示，己卯十二月十四日記）

〔咸淳〕臨安志一百卷　宋潛説友纂修　缺卷六十四、九十、九十八至一百，計五

卷　　　　　　　　　　　　　　　　　△一一〇一八

清盧抱經_{文弨}鈔本，十行二十字。有盧文弨、陳鱣跋：

"乾隆三十八年始鈔是書，不得別本詳校。既畢，鮑君以文出其所
藏宋刻示余，乃知外間皆爲俗子刪節貿亂，少有完者，因借以校此
本，庶幾復還舊觀云。甲午二月二十一日范陽盧文弨弨庵書於金
陵之寓齋。"

"始余之抄是書也，不得善本。求之他氏亦復然。更一二年間，友
人鮑以文乃以不全宋刊本借余，向所缺六十五、六十六兩卷獨完
然具備，余得據以鈔入。雖尚缺第六十四第九十及最末三卷，然
視曝書亭所鈔則已較勝矣。宋本前有四圖，但字已多漫漶，余請
友人圖之，其依跡有字跡而不可辨者，余以方圍識其處。又對校
其文字，始知外間本刪落甚多，顧力不能重寫，則以字少者添於行
中，字多者以別紙書之，綴於當卷之後，且註其附麗本在何處，庶
來者尚可考而復焉。噫！世間之書若此者多矣，書賈圖利，往往
妄有刪削以欺人，殆流傳既多，真本益微矣。古人以讀書者之藏
書爲最善，其不以此也夫？　　乾隆四十有二年三月二十九日杭東
里人盧文弨跋"

此後有"竹汀校閱"四字朱書。又陳鱣跋：

"潛說友君高所修咸淳臨安志一百卷，其宋本流傳始末具余淳祐
臨安志跋中。是本爲盧弓父學士抱經堂鈔藏，學士既歸道山，遺
書散失，余以厚價收得數種，此其一也。凡用朱筆皆學士手校，既
正其異同，間攷其事實，或書簡端，或書卷尾，字字不苟，筆筆精
工，前輩校閱之勤、用心之細，實堪欽慕。觀其跋語，自是先有一
鈔本，即所謂刪落甚多者，故以字少者添於行中，字多者別紙書
之，綴於當卷之後。既而重寫是本，並鈔原跋，重加精校，得此書
者不益可寶重耶！跋後有朱書"竹汀校閱"四字，亦係詹事親筆，

蓋詹事與學士同年，相契甚深，互相借閱也。至鮑氏宋刊本已歸
於吾鄉吳氏拜經樓，庶爲得所。近在吳中，又見黃蕘圃家藏宋刻
咸淳臨安志三十册，計八十三卷，每半葉十行，行大小二十字，又
鈔補者十卷，蓋卽吾杭吳氏存雅堂藏本，與拜經樓藏者各有勝處。
余之所得雖非宋刻，然以抱經學士精校，亦不啻珊瑚鈎云。後之
人其護持之，勿輕與人，或飽蠹蟲，斯大幸矣！嘉慶十四年冬日勃
海陳鱣識。”

鈐印有：仲魚圖象印，“得此書費辛苦後之人其監我”白、“海寧陳氏向
山閣圖書”朱、“宋臨安三志人家”白、“秘册”朱、“仲魚”朱、“陳仲魚讀
書記”白。（徐梧生遺書，今在其婿史吉甫許。戊寅）

海昌外志不分卷　明棗林談遷孺木撰

舊寫本。分輿地、食貨、職官、建置、選舉、人物、叢談、藝文各門。前
有遷所述緣起一篇，並丁亥七月自序一首。又附嘉定二年樓潗序海
昌圖經，永樂十六年沈升序海甯縣志，嘉靖三十六年蔡完序海甯縣志，崇
禎庚午許令典邑志考引。

有清唐翰題跋，附後：

“海昌外志舊抄本向爲朱氏潛采堂、龔氏玉玲瓏館藏本，後歸拜經
樓，與嘉靖海寧縣蔡志均費數十年搜求而得者，見槎翁跋蔡志後。
今兩書幸並落吾手，當益念前人得之之難而慎寶之，是亦讀書好
古之志存心之一節也。余自幼有書癖，而深知得書之不易，因記
於卷首，以告後人之能讀是書者。時在同治庚午八月二十二日重
整拜經遺書記。是本與蔡志同録入題記卷三地志目中。”（癸亥）

〔正德〕富春誌六卷　明吳堂重修

明正德十三年知縣安福劉初重刊本，十行二十一字，白口，四周雙
闌。有正統五年聶大年序。首圖像，次邑治封域，次衙門建置，次山
川橋道，次户賦物產，次壇祠院觀，次歷代名人。鈐有汲古閣藏印。

（壬戌）

〔乾隆〕乍浦志七卷

乾隆廿二年宋景關撰，刊本。（文友收鄂恒氏藏書。辛未）

〔至元〕嘉禾志三十二卷　元單慶、徐碩纂修

舊寫本。朱筆校。諸家跋錄後：

"至元嘉禾志刊本流傳絕少，近日抄藏者脫誤甚多。張丈叔未、錢
丈味耕假戴氏、章氏、沈氏諸本互爲補校，已稱善本。甲午秋，學
師錢深廬夫子屬爲校臨，閱三月而竣。今年客生沐茂才別下齋
中，偶讀藏書，凡古志專集中於是書有所補益者復得數十條，因註
明原書，以正諸本所未及，並爲生沐另校一本，以待付梓。然其中
尚多缺誤，是非明眼者莫能釐定焉，始信校書之非易云。時道光
己亥十二月既望海昌管庭芬芷湘氏記"

"是書丙辰秋日端甫茂才得之吾禾書友者，脫訛幾不可讀。丁巳
正月假硤川蔣氏別下齋藏本屬爲傳錄校正諸條，兩本審對復得異
同數百字，因並錄管君芷湘原跋於卷末。梅會里實菴李文杏誌於
海昌陳氏之雙清草堂"

"咸豐戊午二月以馮孟亭先生校本勘一過，其標京本其家所藏京
中鈔本也。十四日北窗下記。端"

"乾隆五十二年丁未季秋假得此本，與家藏京中抄本互校，人事牽
擾，至戊申五月始校畢而歸之，其中尚有缺誤，未知將來更得舊本
重校否。"（丁巳）

嘉興府圖記二十卷　明慈谿趙文華撰

明嘉靖二十八年刊本，九行十九字。有嘉靖戊申文華自序，蓋其守
制家居時所纂修也。又嘉靖己酉知嘉興府事趙瀛序。卷一方畫，卷
二至五邦制，卷六至九物土，卷十至十九人文，卷二十叢記。刊刻甚
精，文字亦修潔，固未可以人廢也。鈐有馬玉堂藏印。（壬戌歲余得之

吳門來青閣)

〔開慶〕四明續志十二卷　　　　　　　　　△八六七四

宋開慶元年刊本，半葉十行，行十八字，白口雙闌。初印精美。有開
慶元年通判鎮江府劉錫序，大字七行。刊工有王闓、王聞、王祐、王
文、任廷、任友、任慶、李遑、洪莘、徐廣、顧楷、源茂、又、坦、春、正、蔡
等。(癸丑十二月見於寧波靈橋門内君子營盧氏抱經樓)

四明它山圖經十一卷　清鎮海姚燮撰

寫本。有徐柳泉手跋，録如後：

"道光壬寅癸卯間，吾姻朱絳山祺聘吾友姚梅伯燮撰它山圖，爲山
經一卷，今水源委二卷，歷朝防置編年紀三卷，遺德廟祔修封祀
册、里獻言行傳表、藝文略各一卷，叢志二卷，凡十一卷，脩纂四五
年方成。既成，以副本詒余，屬爲校定，時余方兩走京師，未暇也。
喪亂以後，副本亦失去，此本則同治甲子妻從子朱峰生所携來者。
鈔寫多錯譌，卷中有粘籤，爲老友徐曙峰校語。梅伯博雅士，故此
書體例甚不俗，又與絳山親歷深山，窮諸水源流，嘗語余今水源委
二卷皆身經閱歷得之，非抄撮稗販之言也。惜絳山既死，梅伯亦
卒，不知誰爲校刻其書者，可歎也。八年己巳七月四日徐時棟記"
此書曹理齋所藏。(癸酉見)

〔嘉泰〕會稽志二十卷　缺卷一、十三、十五至二十，存十二卷

宋刊本，十行二十字。(癸丑)

〔成化〕新昌縣志十六卷　莫旦纂修

明刊本。題"儒學訓導吳江莫旦纂"。有成化十三年黃璧序，成化丁
酉李楫序，正德辛巳涂相序。末附成化十三年庠生張琰募刊疏。第
一卷圖象。(壬子)

〔嘉定〕赤城志四十卷　宋齊碩、陳耆卿纂修　缺卷一至七，三十一至三十五

明成化刊本，十行二十字。

鈐有"抱經堂藏書印"、"漢唐齋"白、"馬玉堂印"白、"笏齋"朱各印。
卷末有"道光癸巳歲武原馬氏漢唐齋收藏書籍"藍色木記。

此書李紫東處有殘本,可補三十一至三十五卷,尚餘前七卷。別有
新志二卷,亦成化刻,但是明人補撰耳。（辛酉）

赤城會通記二十卷 明嘉靖時王啓撰

彙集天台郡自上古以迄明嘉靖,約分守令、鄉獻、人物、祠墓及事蹟
萃而載,遠者一朝爲一紀,近者一帝爲一紀,或每紀元爲一紀,蓋編
年之地志,亦方乘之變體也。前有王啓自序,嘉靖五年。序後有"台州
府學訓導程進校訂"、"府學生員章岳"、"縣學生員李迥、王鑑編次"
四行。後有台守豐城李金序。前鈐翰林院官印及乾隆三十八年浙
撫三寶進書木記。（徐梧生遺書。丁卯）

嚴州重修圖經八卷 宋陳公亮、劉文富纂修　存卷一至三,計三卷

宋刊本,半葉十行,每行二十字,大黑口,左右雙闌。

按:此書鐫工頗草率,或疑爲明翻刊。然余細審之,剞劂雖未工,而
疏古之意未失。外郡僻州不易得良工,故不能全以工整稱也。（日本
靜嘉堂藏書,己巳十一月十三日閱）

新定續志十卷 宋方仁榮、鄭瑶纂修　共一百五十二番

宋刊本,半葉八行,行十八字,註雙行,大黑口粗邊,左右雙闌。版匡
高五寸四分,闊四寸五分。卷末有編纂人銜名二行:

　　浙漕進士州學學錄方仁榮
　　迪功郎差充嚴州州學教授兼鈞臺書院山長鄭　瑶

有方逢辰序,序五行七八字,字大逾寸。

有錢大昕手跋,顧廣圻縮抄補序兩葉,並跋,又錢大昕後跋。（癸丑見,
錢唐汪鳴鑾先生家藏書）

〔康熙〕西江志二百六卷 清白潢、查慎行纂修

清康熙五十九年江西巡撫白潢修,纂修者爲查慎行、陸奎勳、周朱

末。有潢序及巡撫王企靖、布政使許兆麟、按察使石文焯、督糧道蔣曰廣各序,康熙刊本。藝文類多至八十六卷可謂搜採閎備矣。前附圖一卷,極工緻,寫刻亦至精善。全書出初白,陸堂二人之手,自非常人所及也。(李寶泉寄來,要一百二十元。癸亥)

〔正統〕嘉魚縣志三卷 明莫震重修

明正統十四年刊本,十二行二十二字,黑口,四周雙闌。題"知縣莫震重修","教諭滁州孫允恭校正"。前有正統十四年湖廣按察司僉事紹興韓陽序,又知縣姑蘇莫震序,分上中下三卷:

卷上建置沿革、分野、風俗、形勢、山川、坊鄉、戶口、土產、貢賦、水利、儲積、職役、公署。 卷中學校、科貢、壇場、舖舍、津渡、橋梁、寺觀、祠廟、古迹。 卷下宦迹、人物、雜志、詩文。

鈐有"吳城"、"敦復"、"稽瑞樓"各印。(癸亥)

〔天順〕重刊襄陽郡誌四卷 明張恒纂修

明天順三年刊本,十二行二十五字。

題:"中憲大夫湖廣按察司副使前翰林五經博士餘杭沈慶校正

襄陽府知府　湯陰　元　亮　襄陽縣知縣榮昌李人儀刊行

國子監生襄陽　張恒　編集"

每卷後書:"丙子科鄉貢舉人襄陽徐淮書。"

鈐藏印如下:"陸時化印"、"渭南伯文房印"朱、"陸時化字潤之"朱、"檀馨逸民"朱、"慈夢軒"朱。(癸丑)

隨志上下卷 知州任德修　州人顏木編纂

明刊本,十行二十字。有武昌知府西蜀百潭蔣芝序,知州任德後跋。前有本州牒文、志例。

鈐有"吳城"、"稽瑞樓"各印。(癸亥)

〔弘治〕八閩通志八十七卷

明弘治刊萬曆補修本。九行二十一字,黑口,四周雙闌。版心上魚

尾下記"八閩通志卷之一"等,中下魚尾間記葉數。首弘治二年黃仲
昭序,稱御用太監五羊陳公鎮閩,屬其修志,乃定其凡例,隨事分類
爲大目十八,所統小目四十二,每類合八府一州之事以次列之,釐爲
八十七卷云云。次弘治四年莆田彭韶序。次凡例,次目錄。末有弘
治三年鎮守福建御用太監陳道跋,稱委黃仲昭先生,自成化甲辰至
弘治己酉,凡六閱歲而始成,鏤版既成,用紀其始末云云。

此書間有萬曆補刊之葉,封面簽題亦萬曆間所刊,猶是萬曆時舊裝,
頗整潔可玩。(羅叔言藏,辛酉歲閱)

〔淳熙〕三山志四十二卷 宋梁克家撰　　　　　　　△八五四

清寫本,九行十八字,註雙行同,竹紙無闌格。首梁克家自序,次目
錄。

卷首副葉有清唐翰題識語二則,不錄。

鈐有"陳仲魚讀書記"、"拜經樓吳氏藏書"、"宋本"、"鶴安校勘秘
籍"、"鐵笛"、"海豐吳重憙印"、"石蓮闇所藏書"各印。(庚午見)

〔淳熙〕三山志四十二卷 宋梁克家纂修

清寫本,九行十八字。有淳熙九年清源梁克家序。有程餘慶跋,錄
後:

　"道光屠維作洛之歲孟陬月據劉燕庭方伯所藏明人寫本對勘一
　過。烏程程餘慶記於吳中寓齋"(辛酉)

〔淳熙〕三山志四十二卷 宋梁克家撰

新鈔本。前有淳熙九年清源梁克家序。繆荃孫臨烏程程慶餘校明
鈔本。(古書流通處送閱。壬戌)

〔正德〕興寧志四卷 明祝允明撰

舊寫本。(繆氏藝風堂遺書。壬戌)

〔嘉靖〕龍巖縣志二卷 明湯相纂修

明嘉靖三十七年刊本,藍印。知縣湯相修。相號石埭,字少莘,廣東

歸善人。有嘉靖戊午王鳳靈序，又葉邦榮序。分封域、民物、官師、文教、武備、人才、外志七類。附舊志邑人陳義安、蘇孔機兩序。（癸亥）

全蜀邊域考十三卷 存十冊

卷首有嘉定州知州袁子讓出巡册報公文，言奉巡按李憲牌委修此書，照道屬次序，一土司附一圖，一圖附一說，附以各鎮糧餉、兵額、屯田，爲全蜀邊域考十三卷云云。目列後：

總首一冊

　四川羌夷土司總圖説　羌戎總圖説　吐番總圖説　韃魯總圖説
　夷蠻總圖説　土司總圖説　九夷總圖説　兵屯總圖説　糧餉
　總圖説

威茂鎮一冊

　威茂總圖説　疊溪千户所圖説　疊上下八關堡圖説　疊溪鬱卽
　二長官司圖説　北路鎮戎四堡圖説　長寧岳希蓬二土司圖説
　北路松溪四關堡圖説　東路静州隴木二土司圖説　東路土地嶺
　等六關堡圖説　南路打喇兒土司圖説　南路宗渠四關堡圖説
　西路威州關堡圖説　西路保縣關堡圖説　西路壩州等堡圖説
　西路雜谷等三土司圖説　汶路關堡圖説　灌路關堡圖説　寒水
　土司加渴瓦寺圖説

雅黎鎮一冊

　天全六番招討司圖説　天全西番十貢圖説　雅州千户所圖説
　大渡河千户所圖説　黎州安撫司今改土千户圖説　黎州改流上
　七枝營堡圖説　黎州下七枝夷並四十八寨圖説　峩眉縣三堡圖
　説松坪堡圖説　木瓜膩乃邛部大小赤口圖説

松潘鎮一冊

　松潘總圖説　松潘衛圖説　東路小河所圖説　東路望山等六關
　堡圖説　東路三舍等七關堡圖説東路葉裳上下七堡圖説　南路

兩寧等六關堡圖説　南路歸化等關堡圖説　南路平夷等關堡圖
説　北路羊裕等關堡圖説　北路虹橋等關堡圖説　北路漳臘堡
圖説

龍安鎮一册

龍安府總圖説　安綿水泉四營堡圖説　青川千户所圖説　白馬
白草等番圖説　木瓜薦墹等番圖説　石泉縣圖説　復土青岡二
堡圖説　永平等五堡墩圖説　萬安三堡圖説　墹底等四關堡圖
説　大印等六關堡圖説　睢水等五關堡圖説　安縣圖説　白馬
番十八寨圖説　木瓜番五寨圖説　白草番平十村化八村圖説
風村顚二十寨圖説　生番高基磨磨寨圖説

寧越鎮一册

越巂衛圖説　鎮西所圖説　越巂臨河等堡圖説　越巂河南等堡
圖説　越巂寒遝等堡圖説　越巂龍泉等堡圖説　寧番衛圖説
冕山所圖説　寧番北路靖邊等堡圖説　寧番南路圖説

建會鹽鎮一册

建昌五衛總圖説　建昌衛圖説　建昌三千户所圖説　建昌三長
官司圖説　建昌北路圖説　建昌東南路圖説　建昌西南路圖説
　會川衛圖説　會川北路寒坡等堡圖説　會川南路石婆等堡圖
説　鹽井衛圖説　鹽井六千户所圖説　鹽井馬剌長官司圖説
鹽井梅子等堡圖説　鹽井西南北沿邊二十四堡圖説

下川南鎮一册

下川南諸夷總圖説　建武鎮圖説　永寧宣撫司圖説　鎮雄府圖
説　烏蒙府圖説　東川府圖説烏撤府圖説　馬湖府所屬四土司
總圖説　泥溪司圖説　平夷司圖説　蠻夷司圖説　沐川司圖説
　新鄉鎮圖説

各鎮糧餉一册

安綿鎮原編各州縣協濟糧餉類額　　松潘鎮原編各州縣協濟糧餉類額

軍兵額數一冊

建昌衛軍兵額數　會川衛軍兵額數　鹽井衛軍兵額數　寧番衛軍兵額數　越嶲衛軍兵額數　鎮西千户所軍兵額數　雅黎鎮軍兵額數　大渡河迤南各關堡營寨軍兵額數　峨嵋縣軍兵額數　建武所軍兵額數　屯田

按全書十三卷,今存十册,尚少酉陽石柱土司一册,各鎮糧餉亦缺二册,蓋無從考補矣。戊辰正月十三日　藏園居士沉叔記。

〔康熙〕西充縣志十二卷 清李昭治纂修

邑人李昭治修輯,刻於康熙季年。前有昭治自序,言家居時手輯,未及授梓。後作令江左,又歷五年,始以開雕。時昭治方任儀真縣令,必就近刻於揚州,故楷書上版,刊工精善,非蜀中諸志所及也。前有廣西巡撫孔毓珣序,又江都太史程夢星序,皆題康熙六十一壬寅。卷前凡例十二則。全書分爲八志:一興地,二建置,三賦役,四學校,五秩官,六選舉,七八列傳上、下,九物産,十至十二藝文上、中、下。敍述簡净有法,各門間有小論,亦雅飭,可稱佳志。惟列傳稱志,其名不順,不若仍題人物爲當耳。邑人馬氏爲舊族,頗多才俊,而以明代馬金爲最著。(任振采得之廠肆,頃往津門,借得一閲。甲申二月藏園記)

瀘州志□□卷 撰人未詳,存二卷

傳鈔永樂大典本。自永樂大典卷二千二百十七、二千二百十八二卷鈔出。前列圖五,一瀘屬全境,二本州,三江安,四納溪,五合江。上卷首建置沿革,次郡名、分野、至到、城池、坊巷、街道、橋渡、園、風俗、形勝、户口,下卷爲錢糧、土産、土貢、山川、宫室。審其分類,似尚未完具。卷中輯取諸書咸標舉其名,内有大明清類天文分野之書,按該書爲洪武間欽天監編,則此志爲洪武後所撰也。(繆荃孫氏自

永樂大典抄出）

忠謨謹按：此書有跋，收入藏園羣書題記三集卷二。

〔嘉靖〕廣東通志七十卷 明黃佐撰　缺卷五十四至五十六，計三卷

明嘉靖刊本，十行二十字。原序佚去，從泰泉集鈔出補之。序言嘉靖乙未四明戴侍御璟纂成初稿，丁巳談督府愷倅重修之，四月而竣。凡例十三則，圖經二卷，事紀五卷，表五卷，職官三、選舉二。志三十一卷，輿地七、民物八、政事八、禮樂六、藝文三。列傳二十，名宦七、流寓三、人物九、列女一。外志七仙釋一、寺觀一、夷情三、雜事二。

鈐有"授經樓珍藏秘笈之印"、"沈德壽印"。（余藏）

〔萬曆〕廣東通志七十二卷

明萬曆刊本。前總督戴煜序，次巡按李時華序，次布政使陳性學序，次按察使袁茂英序，次光禄卿郭棐序。此志卽郭棐所纂，以繼黃佐而作也。分類如下：

藩省志卷一至十三

郡縣志卷十四至六十二

藝文志卷六十三至六十五

外志卷六十六至七十二

按：余藏嘉靖廣東通志，中有缺卷，因索此核閱。乃郭棐所修。然此志亦殊少見也。（日本内閣文庫藏書，己巳十一月十一日觀）

〔嘉靖〕廣西通志六十卷 明黃佐撰　缺卷十六至二十一、二十八、二十九，計八卷

明嘉靖刊本，十行二十字。有嘉靖壬辰蔣冕序。又辛卯右僉都御史提督兩廣軍務兼理巡撫林富序、弘治六年癸丑廣西按察副使廬陵周孟中序、廣西左參政程廷珙序，皆舊志序也。蔣序言廣志始於周君孟中，嘉靖己酉唐君胄續修未終，委之參政黃芳，亦未畢，乃屬提學黃君佐爲之云云。全書凡例二十一則，圖經二卷，表八卷，歷代沿革

一、分野一、秩官四、選舉二。志三十卷，藩封一、山川四、溝洫一、風俗一、戸口一、田賦二、食貨一、公署二、學校二、書院一、兵防六、壇廟二、宮室一、台榭一、關梁一、陵墓一、古蹟一、釋異一。列傳九卷，名宦二、流寓一、人物十、仙釋一、酷吏一、佞幸一。外志十一。土官三、夷情四、寺觀一、雜事拾遺一、雜并詩文二。

鈐有"翰林院印"大官印、"小山堂書畫印"、"蔣養菴藏書記"、"海虞科第世家"各印。（余藏）

〔宣德〕桂林郡志三十二卷　明羊城陳璉纂修　存卷二十五至三十二，凡八卷

明景泰刊本，十一行二十一字，黑口粗闌，左右雙線，刊工殊粗率。所存者爲藝文類，卷三十一祇一葉，三十二爲雜著，亦僅五葉，疑亦刊刻未完耳。

此志北京館有藏本，存卷一至八，十九至廿二，題明陳璉纂修。此册正可補其缺佚也。

卷二十五文目：

舜廟碑（唐韓雲卿）　桂州堯舜廟祭器碑（趙觀文大順壬子）　静江府虞帝廟碑（朱熹）　宋平蠻碑（余靖）　宋平蠻京觀誌（余靖）　平允從州城寨記（張莊）　平允從州城寨記有缺葉（李師中）　城桂州記（王安石）　静江府修築城池記（章時發咸淳八年）　社稷壇記（張維乾道二年）　風雷雨師壇記（張維）　桂林新學記（張栻）　新學三司生祠記（曹總乾道四年）　提舉司重建廳記（吕抙重和元年）　牧守題名記（張栻淳熙三年）　轉運題名記（汪應辰紹興二十一年）　帝舜廟記（劉傑至正二十三年）　重建静江紫極宮記天師張嗣成書（吳漳至正辛巳）　明遠樓記（虞集）　釋奠圖記（吳純臣嘉定丁丑）　釋奠圖後記（臧夢解大德元年）　釋奠後記（曠奎延祐丙辰）

卷二十六文目：

桂州永寧寺釋迦院新殿記（王安中）　龍隱巖釋迦寺記（周刊崇寧元年）　清惠廟記（汪應辰）　白石江神女廟記（石安民紹興二十八年）　仰山二王廟記（張孝祥乾道二年）　桂林館記（汪應辰紹興二十三年）

復醮門記（尹穡紹興六年）　貢院記（鮑同乾道六年）　雪觀記（沈長卿紹興二十年）　湘南樓記（李彥弼崇寧元年）　棠陰閣記（張孝祥乾道丙戌）　五詠堂記（孫覽元祐六年）　八桂堂記（李彥弼）　朝陽巖朝陽亭記（張孝祥）　重修蒙亭記（黃邦彥紹聖元年）

卷二十七文目：

新開隱山記（唐吳武陵寶曆元年）　隱山六洞記（唐韋宗卿寶曆元年）張公洞記（宋張維乾道元年）　白龍洞種竹記（李師中嘉祐七年）　曾公巖記（劉誼元豐元年）　程公巖記（侯彭老大觀四年）　後西湖記（鮑同乾道五年）　韶音洞記（張栻）　重修靈渠記（唐魚孟威咸通十一年）　興安縣濬靈渠記（李師中嘉祐五年）　全義縣復北門記（柳宗元）　陽朔縣攝令廳壁記（吳武陵寶曆二年）　古縣重建廳記（廬江何麒紹興癸酉）古縣新學記（高登紹興九年）　重修宣成祠堂記（元光祖至正四年）　新城記（危素至正二十年）　碑陰記（蜀郡楊子春至正二十一年）　重修靈渠記（元補化）　靈濟廟記（元黃常）　全州登科題名（宋黃學行）全州二妃廟記（柳宗元）　全州鎮湘門樓記（吳泰）

卷二十八文目：

重建靜江路儒學記（元胡夢魁）　重建宣成書院記（臧夢解元貞二年）　重修靜江路儒學記（梁遺至元五年）　靜江重建通濟橋記（伯篤魯丁至元六年）　元帥府經歷司題名記（慕㒞至正二年）　廣西都元帥章公平徭記（虞集至正元年）　重修靜江路儒學記（元劉如孫）　靜江茶峒屯田千戶所碑記（羅咸至正元年）

卷二十九文目：

夏日送桂州刺史邢中丞赴任序（蕭昕）　送李判官往桂州序（柳宗元）　送內弟廬遵游桂州序　送鄭觀光赴官廣西序（魏掞之）　題名序（吳武陵）　南溪詩序（李渤）　湘漓二水說（柳開）　題梅聖俞詩藁（蘇軾）　跋唐少卿遇仙記　同前（汪應辰）　題山谷榕溪閣墨迹

（汪應辰）　平蠻頌（韓雲卿）　　宋頌（李師中）　　南溪玄巖銘（李涉）
玄風峒銘（柳開）　龍隱巖銘（張徵）　仙李巖銘（尹穡）　青帶橋
銘（韓璜）　甘棠橋銘（韓璜）　觀風樓記（張孝祥）　永寧寺鐘銘

卷三十文目：

靖江府射圃記　重建明堂記（陳璉）　祭器記（陳璉）　重築靈渠記
（陳璉）　禱雨感應記（蔣楫）　禱雨記（唐謙）　五百石阿羅漢記（章
復）　禱祈有感記（林麟伯）

卷三十一文目：

送陳教授序（朱惟嘉）

卷三十二文目：

古田縣忠王行狀（李源深）　送吳知府赴桂林序（王英）　賀太守吳
侯重建廣西南門橋序（蕭文郁）

按：此藝文各卷目錄詳誌於此以備考查。書潛。（庚辰元旦。已收）

〔宣德〕桂林郡志三十二卷　明陳璉纂修　存卷一至八、十九至二十二，計十二卷

明景泰刊本，十一行二十二字，大黑口，四周雙闌。按志爲明初桂林
府學教授羊城陳璉所撰。至正統時板已殘缺，郡守吳惠乃繕帙重
刊，近世著述亦續附一二於後。前有景泰元年庚午郡守吳惠序，又
錄洪武間陳璉舊序。

今所存者卷一至八，十九至二十二在北京圖書館。卷二十五至三十
二則余新歲得於廠市者也，共存二十卷。缺卷九至十八、二十三、二
十四，共缺十二卷。目列後：

卷首圖郡境、舊郡城、新郡城、王府、官署等，凡十　卷一郡表、星分、地里、風俗、氣
候　卷二户口、税賦、壇壝、城池、坊巷　卷三藩邸、王府、官吏、公廨　卷四題名
　卷五題名　卷六學校、舊宣城書院、舊蒙古字學、醫學、陰陽學、僧綱司、道紀司、
廣盈庫、軍需學、興隆庫、廣儲糧倉、廣儲鹽倉、税課司、河伯所、遞運所、惠民藥局
卷七兵防教場、館驛、郵置、橋梁、津渡、墟市、堡寨、溪　卷八人物、流寓　卷九仙

釋、碑刻　卷十山、水　卷十一寺觀、祠廟　卷十二樓觀、第宅、舊安樂堂、養濟院、存恤院、義塚　卷十三物產　卷十四臨桂縣、興安縣　卷十五靈川縣、陽朔縣　卷十六荔浦縣、永福縣、義寧縣　卷十七脩仁縣、理定縣、古縣　卷十八全州千户所　卷十九灌陽千户所　卷二十雜志諸番蠻夷、羈縻土官、源洞山寨、歷代書狀　卷二十一瘴瘧、蠱毒、挑生、藥方、各處物產、辨疑　卷二十二詩　卷二十三缺　卷二十四　卷二十五至三十二文，目見前條。

按：卷二十雜錄述諸番，有安南、占城、暹羅、真臘、斛璅里諸國，以其朝貢來往多出此途也。卷二十一雜志中首述瘴氣，次瘴瘧論，爲大梁李待制西美璆撰，次指迷方瘴瘧論，爲新安王秉撰，次回頭瘴説撰人缺，次嶺表十説，吳興章傑撰，次治瘴續説，□繼洪撰，咸淳丁卯，其下附列治蠱毒方，皆邊民所宜知也。所述挑生之害似卽放蠱也。後半卷紀郡中物產，凡食物、五金、古器、器用、兵器、鳥獸、草木等，凡六十五則，中多異聞，宜別存之。（北京圖書館，庚辰三月八日）

貴州圖經新志十七卷 明趙瓚編集 卷一至三、八至十抄配

明刊本，八行二十四字，大黑口，四周雙闌。提督學政按察副使金陵沈庠删正，儒學教授樸榆趙瓚編集，郡人易絃、庠生王佶同編。凡例十條，次布政使地理圖，次目：

卷一、二、三貴州宣慰司上中下，四思恩府、思南府，五鎮遠府，六石阡府，七銅仁府、黎平府，八程番府、都勻府，九永寧州、鎮寧州、安順州，十晉安州，十一龍里衞、新添衞，十二平越衞、清平衞，十三興龍衞、威清衞，十四平壩衞、普定衞，十五安莊衞、安南衞，十六畢節衞、烏撒衞，山川、土產、人物、科甲，十七赤水衞、永寧衞、黃平千户所、普市千户所。

每府州前有地圖，後分建置沿革、形勝、風俗、山川、土產、公署、學校、書院、宮室、寺觀、祠廟、關梁、館驛、古跡、陵墓、名宦、流寓、科貢、列女、仙釋、題詠。

鈐有"濠南居士"、"方山"、"姑蘇吳岫家藏"各印。（癸亥）

三州輯略九卷　清和寧撰

舊寫本,都統和寧著。前有和寧儷體文序,頗博贍,題嘉慶乙卯孟冬。鈐有和寧、太菴二印,則此實當日原稿也。服官西域十三年,輯成此書,紀哈密、吐魯番、烏魯木齊三處之事,哈密爲伊州,吐魯番爲西州,烏魯木齊爲庭州,故曰三州。分卷爲九:

一、沿革、疆域、山川,二、官制、建制,三、庫藏、倉儲、戶口、賦税,四、屯田、廉俸、糧餉,五、營伍、馬政、臺站,六、禮儀、旌典、學校、流寓,七、藝文,八、藝文,九、藝文物産。　　凡二十一門。

此書未見刊本,故詳記之。(戊寅)

以上地方志

燕史一百二十卷　明郭造卿撰　存十紀三十三卷

舊寫本。存政紀二卷,統紀三卷,雄紀二卷,鎮紀十卷,督紀六卷,道紀三卷,繫紀三卷,裔紀二卷,朔紀二卷。有道光二十八年高錫蕃、周其□二跋。

按:郭氏福清人,爲戚繼光幕客,此書大旨就古燕國地域取歷代史蹟自周至五代分類采輯,每類中又分年隸事,自成爲燕地之通史,其取材多資於正史,每紀前有敍述一篇,後有總論數行。據高周二跋,其書劉喜海官泉州時録自廈門舊家。據卷中所述知尚有變紀、追紀、貊紀、胡紀、牧紀、寇紀、蕃紀七類。然考黃氏千頃堂書目,卷六地理類載燕史一百二十卷,則現存十紀僅三之一耳。

忠謨謹按:此書有跋,收入藏園羣書題記三集卷二。

舊京遺事一卷　吳江史玄弱翁撰

舊寫本。記明季燕京事。鈐有汪閬源印。

此書未見刊本。(徐梧生遺書。丁卯)

黑龍江察邊考一册　曹廷杰撰

舊寫本。(潄喜齋藏書。丁卯)

中吳紀聞六卷　宋龔明之撰

明弘治七年嚴春刊本，十一行二十一字，黑口，四周雙闌。前有行書龔氏序。

鈐有"武丘山人"、"香嚴審定"、"吳樹蔞印"、"南畇"、"石埭沈氏藏書"諸印。（余藏）

按：此書董氏誦芬室覆刻，號爲元本。後見毛斧季跋及正德龔弘本跋，始知爲弘治嚴春本，別爲跋詳志之。（乙亥）

忠謨謹按：此跋收入藏園羣書題記續集卷二。

中吳紀聞六卷　宋龔明之撰　　　　　　李□五四一三

明正德九年龔弘刊本，十一行二十一字，黑口，四周雙闌。前龔明之序。後有至正二十五年盧熊跋。有弘治七年知崑山縣事慈溪楊子器序，言重加校勘，命義民嚴春刻而傳之云云。又正德九年龔弘跋，言此書盧氏刻於至正二十五年，弘治改元嚴氏刻於崑山，弘又以嚴本壽諸梓云云。（德化李氏藏書）

中吳紀聞六卷　宋龔明之撰

明末毛氏汲古閣刊本。清陸貽典以朱筆校過，又蒙伯覯以黃筆校過。諸跋録後：

"世傳中吳紀聞大約嘉靖以前刻本，其式雖古雅而字句紕繆甚多，後有若墅堂本亦然。丁巳秋，先兄華伯没，檢其遺籍，得家刻樣本，方知先君子曾付剞劂，但未流通耳。遍搜其板，惜十缺其三矣。今年自春徂夏，鳩工重整，缺者補之，譌者正之，始復爲完書。中元前四日訪崑山葉九來，以一册贈之。九來爲文莊公後人，文莊藏書甲天下，天下所傳菉竹堂書目者也。因訪其藏本，答云此書尚屬文莊故物，未遑遽檢。時余將詣金陵，丁寧再三而別。秦淮返棹後造九來，申前請，則已檢得矣，并指示是正者一百三十餘處，且多補録一則，不覺狂喜叫絶。遂與借歸，窮一日夜之功乃校畢焉。菉竹堂藏本係縣紙舊鈔，行數字數俱無定準，每卷首尾間一行連寫，開卷有文莊名字官銜三印，卷末一行云：'洪武八年從盧公武假本錄傳。'蓋是書賴公武搜訪之力表章至今，此從其借錄者，焉得不善！余獨念先君藏書自經分析，廿年之間散爲雲煙，葉文莊子孫不啻數世，尚能守而弗失，健羨之餘，感慨係之矣，後之讀吾書者亦將有感於斯焉。己未重陽前四日毛扆識。"

"七月間余游金陵，訪書於黃俞邰，携一册贈之。次日，俞邰造余曰：'昨惠紀聞序文有一譌字應改。'余問何字，俞邰曰：'文人行應是丈人行。'余曰：'恐行下有脫字耳。'俞邰不以爲然。及歸，借菉竹堂抄本，行下果有士字。因思昔年抄李燾長編中載翰林之選甚難其人有：'詔書出人盡哂之'七字，馮寶伯語余'畫'字應改'誥'字，余反覆詳玩，乃'詔書一出人盡哂之'，傳寫之誤，合'畫'、'一'兩字爲畫耳。因知校書以缺疑爲第一要義，不可妄加塗乙，吾子孫其善佩之哉。汲古後人扆。"

"葉抄舊本重校，己未九月十七日觀菴陸貽典記。"朱筆

"乾隆己酉十二月廿七日購於吳郡紫陽居書肆。知不足齋記"朱筆

"道光戊申五月二十八日得此本於杭郡吳山積書堂，距鮑淥欽得此書時花甲一周矣。燕庭志。"藍筆

"越三日再讀，浙藩公廨蓬巒軒。燕庭。"藍筆

"康熙庚辰孟春從虞山汲古閣借得，校正對錄一過。蒙伯覲識"此行黃筆

忠謨謹按：此書有跋，收入藏園羣書題記續集卷二。

中吳紀聞六卷 宋龔明之撰

汲古閣刊本，何義門焯手校。有跋錄後：

"毛斧季從崑山葉九來借得舊錄本，乃其先文莊公菉竹堂所藏故物，開卷有文莊名字官銜三印，卷末一行云'洪武八年從盧公武假本錄傳'。此書始自公武訪求校定，復出於世，此同邑錄傳之本，

宜其可從是正也。友人王受桓借得斧季勘本，予復傳焉，因記其
所自。

康熙庚辰十二月十九日雪霽牕明呵凍書　焯"

又有馮、楊跋。錄後：

"右龔希仲中吳紀聞六卷，向無鍚本，毛子晉始付梓，令子斧季復
以抄本校勘，硃黝陸離，皆其筆也。卷首有義門跋，卷五尾補翟超
一條，中硃字亦多所讐正，不第校讎精密，小楷俊逸，絕似樂毅論。
偶從三山書估市得之，不勝狂喜。道光九年冬日。登父"

"小雪殂暆似鶯前蜩後油錠重校，其黝鉛皆斧季從葉鈔本旁注，何
先生以硃筆標識者也。中吳掌故石湖郡志後此爲近古。勺園再
記於七閩志局。"

中吳紀聞六卷爲宋龔希仲先生撰，校勘爲義門先生手筆。第五卷
缺一條，義門借舊本而補足之。此書向無鍚木，汲古毛子始刊刻
之。予嘗見范文穆吳郡志，所記吳中風俗人文既詳而備，書傭索
價過昂，未能得，至今猶往來於心。茲得此書，真足爲郡志之後勁
矣。傳稱希仲先生生平不摘人短，不作貌言，每自謂生平受用惟
一誠字，蓋亦純卓篤實君子也。癸丑冬得義門手批山谷題跋，今
又得是書，間稱二美具矣。昔人云：見異書而眼明。予愧學識謭
陋，且苦性健忘，不能得其旨要也。咸豐四年甲寅四月金匱楊廷
錫自識。"

按：何義門跋明言傳斧季本於王受桓，馮登父跋乃謂粉鉛皆斧季筆，
似誤認矣。沅叔。（丙寅）

中吳紀聞六卷 宋龔明之撰

明末毛氏汲古閣刊本。舊人臨何焯校本，何跋不錄。（余藏）

中吳紀聞六卷 宋龔明之撰

清活字印本，八行二十字。卷六末有"白鹿山房校印叢書"八字。盧

熊跋後有"嘉慶壬申古吳文泉朱麟書重校印"一行。（庚辰）

吳中舊事一卷 元陸友仁撰

明隆慶元年居節手寫本，絕精美。有毛氏汲古閣、汪士鐘、吳雲藏印。（顧鶴逸藏書，壬子二月觀）

吳中舊事一卷 元陸友仁撰

藍格寫本。卷首有"閔裕仲太史手校本"一行。

鈐有萬卷樓藏印。（丙辰記。余藏）

平江記事一卷 元建德總管郡人高德基編

舊寫本。鈐有翰林院印。（繆氏藝風堂遺書。壬戌）

虞鄉雜志一卷 明毛晉輯 △七四五二

明毛晉手稿本。朱墨爛然。（涵芬樓藏書，丁巳歲見）

雲間志略二十四卷 明華亭何三畏士抑編著

明刊本。前有天啟三年張宗衡序，又張文熙序，又郭如闇序，又張鼐世序。卷一至六爲名宦，卷七以下爲人物，各爲小傳。蓋以人爲經，而以事緯之，亦方志之一格也。（文在堂見。甲子）

雲間雜識八卷 清李紹文節之撰

舊寫本。有王圻、宋懋澄二序，又有王圻等助梓公啟，疑自有刊本也。所記皆松郡雜事，自明及清初也。（甲子）

幽蘭居士東京夢華錄十卷 宋孟元老撰 △八六七六

元刊本，十四行二十二字，黑口，左右雙闌。

鈐有"宋本"橢圓印及"毛晉"、"汲古主人"、"毛扆斧季"各印。（袁寒雲藏書。乙卯）

幽蘭居士東京夢華錄十卷 宋孟元老撰

元刊本，半葉十四行，每行二十二字。

按：余藏有弘治十六年癸亥刊本，行歀與此相同，當卽從此翻雕者。此本後有黃丕烈手跋，云汲古閣秘本目有宋刻，未知視此孰勝。然

十年前余曾見汲古藏本於廠市，後爲袁寒雲收得，鈐有宋本、甲朱文
印，卽此版也。特緣刊印皆精，遂誤認爲淳熙原槧耳。（日本靜嘉堂文
庫藏書，己巳十一月十三日閲）

幽蘭居士東京夢華録十卷　宋孟元老撰　　　△一一三〇六

明翻元本，十四行二十二字，大黑口左右雙闌，板心下方記刊工人名
一字陰陽文不一。前紹興丁卯歲除日幽蘭居士孟元老序，次目録。後
有淳熙丁未浚儀趙師俠跋。卷尾原有弘治刻書人跋，此本失去。（余
藏）

都城紀勝一卷　題灌園耐得翁撰

傳鈔永樂大典本。

余昔年收得永樂大典卷七千六百三、四，十八陽，杭州府五十二、三，
錢唐，所載爲西湖老人繁勝録一卷，耐得翁都城紀勝一卷，録此副
本。取校曹楝亭刊本，改正至八十字。

忠謨謹按：此書有跋，收入藏園羣書題記續集卷二。

夢粱録二十卷　宋吳自牧撰

清寫本，十行二十二字。有咸豐辛酉周星譽題記，言以京錢十一緡
得之火神廟市。（癸亥收自文友堂）

忠謨謹按：此書有跋，收入藏園羣書題記三集卷二。

武林舊事六卷　宋周密撰

明正德十三年宋廷佐刊本，十行二十字，白口四周單闌。後有正德
戊寅孟夏巡按浙江監察御史奉天宋廷佐隸書跋十三行。（余藏）

武林舊事六卷　宋周密撰

明嘉靖三十九年庚申杭州知府閩州陳柯刊本，十行二十字。前有柯
序。鈐有安樂堂、明善堂兩印。（李佑臣購得。戊午）

增補武林舊事八卷　朱廷煥增補

其子朱繡重刊。板心下方有"滄寧齋重梓"五字。（甲子）

吳興掌故集十七卷 明九靈山長徐獻忠輯　缺一至三，八至十，存十一卷

明刊本，八行十六字，白口雙闌。題"明九靈山長徐獻忠輯"，"延州布衣吳夢暘閲"，"後學茅獻徵校"。

岳陽風土記一卷 宋范致明撰

明藍格寫本，影寫明進士岳州府通判錢塘許嶽重梓本。後有嘉靖甲辰陸坤序。（南陵徐乃昌積餘藏書，甲寅見）

廣禹貢楚絶書二卷 明江漢潛夫撰

舊寫本，題江漢潛夫撰。前有隆慶庚午自序言嘗著楚故略二十卷云云。言著此，備歸雲外集一種，則爲陳士元所撰也。卷一陪尾廣第一、漢水廣第二、江水廣第三，卷二衡陽廣第四。

鈐有南昌彭氏藏印三方。（戊辰）

蜀都碎事四卷補遺一卷 清陳祥裔輯

清康熙刊本，少見。陳氏本姓喬。（四明盧氏抱經樓藏書。癸丑）

益部方物略記一卷 宋宋祁撰

清內府寫本，紅格，八行二十一字，四庫館所鈔，內府陳列書。有詳校官刑部主事臣鄭宗彝，總校官編修臣吳裕德等三人銜名。（丁巳）

蜀中廣記一百八卷 明曹學佺撰

明刊本，十行二十字。分十二記，其義例不一，字體各殊，名勝記、人物記、宦游記、邊防記方體字。郡縣古今通釋、風俗記、方物記、神仙記、高僧記、著作記、詩話、畫苑則以楷書上板，疑其撰成非一時，授梓非一地也。鈐有明末如皋李氏藏印數方，曰"如皋李猶龍元德氏"、"海岳道人"、"海岳山莊書記"。（余藏）

忠謨謹按：此書有跋，收入藏園羣書題記三集卷二。

蜀中廣記一百八卷 明閩中曹學佺能始撰　存方物記十二卷

明刊本。前有魏説序，序中述其既有蜀通釋、風俗、詩苑、畫苑等錄，復成著作、方物二種。卷一鳥獸，卷二鱗介，卷三草木，卷四牡丹海

棠,卷五荔枝梅竹,卷六食饌藥石,卷七茶譜酒譜,卷八鹽譜,卷九玉石五金錢交子錦牋,卷十服用器用舟車,卷十一印璽兵器,卷十二樂器。其用意重考證,故所引多古書也。

鈐有"南澗居士"、"李文藻印"、"大雲山房"三印。（戊午）

益部談資二卷　明安陸何宇度撰

舊寫本。後有李維楨跋。專記古今蜀事。（涵芬樓藏書。己未）

顏山雜記四卷　清孫廷銓撰

四庫館校本。有翰林院大官印。（潷喜齋藏書。丁卯）

邊州聞見錄十一卷　清陳鑫恒撰　　　　　　　　　△二五一五

舊寫本。鑫恒久官蜀中,所記川南高珙、長寧、興文諸縣雜事爲詳,又曾歷黔滇邊境及粵西,故苗蠻習俗及山川物產亦頗詳盡。原本八卷,至康熙庚子又益爲十一卷,有自序二首。

此書未見刊本,余以其所紀多川南物事,時涉及吾邑者,欲購而藏之,乃索值至三百元,可云奇矣。丁卯九月初七日。沅叔志。（徐梧生遺書。丁卯）

忠謨謹按:此書有跋,收入藏園羣書題記三集卷二。

滇考二卷　清馮甦撰

舊寫本。鈐有葉志詵、葉名琛、葉名澧印。（壬子）

臺海見聞錄二卷　清崇安董天工二典齋撰

舊寫本,紀臺灣事。（壬子見）

北戶錄注三卷　唐段公路撰、唐崔龜圖注　　　　　　△七四四五

明文始堂寫本,墨格下方有"文始堂"三字。舊人以朱筆校過。（涵芬樓藏書,丁巳見）

北戶錄注三卷　唐崔龜圖撰

舊寫本。題"萬年縣尉段公路纂","登仕郎前京兆府參軍崔龜圖注"。十行二十字,注雙行。

卷一通犀、孔雀媒、鷓鴣、鸚鵡、瘴、赤白吉了、俳猿、蚺蛇牙、紅蛇、蛤蚧、紅蟹殼、蛺蝶枝、紅蝙蝠、金龜子、乳穴魚、魚種、水母。卷二蚊母扇、鵝毛被、紅蝦盃、鷄毛筆、鷄卵卜、鷄首卜、骨、象鼻炙、鵝毛脡、桄榔炙、紅鹽、米䴵、食目、睡菜、水韭、蕹菜、斑皮竹笋。卷三無核荔枝、變樹、山橘子、橄欖子、山胡桃、白楊梅、偏核桃、紅梅、五色藤筌蹄、香皮紙、枹木屧、紅藤簟、方竹杖、山花燕支、鶴子草、越王竹、無名花、指甲花、相思子蔓、睡蓮。

鈐印有:"先世培校正手録本"朱、"世培之印"白、"一字舜俞"白、"臣恩復"白、"秦伯敦父"白。(癸丑見)

桂林風土記一卷 唐莫休符撰　　李□三二四

明謝氏小草齋寫本,九行十八字,紙心有"小草齋鈔本"五字。前有莫氏序,次目録,本書第二行署莫氏銜名,文曰:"銀青光禄大夫檢校散騎常侍使持節融州諸軍事守融州刺史御史大夫莫休符譔。"卷末附記一行曰:"洪武壬戌三月,傳錢塘宜齋沈勗義産忠父藏本。"

卷首鈐"翰林院印"大官印,又有"古潭州袁卧雪廬收藏"、"藝風堂藏書"、"荃孫"、"雲輪閣"諸印,蓋四庫館底本,存於翰林院中,爲袁漱六在清秘堂時竊携以出者也。

余昔年爲張菊生收得檇李曹氏鈔本,曾校於學海類編本上,今取以核對,其改訂文字悉與此同,知同出於一源也。沅叔記。(李木齋先生遺書)

桂林風土記一卷 唐莫休符撰　　李□四八〇一

吴枚菴翌鳳手寫本,十一行二十字。後録朱竹垞彝尊跋,吴跋列後:

"乾隆丙申,余抄得是書,閲三載戊戌六月,復得鮮溪張氏本校勘訛闕。明人一跋在洪武壬戌一條之後,附録於此。翌鳳"

鈐有"太原王氏"一印。(德友堂見。癸酉)

百粵風土記一卷 明晉安謝肇淛輯　　△一一三〇八

清侯官鄭杰注韓居寫本,九行十八字,烏絲闌,版心有"注韓居"三字。前有自序,題天啟壬戌,蓋提刑粵西所作也。

鈐有"侯官鄭氏藏書"、"人杰之印"、"赤人"、"平湖陳氏"、"林少穆珍藏記"各印。(丙子九月得於上海忠記書莊)

忠謨謹按:此書有跋,收入藏園羣書題記初集卷三。

西域遺聞不分卷　清歸安陳克繩衡北纂輯　二冊　　　△二二二七

清寫本。前有分巡松茂道張之浚序。首西藏事跡,次疆域,次佛氏,次政教,次風俗,次物産,次屬番,次與國,次鄰番,次巴裏二塘,次建昌鎮道統轄官長,共十一門。據張序言,陳氏任打箭鑪同知,金川之役身在兵間,據其耳聞目見撰爲此書。(余藏)

忠謨謹按:此書別有跋,收入藏園羣書題記初集卷三。

西藏見聞録二卷　清蕭騰麟撰　　　　　　△一四〇一

舊寫本,十行二十二字。題"峽江蕭騰麟十洲撰,男錫珀松浦編次"。前有李天植序、乾隆庚寅岳夢淵序,又騰麟自序。次凡例七則。卷上事跡、疆域、山川、貢賦、時節、物産、居室、經營、兵戎、刑法。卷下服制、飲食、宴會、嫁娶、醫卜、喪葬、梵刹、喇嘛、方語、程途。前缺袁枚、李其昌、蔣士詮三序,卷下缺五葉及錫珀後跋、盧文弨後序。(余藏)

忠謨謹按:此書有跋,收入藏園羣書題記續集卷二。

藏徵録□卷　撰人未詳　存卷一、計十四葉

舊寫本,十行二十四字,似嘉慶時寫本,首行題"藏徵録卷一"。吳君燕紹謂爲嘉慶時四川派往西藏糧務通判所撰,共十有三則,於宗教源流特詳。(余藏)

忠謨謹按:此書有跋,收入藏園羣書題記續集卷二。

西陲要略四卷　清祁韻士撰

筠綠山房刊本。(文友收鄂氏書。辛未)

海域大觀一卷　題松江徐朝俊輯,新陽夏振采抄

清寫本。分地輿總説、五大洲紀、海族、海産、海狀、海舶、海道七門。

有自序一篇,大約采拾職方外紀、坤輿格致、台郡雜志諸書而成,半海通以前耳聞荒唐之説也。(癸亥)

以上雜志

東南防守利便三卷 宋呂祉撰

明崇禎乙亥茅瑞徵刊本。有序。卷首題"右迪功郎江南東路安撫使司準備差遣臣陳克家","宣教郎添差通判建康軍府提舉圩田臣吳若"。前有左朝奉郎直龍圖閣權發遣建康軍府主管江南東路安撫司公事呂祉進書狀。

此書板心有"浣花居"三字,極爲少見。昨歲在廠市見一部,有譚叔裕題語,謂浣花居刻書十餘種,然亦不言其此外皆何書也。(涵芬樓藏書。己未)

大寧考一卷 明長沙楊守謙撰　　　　　　　李□五二八四

明刊本,八行十九字。前有嘉靖乙巳平涼趙時春序。(德化李氏藏書。癸未)

邊事雜鈔一册

明藍格寫本,十行二十字。目列後:

一、倭志　二、海寇議前范表後同　三、海寇後編茅坤　四、日本志劉子威巖棲稿上　五、松寇紀略華亭徐宗魯南湖類稿　六、宋素卿傳　七、當湖寇紀事　八、紀變紀莆城事　九、使琉球録　十、福建海防條示萬曆十九年八月　十一、造修福船略説總兵侯繼高　十二、防海條議十二事　十三、防海九事

以上古邊防

廣西湖名山合志三十九卷外志五卷

明刊本,無序跋目録。題"西吳章之采銓次"。卷一之五五嶽志,六、七玄嶽、太和山、白岳、黄山志,八之十九爲西湖志,二十爲吳山志,二十一爲浙潮,二十二之二十七爲徑山志,二十八之三十爲東天目,三

十一之三十四爲西天目，三十五之三十六爲苕峴道墟、嚴陵志，三十七八爲越志四明、會稽、補陀、五洩、雪竇、招寶、禹穴，蘭亭、赤松三洞，三十九爲天台雁宕志。外志一之五爲吳志、江楚志。每志前有扶風張伯功小引數行，先述山水名勝古蹟，次録題詠，次附游記。惟外志祇至吳楚爲止，恐其下尚有他省，以目録無存不可知也。鈐有"拙闇道者"、"朱文心印"、"雕龍"三印。

茅山志十五卷　元劉大彬撰

元刊本，題"上清嗣宗師劉大彬造"，半葉十三行，行二十三四字不等，大黑口，單闌。前有泰定甲子西秦趙世延序，次泰定丁卯春正月特進上卿玄教大宗師吳全節序，次天曆元年歲在戊辰十二月二日嗣上清經籙四十五代宗師洞觀微妙玄應真人劉大彬序。卷末有刊書識語一行，文曰：

"金華道士錢唐西湖隱真菴開山何道堅施梓。"

附目録：

有孫星衍跋，録後：

"茅山志十五卷，元刊本，道士劉大彬撰，寫刊者，精妙，傳爲張雨手書。此板燬於明永樂時，今所傳惟有江永年重刊本。余游武林，購得是本，真希世之寶。笪蟾光重修茅山志改亂體例，不復成書矣。壬申年五月十九日五松居士記於冶城山館""孫氏伯㠶"朱。

藏印列後："臣星衍印"白方、"伯㠶宋元秘笈"朱方、"孫忠愍侯祠堂藏書記"朱方、"青谿寓公"白、"齊雲珊印"朱回文、"立羣審定"朱。（吳門吳

鶴逸麚士藏書,癸丑十一月廿九日閲)

茅山志十五卷 元劉大彬撰　存卷一、二、八至十一、十三,凡七卷,餘劉履芬手抄

補完　　　　　　　　　　　　　　△一一○二七

元刊本。十三行二十三字,黑口,單闌。前有泰定甲子集賢大學士
西秦趙世延序,泰定丁卯特進上卿玄教大宗師吳全節序,天曆元年
戊辰嗣上清經籙四十五代宗師洞觀微妙玄應真人劉大彬序。卷末
有"金華道士錢唐西湖隱真菴開山何道堅施梓"一行。劉氏自記云:

>"光緒丁丑仲春補寫,廿八日記。江山劉履芬。"

副葉有吳兔床寯題云:

>"據六硯齋筆記,此本的屬句曲外史手寫付梓者,雖吉光片羽,尤
>宜珍惜。"

鈐印有:"雲岡"、"元刊"、"唐翰題"、"鶴安校勘秘籍"、"竹下書堂"、
"嘉興唐翰題藏書畫記"、"唐翰題審定"。(癸酉九月三十日)

茅山志十五卷 元劉大彬撰

元刊本,十三行廿三字,大黑口單闌。何焯以朱筆校過數葉。鈐有
"林汲山房藏書"朱文方印。(乙卯)

虎丘志不分卷 明王賓撰

清吳翌鳳手寫本。有兩跋。(徐乃昌藏書,甲寅歲見)

慧山記三卷 明冉涇邵寶國賢撰

明正德刊本,九行十八字。前有邵寶自序。(天一閣佚書。戊午)

婺源山水游記二卷 清周鴻撰

乾隆五十五年活字印本。題"紫陽山長周鴻琹軒編"。前有乾隆五
十五年鴻自序。鴻虞山人,字子羽。(甲子)

泰山志四卷 明汪子卿編輯　　　△一一三○三

明嘉靖刊本,九行二十二字上空二格,白口,四周雙闌。題

>"明巡按直隸監察御史　婺　吳伯朋裁定

山東按察司僉事大　梁　曹　金校訂

順天府儒學訓導　歙　汪子卿編輯"

前有嘉靖沈應龍、雍焯兩序。(甲寅,已收)

越中山水志不分卷 明潘之恒撰

明刊本。題"天都逸史潘之恒景升撰","煙霞外史喬時敏君求閱"。分會稽諸山、天台山、四明山、雁宕山、五洩山爲一册,下册爲普陀。前有圖,題"五如居士俞恩燁僧密定"。未分卷次不知祇此二册抑尚有他種也。

鈐有"小李山房"、"柯溪藏書"二印。(己卯十二月二十七日,張庚樓允亮持來)

東山志十九卷 題餘姚庠生四門裔孫思問、會稽庠生孟夽裔孫應奎校正

明刊本,十行二十四字。有萬曆丙子胡維新序。

卷一形勝,卷二古蹟,卷三至八人物,卷九制命,卷十賦,卷十一考,卷十二譜序,卷十三譜傳,卷十四疏,卷十五書,卷十六記,卷十七墓銘,卷十八祝文,卷十九詩詞。

志紀上虞縣謝太傅東山事。刊刻甚精。(天一閣佚書。乙卯)

雁山志四卷 朱諫撰

明刊本,十行二十二字。首嘉靖五年潘倣序,次蕩南子朱諫序,次凡例,次目録,次圖,後序失名。(戊午)

雁山志四卷 明胡汝寧纂修

明萬曆辛巳樂清令南昌胡汝寧重修,有自序,兼録嘉靖己亥潘潢舊志序。卷一山名、山界及沿革、路徑、東西內外各名勝,卷二寺院房屋,以仙釋附之,卷三草木、鳥獸,卷四藝文,後附雁山紀勝詩。游雁蕩各詩,有天啟以後人,則似補刻續增也。(文德堂送閱。壬申)

廬山記五卷 宋陳舜俞撰　存二卷,卷一、四、五鈔配

宋刊本,半葉九行,行十八字,注雙行,白口,左右雙闌,版心魚尾下

記廬幾，下記葉數，最下記刊工人名，有阮宗、范宣、吳渭、吳恭、趙祐等。（日本成簣堂文庫藏書）

廬山紀事十二卷　<small>明廣陵桑喬撰</small>

明嘉靖刊本，十行二十二字，白口單闌。有嘉靖四十年辛酉桑喬自序。前有圖。（癸丑）

金精風月二卷　<small>元蘇天式輯</small>

明刊本，贛寧金精山志也，元蘇天式輯。明嘉靖間葉天與刊本，八行十七字，黑口，四周雙闌。次行題"慕道山人古狂葉天與刊"。前有延祐庚申復齋蘇天式復之序，泰定三年豫章李潤序，嘉靖十四年寧都後學邑生守約賴耀序，後有嘉靖葉天與跋。有徐燉舊名惟起手跋，錄後：

> "先君向有金精山志，藏之篋笥，時取披覽。及爲茂名學博，在癸酉之歲，時學憲邵某試合郡教官文，又有詩，詩乃登金精山爲題。諸教官不知金精山何地，茫然不解。先子曾覽是志，頗知其中事迹，乃賦詩曰：'縱步遨遊江上臺，却憐塵世幾能來；千層古洞衝雲起，百道鳴泉繞澗迴。仙子棋聲驚白鶴，道人屐齒印蒼苔；相看已有登臨興，媿乏當年作賦才。'邵見詩大稱賞，拔置第一，因爲延譽甚力。次年巡按御史張某復試迎春詩，先生復置第一，丙子遂擢永寧令，皆二詩之力也。杜甫云：詩是吾家事，子孫安可弗知哉。壬子冬至日，惟起書。"

鈐有："晉安徐興公家藏書"、"徐相之印"、"徐燉之印"、"淺草文庫"、"佐伯侯毛利高標字陪松藏書畫之印"。

按：徐興公<small>燉</small>跋見新刻紅雨樓題跋。然詩中"縱步"誤"蹤步"，"幾能"誤"幾時"，"古洞"誤"萬洞"，"永寧令"奪"令"字，微見此墨迹，焉從訂正哉！甚矣，掃塵之不易也。（日本內閣文庫藏書，己巳十一月十九日觀）

武夷志略不分卷　<small>明徐表然輯</small>

明刊本,題"武夷山人徐表然輯,邑人孫世昌劂刻"。前有晉江陳鳴華序。首全山之詩,次一曲至九曲,次寓賢,次仙真,皆繪有圖,附以詩文。畫圖甚精,然體例亦殊創見也。（文友堂見。癸亥）

南嶽總勝集三卷 宋陳田夫撰

清嘉慶六年唐仲冕陶山刊本。有孫星衍及仲冕自序,言從宋本出,欵式不改舊也。（甲子）

石湖志略一卷文略一卷 明盧襄撰并輯文略

影寫明嘉靖刊本,八行十六字。前有江陰張衮、平湖屠應畯序。後有崑山周鳳鳴跋。

藏印錄後:"田耕堂藏"朱方、"張氏秘篋"朱方、"讀異齋藏"白方、"訒庵鈔藏秘册"朱長、"讀異齋"白、"張紹仁印"白、"長洲張氏"、"學安"朱、"蕘圃鈔藏"白方。（吳估柳蓉村處見。乙卯）

水經三卷 題漢桑欽撰

明正德十三年盛襃刊本,中板心,八行十四字。

有正德戊寅錫山筠谷道人盛襃跋,謂校輯於楊升菴慎者。（繆荃孫藏書。辛酉）

水經注四十卷 北魏酈道元撰　存卷五至八、十六至十九、三十四至四十,共十二卷,內卷五缺前二十六葉,卷十八祗前五葉　　　　　△五二三七

宋刊本,半葉十一行,每行二十至二十二字,注低一格,白口,左右雙闌。版心下記刊工姓名,可辨者有方成、方擇、尤先、吳禮、朱諒、胡端、胡瑞、洪新、洪辛、洪茂、洪先、洪乘、李榮、陳忠、陳高、施蘊、施宏、蔣暉、姚宏等。宋諱桓構有避有不避,蓋南宋初刊本。

按:此書源出清內閣大庫,清末流出,吳縣曹元忠、寶應劉啟瑞各得其半,曹本後歸袁寒雲,輾轉數家,乃爲余所得,復請於劉君,遂爲延津之合。然叢集數百年,黴濕薰染,紙册膠凝如餅,乃倩良工蒸曝揭裱,裝潢成册,差可觀覽,求其一葉之完者已不可得,然酈書宋刊之

存於世者殆盡於此矣。以字體雕工證之，當爲南渡初浙杭刊本，刊工與篋藏明州本文選原板多有合者。

余得此書，取校吳琯本、朱謀㙔箋注本，有合有不合，知其非出一源，而宋刊勝者爲多。復取校永樂大典本，其字句十合八九，近世諸本脱者，宋槧及大典均不脱，因知永樂大典修書時，即據此本録入。又，此書明以來脱卷十八第二葉，前人據諸本校補，字數參差，因而聚訟。宋槧此葉適存，可袪宿疑。然其中文字譌奪、經注混淆者，仍未能盡免，第瑕不掩瑜，勝異所在多有耳。

忠謨謹按：此書有跋，收入藏園羣書題記初集卷三。

水經注四十卷　北魏酈道元撰

明嘉靖十三年甲午黄省曾刊本。十二行二十字。與山海經合刻。鈐有“太史陳濂收藏書印”朱長、“春田氏”朱方等印。初印精美。（壬子）

水經注四十卷　北魏酈道元撰

明崇禎二年己巳武林嚴忍公刊本，九行二十字，白口，左右單闌。（余藏）

水經注四十卷　北魏酈道元撰　　　　△一〇〇七六

清康熙項絪刊本。舊人以朱墨筆校訂，並改正經注大小字混淆。亦録有何義門校語並跋記數行，録後：

“洪景伯隸釋集善長所載漢魏諸碑爲一卷，其後云：‘時無善本，雌黄不可妄下。’在當日猶云爾，況今日乎！酈儀中尉於此書不爲無功，惜如隸釋及通鑑之類，不加旁求博證耳。康熙戊戌八月何焯記。”

鈐有“吳城之印”、“甌亭”、“北墊沈雪漁讀”諸印。

按：此爲故人沈子封前輩曾桐藏書，昔年曾得借觀，未及移録。其校筆非一人，極爲古舊，不知誰氏。當時惜墨如金，而流傳迄今，乃有

名氏翳如之歟，吾輩可不自警哉！沅叔。"（邢贊亭藏書，甲戌二月見）

水經注四十卷　北魏酈道元撰　　　　　　　　△八〇九七

明寫本，十一行二十二字。韓淥卿應陛手校，朱筆，據朱謀㙔本。前
有西皋主人跋，後有沈椒園廷芳跋，又淥卿長跋。（癸酉十一月十二日見，
周叔弢藏）

水經注箋四十卷　明朱謀㙔撰

明萬曆四十三年李長庚刊本。前人以朱筆批點，又以黃筆臨何焯校
語，署欵爲乾隆四五十年，間曰"匏雅"，又曰"抱雅"、"圻"，"圻"字當
是其名。有印曰"春草閑堂"、曰"載春私印"、曰"毓圻印章"、曰"雙
林郭氏家珍"。大要其人爲郭毓圻字匏雅耳。各卷有郁泰峯讀過題
記。（辛酉）

水經注箋四十卷　明朱謀㙔撰　存卷一至五、九至十六、三十八至四十，共十六卷
△二五三七

明萬曆四十三年李長庚刊本。孫潛、袁廷檮手校並跋。孫潛手鈔補
序半葉又四行。卷尾刻書跋及校勘官彭戩、晏知止二人銜名三行爲
袁廷檮手摹。諸跋錄後：

"三十日勘完，用趙氏校過本子。節庵。"

"戊申正月三十日勘完，用柳大中家鈔宋本，其本亦藏葉石君處。
是日石君從洞庭來，述山中所聞見，如龍眠三馬、米元章楷書寶章
待訪錄、所見也。白樂天手書金剛經、一行書、一楷書，趙普家譜、張循
王鐵券、倪雲林手書所著江南春詞所聞未見者。等，皆寶玉大弓也。
嗟乎，何日得盡觀之以暢余懷乎！記於此以俟異日耳。潛夫。"

"案朱箋所引宋鈔本、舊本、古本往往與據校之舊鈔本同，則爲影
宋鈔無疑矣。然烏焉滿目，而精善處亦不少，今不別是非悉著之，
以俟考定。舊鈔本從顧氏小書自所借也。又愷記。"

"此書澗薲得於揚州，今歸與我。乙丑九月望廷壽記。"

"先外舅綬階袁公五硯樓藏書數萬卷,手校者有百卷。自歸道山後,所藏秘籍散佚殆盡,墉於書肆中往往見之,卽爲購得,此其一焉。秋窗坐雨,展讀一過,不勝黯然。時嘉慶壬申中秋前三日貝墉識於敏求室。"

"長洲趙光照借讀一過。"

藏印列後:"潛夫"、"孫潛之印"、"顧澗蘋藏書"、"千里弇藏"、"袁又愷藏書"、"五硯主人"、"楓橋五硯樓收藏印"、"貝墉所藏"、"貝墉"、"藕花香榭收藏印記"、"古吳潘介祉叔潤氏收藏印記"、"古吳潘念慈收藏印記"、"潘介祉印"、"潘叔潤圖書記"、"玉冀"。(余藏)

水經注釋四十卷首一卷附錄二卷水經注箋刊誤十二卷 清趙一清撰

清乾隆五十一年趙一清小山堂刊本。清王詠霓子裳據清武英殿本校,并引據諸書加以考證。

"同治二年從釵洋李氏假得是書,不揣固陋,思爲補掇,自辰至午校第一卷完。六潭山人王詠霓志於白芨精舍。"(己未)

崑崙河源考一卷 清萬斯同撰

舊寫本。鈐有"玉案西頭舊講官"一印。與諸蕃志、古今方輿書目合訂一册。(辛酉)

河漕備考四卷 清虞山蟬廬朱鋐輯

稿本,後附歷代黃河指掌圖。有雍正己巳朱氏自序,前有雍正三年自序。(庚申)

以上山水水利附

三輔黃圖六卷

明弘治八年乙卯李瀚刊本,十一行二十一字。(北京圖書舘藏書)

三輔黃圖六卷

明嘉靖三十八年劉景韶刊本,十行二十字,白口,左右雙闌。前嘉靖
己未南郡白川劉景韶重刻序。後嘉靖己未通州治下諸生江一山跋。
卷末有"通州諸生江一山張梓姚遜王勘謹識"小字一行。(余藏)

三輔黄圖六卷

明萬曆三十年陝西布政使司刻秦漢圖記本,九行十八字。前萬曆乙
酉郭子章合刻秦漢圖記序,次三輔黄圖序,次嘉靖己未劉景韶序,次
目録,目次行題"萬曆壬寅仲秋",三行題"陝西布政使司重刊"。其
第三卷後題"以上參校古本諸書補正四十二字"。第六卷後題"以上
參校古本諸書補正九十四字"。後有嘉靖己未江一山跋。

按:罟里瞿氏所藏正是此本,卷中毛斧季辰據宋本校勘。余乙卯冬寄
此本倩丁君秉衡代爲傳校。沅叔

三輔黄圖六卷　　　　　　　　　　△六七七六

明萬曆三十年陝西布政使司刊秦漢圖記本。

毛辰校,以朱筆改定至多。有顧廣圻跋。

按:此本余曾倩丁秉衡代臨一過。(瞿氏藏書,乙卯見)

遊城南記一卷　　宋張禮茂中撰注

明萬曆三十年陝西布政使司刊秦漢圖記本,九行十八字。有王民順
跋,又康梣跋,録于下:

"司中既刻秦漢圖記六卷,乃余所持粤本以三輔黄圖西京雜記合
梓者。刻成而咸陽令王君凝貞又從士人家購得遊城南記一卷視
余,則宋人所記唐城南門坊、梵刹、池亭風物,諸名勝甚備,而注尤
詳。大都城之四隅以南爲盛,故獨記南游云。余得之甚喜,因併
付剞劂氏,與圖記合爲一帙,亦一奇也,聊足備鑒古之遺乎。萬曆
癸卯冬旦金谿王民順識。"

"遊城南記一卷爲宋人所作,記城南之景甚備,中丞許少華先生手
書之。予得觀於張華原兄之家,甚愛焉,遂自録一過。後考他書,

始得著述者姓氏。明微姓陳，西楚人。茂中姓張名禮，澗右人，博學好奇，有足多者。斯記也，屬詞考事詳哉乎言。夫宋去唐未遠，而風景池亭猶有存者，今門坊之名亦漫不可考矣。嗚呼！滄桑易變，陵谷難常，後之游者其將有取于斯文。"

收藏鈐有"馮雲杏印"白。又有嘉慶甲戌馮氏跋，不具錄。

按：此種附刻于秦漢圖記後，余有圖記而獨無此書，或者續刻未及印入耶。（北京圖書舘新收書，癸酉七月）

禁扁四卷 元王士點撰

明寫本，十行十六字。紋目下有"至順壬申十月望書於教忠坊"一行。鈔手極舊，行格亦似從元刻出。鈐有"震孺"印。（丙辰，余藏）

以上宮殿

汴京遺蹟志二十四卷 明大梁李濂川父撰

明嘉靖二十五年李濂自刊本，十行二十字。有嘉靖二十五年濂自序。前有凡例十條，分京城、宮室、官署、山岳、河渠、寺觀、雜志、藝文各類。清鮑士恭進呈四庫舘本，卷內有墨筆勾改，卽四庫舘臣筆也。鈐有翰林院官印，又"黃光甫藏書"一印。用官紙印。

按：此書取材賅博，義例整潔，其攷覈論辨亦殊精確，在明人撰志中允推良構，何景明雍大記所不及也。顧其流傳極罕，近歲汴中乃有新刻。

雍錄十卷 宋程大昌撰

明嘉靖十一年西安知府李經刊本，十行二十一字，白口，單闌，版心題雍卷之幾。前嘉靖辛卯康海序，卷第一開卷爲五代都雍總圖，後嘉靖十一年知西安府事李經序。

封面有"乾隆三十九年正月江蘇巡撫薩載送到蔣曾瑩家藏雍錄一部計四本"朱文木記。首葉有翰林院大方印，又有"重光"、"子宣"兩印。每冊尾有"江蘇巡撫採購備進書籍"戳記。（余藏）

百泉書院志四卷　<small>明吕顒撰</small>

明嘉靖刊本，九行二十字。衛輝知府吕顒撰，有序，又葉照序。卷一沿革、建造、古蹟、田、祀典名賢、學約各志，卷二文志，卷三詩志，卷四人材、書籍、器皿三志。後有嘉靖癸巳冬輝縣知縣馬書林序。（修綆堂見）

嵩陽書院志二卷　<small>嵩陽耿介輯</small>

舊寫本。有康熙二十三年柘城竇克勤序，康熙壬戌郭文華序，又檽林焦欽寵序。前有凡例四則。（戊辰）

白鹿洞書院新志八卷

明刊本，八行十八字。前正德六年辛未江西按察使奉勅提學李夢陽序，嘉靖乙酉福建按察使周廣序，每卷次行夾行題：“南康府學生劉峻星子縣學生胡雲校勘”、“南康府學生繆建和上高縣學生黃雲美續校”。　卷一沿革志、形勢志、建造志、石劍志，卷二山志、田地塘志，卷三姓氏志，卷四至七文志，卷八書籍志、器皿志。書籍志分經史子集四部，内詳注存缺，後附鏤板一門，足資考證，照記于後：

　易經板<small>五十九片</small>，　書經板<small>五十三片</small>，　詩經板<small>九十三片</small>，　春秋板<small>六十八片</small>，　禮記板<small>一百九十七片</small>。以上俱提學副使邵寶刻。　白鹿洞書院新志板<small>八十七片</small>，提學副使李夢陽刻。　五禮圖板<small>五片</small>，提學僉事田汝耔刻。　遵道錄板<small>一百零一片</small>，僉事王崇慶刻。　史記板<small>二千片</small>，汝耔刻，見寄貯南昌學。　重脩白鹿洞新志板<small>一百零三片</small>，提學副使周廣刻。

按：史記即秦藩本序所稱近時白鹿洞本是也。余藏有是本，楊惺老守敬以爲罕見。惜其序已失，後見黃再同家藏書補錄之，而前半尚殘闕一段。證之此書，可知爲田氏汝耔所刊。（庚申）

洛陽伽藍記五卷　<small>北魏楊衒之撰</small>

明如隱堂刊本，九行十八字，白口，左右雙闌，版心下鎸如隱堂三字。

金陵梵剎志五十三卷 明南京禮部祠祭司郎中錢塘葛寅亮編輯

明萬曆三十五年正月南京僧錄司刊本，十行二十二字。前有天啟七年葛寅亮自序，序言輯志甫成，適請告去，閱二十年復以尚璽上，乃作序弁首。是此書刻於萬曆末年，其後乃再官南京時補作，故相去二十年也。次凡例十九則。第一卷爲御製序，第二卷爲欽錄集，以下爲各寺。分大剎、中剎、小剎，各采錄詩文於後。

大剎三、鍾山靈谷寺卷三、鳳山天界寺卷十六、聚寶山報恩寺卷三十一

次大剎五、攝山棲霞寺卷四、雞籠山雞鳴寺卷十七、盧龍山靜海寺卷十八、天竺山能仁寺卷三十二、牛首山弘覺寺卷三十三

中剎三十五銅井院卷五、興善寺卷六、觀音閣卷七、佛國寺卷八、東山翼善寺卷九、方山定林寺卷十、光相寺卷十一、三禪寺卷十二、廣惠院卷十三、法清院卷十四、草堂寺卷十五、石頭山清涼寺卷十九、永慶寺卷二十、鳳凰台上下瓦官寺卷二十一、承恩寺卷二十三、普緣寺卷二十四、金陵寺卷二十六、蒼雲崖嘉善寺卷二十七、普惠寺卷二十八、燕子磯弘濟寺卷二十九、接待寺卷三十、雨花臺高座寺卷三十四、梅崗永寧寺卷三十五、永興寺卷三十六、西天寺卷三十七、普德寺卷三十八、碧峰寺卷三十九、新亭崇因寺卷四十、外永寧寺卷四十一、祝禧寺卷四十二、獻花巖花巖寺卷四十三、幽棲山祖堂寺卷四十四、清福寺卷四十五、天竺山福興寺卷四十六、建昌寺卷四十七

小剎不悉記，一百二十九寺

廢寺自保寧寺以下凡十五寺。

卷四十九爲南藏目錄，卷五十至五十三爲各寺租額、公費、僧規、公產條例。末附書價數目，錄如下方：

> "板貯僧錄司，印行每部太史紙兩裁，計九百七十七張，連刷印銀壹錢伍分伍釐。栗殼面太史雙副葉，線釘六本，連絹套，銀伍分。管板僧銀二分，共銀二錢二分五釐。"

按：凡例言共得大寺三，次大寺五，中寺三十二，小寺一百二十。今以目録所載核之，中小寺數目皆溢出，疑其中有併省之處也。

其文有宋蜀人所撰者，記之於下，以備采録：

　　劉岑蔣山大佛殿記卷三

　　梅摯八功德水記卷三

　　劉岑高座寺記略卷三十四　　（庚辰元月二十日見）

　　　　　　　　　　　以上古蹟寺院附

攬轡録一卷驂鸞録一卷吳船録二卷 宋范成大撰

清仁和趙昱小山堂寫本。（壬子歲見，張菊生書）

使金録一卷 宋程卓撰

明叢書堂紅格寫本，十行二十字。

"宋人行役多爲日録，以記其經歷之詳，其間道里之遐邇，都邑之更革，有可概見，而舉山川、考古蹟、傳時事、在博洽者不爲無助焉。故余每喜觀之，若程正惠公之使金録其一也。庚戌夏五録置少城茅齋中，因題簡末。"

鈐有"玉蘭堂"、"辛夷館"諸印，又"謙牧堂藏書記"、"古吳王氏"、"季振宜印"、"滄葦"、"季振宜讀書"、"禮邸珍玩"各印。（己未）

長春真人西遊記二卷 元李志常撰

舊寫本，曾剛父習經手鈔補完，并題記三則。鈐有巴陵方氏藏書印。

（曾剛父藏書，己巳八月廿七日）

西使記一卷 元劉郁撰

舊寫本。四庫底本。（繆氏藝風堂遺書。壬戌）

遊志續編一卷 明陶宗儀輯

清勞權精鈔本，並以朱筆校勘。後録錢穀、吳翌鳳、鮑廷博跋。（余藏）

西域行程記一卷 明陳誠、李暹撰

題"行在吏部驗封清吏司員外臣陳誠　苑馬寺清河監副　臣李暹撰"記自西安至哈烈，計在途九月。（丁巳）

北虜事蹟一卷　明王瓊撰　嘉靖九年總制尚書

多王氏奏議。（丁巳）

西番事蹟一卷　明王瓊撰（丁巳）

西域番國志一卷　明陳誠、李暹撰

題"行在吏部驗封清吏司員外臣陳誠　苑馬寺清河監副　臣李暹"哈烈、撒馬爾罕、俺都淮、八剌黑、迭里迷、沙鹿海牙、塞藍、渴石、養夷、于闐、土爾番、崖兒城、鹽澤、火州、魯陳城、哈密、達失干、卜花兒。以上各載其道里風土。

以上四種皆明寫本，藍格，版心上有"獨癮園稿"，下有"淡泉書屋"等字，蓋明海鹽鄭端簡曉家寫本。後有桂生跋。鈐有"秀水朱氏潛采堂圖書"、"朱昆田曾觀是書大略"，"金道登印"、"雲峰"、"粟喦"諸印。

（韓左泉收，丁巳）

龔淵孟先生北征日記　明常熟龔淵孟撰

舊寫本。明常熟龔淵孟三上公車往返紀行之作。上卷起戊午六月廿一日，訖己未五月十三日。中卷起庚申二月初二日，訖九月初七日。下卷起辛酉十二月初八日，訖壬戌三月初三日。有魚元傅虞嚴跋，又許行健、王應奎、顧鎮、王大椿諸人跋。先生爲萬曆乙卯舉人，銓崇德知縣，入西垣，忤烏程相，改注工曹，再貶南指揮，復起主南比部。日記中所交游者有繆西溪、楊大洪、周蓼洲、左滄嶼、魏廓園、顧伯欽、石仲常、侯豫瞻、文文起、姚孟長、顧九疇、侯起東、程孟陽、方孟旋、錢受之、卓去病、李長蘅、顧仲恭、許仲嘉、尹孔昭，皆一時節義文章之士。此帙爲元傅從其孫白谷名誠假得手鈔，其時則乾隆丁巳初夏也。（海虞瞿氏藏書。癸酉）

容陽紀游録不分卷　清梁溪顧采湘槎撰

舊寫本。蓋紀荆州西南容美宣慰司田舜年而作也。舜年字眉生，號九峯，爲唐田弘正之後，以郡庠生襲父職，以功封驃騎將軍。博雅能文，所著有田氏一家言、容世述録、廿一史纂要、六經撮旨諸書。顧氏以孔東塘尚任之介，賫書往游，以康熙甲申二月四日發枝江，遍游山中諸勝，七月初八日歸，紀其山川風土人物及述游酬和諸篇皆附焉。後有乾隆辛酉寒青居士許行健跋。鈐有"魚虞岩間止樓珍藏書畫印"、"海隅聽竹齋孫氏珍藏印"諸印。（海虞瞿氏藏書，癸酉）

冬集紀程一卷附詩　清海寧周廣業耕厓撰　　　　　△四〇三九

舊寫本。前有廣業自序，又吳省欽序，趙懷玉序，汪輝祖題詩，程瑤田後序。又葛繼棠滓南跋，蓋卽滓南所傳鈔者。後附俞貞木繡經序。書爲自浙入都紀程之作。（丁巳徐森玉收）

北遊日記一卷　海昌陸嘉淑冰修撰

傳録清管庭芬鈔本并跋。（壬戌）

萬里行程記　清祁韻士撰

記西域程途也。

　　　　　　　　　　　　　　　　以上行記

大唐西域記十二卷　唐釋玄奘譯　釋辯機撰　卷一六抄配

宋經摺本，六行十七字。楊守敬獲之東瀛，後入余齋。

大唐西域記十二卷　唐釋玄奘譯　釋辯機撰

日本元和活字印本，十行二十字，四周無邊闌，從藏本出。卷前有熙寧二年福州等覺禪院雕造四行。（楊守敬氏藏書）

宣和奉使高麗圖經四十卷　宋徐兢撰

宋乾道三年澂江郡齋刊本，九行十七字，白口，左右雙闌，版心下記刊工姓名。前宣和六年徐兢序，後有乾道三年左朝奉郎權發遣江陰軍主管學事徐蕆跋，蓋兢之姪也。卷末附張孝伯撰兢行狀。書中構字書太上御名，愼字書今上御名，自餘各帝諱皆不見於書中，緣進呈

之書,屬文時已謹避矣。鈐有"虞山錢曾遵王藏書"朱文印。又有
"五福五代堂寶"、"八徵耄念之寶"、"太上皇帝之寶"、"乾隆御覽之
寶"、"天禄琳琅"皆朱文,"天禄繼鑒"白文各璽印。

按:此書卷四十儒學條"引領歎慕至"以下脱一葉凡二百四十二字,
此刻不缺。(故宮藏書)

宣和奉使高麗圖經四十卷　宋徐兢撰

清初寫本,有謙牧堂藏印。(滂喜齋藏書。丁卯)

宣和奉使高麗圖經四十卷　宋徐兢撰

舊寫本,八行二十字。(徐季孺藏書。己巳)

海外紀事六卷　清釋大汕撰

題嶺南長壽石頭陀大汕厂翁譔,記室弟子興雒較訂,隨杖侍者界如
界培編集,清康熙刊本。前有康熙己卯仇兆鰲序,又毛端士序,徐釚
序,又大越國王阮福周譔本師海外紀事序。

按:此書乃大汕和尚自述其宣教越南國所作也。大汕本狂妄釋子,
康熙甲戌越南國遣人來迓,遂隨估舶涉海而往,至則國王阮福周拜
居弟子之列,執禮甚恭,爲特構方丈室,三日而成,設三壇,傳戒一千
四百餘人,游遨數月而歸。書中録其所作詩文,往來翰札,且上書條
陳國政四事,其言皆洸洋恣肆,矜張駭俗,洵可謂無佛處稱尊矣。在
海舟中懸四旗,上書"吾秉釋迦無上法王慧命",下書"大雨暫止、順
風相送、諸神擁護、龍王免朝"等字,招搖于海天萬里,以自詡神奇,
良足噱嘔。故潘次耕致書于粤中當道斥逐之,無令惑訛世人。今其
書尚存遂初堂集中,可覆按也。余別有題識,此不詳述。(余藏)

朝鮮國志一卷

舊寫本,九行二十字。前朝鮮略記二葉,後即列舉京都名勝、風俗、
山川、古跡等,亦地志之屬也。鈐有兩淮鹽政送書木記及翰林院官
印。(丙子九月閲)

海東諸國紀不分卷 朝鮮申叔舟撰

朝鮮古活字印本，十行十八字，白口，左右雙闌。首圖六幅，次日本國紀，次琉球國紀，次朝聘應接紀，後附畠山殿副官人良心曹饋餉日呈舊契一通，琉球改俗雜紀十五條。

鈐有"安樂堂藏書記"及潘伯寅印。（余藏）

忠謨謹按：此書有跋，收入藏園羣書題記續集卷二。

日本輿地通志六十一卷 越州關祖衡纂輯（日）丹州并河永續成

前有日本享保十九年并河永進書江都布政書，日本享保刊本。有凡例八則，每部均有地圖。本書所述爲畿內部，共分五國，卷第如下：

山城國十卷卷一至十，享保二十一年丙辰。

大和國十六卷卷十一至二十六，享保二十一年丙辰。

河內國十七卷卷二十七至四十三，享保二十年乙卯。

和泉國五卷卷四十四至四十八，享保二十一年丙辰。

攝津國十三卷卷四十九至六十一終，享保二十年乙卯。

　平安書舖柳枝軒茨方道壽樓。

使琉球錄二卷 明蕭崇業撰

明萬曆七年刊本，題"明給事中臨安蕭崇業著"。紀萬曆四年奉使册封世子永事，備載公文諸敕及歷年諸敕、造船之法、用人祀神之制。下卷記地理風俗及倡和諸詩。（己未歲見，已收）

諸蕃志二卷 宋趙汝适撰

舊寫本。鈐有"玉案西頭舊講官"印。與顧祖禹古今方輿書目一卷、萬斯同崑崙河源考合訂一册。（辛酉）

真臘風土記一卷 元周達觀撰　　　　李□四八〇二

清吳枚庵翌鳳手寫本。鈐有"古歡堂"、"翌鳳鈔藏"二印。（德化李氏藏書。癸未）

夷俗考一卷 明方鳳時鳴撰

明叢書堂寫本，紅格，十行二十字。鈐有"玉蘭堂"、"辛夷館"、"古吳
王氏"、"季振宜讀書"、"謙牧堂藏書記"、"禮邸珍玩"諸印。(己未)

咸賓録八卷　明羅曰褧撰

清初寫本。褧字尚之，豫章人。前有萬曆辛卯豫章劉一焜元丙序，前
缺一葉，又凡例八條，次引用諸書目録。分北虜、東夷、西夷、南夷各
志，又附引用外夷姓氏十餘葉。其書略於考古而核於論今，每篇後
各附以論，於西南夷尤詳。

收藏有"恬昉秘藏"、"暮齋監藏"、"宛平王氏家藏"、"燕越胡蕘村氏藏
書印"、"千頃堂圖書"、"朝爽閣藏書印"、"豐城歐陽氏藏書"、"歐陽
鳳熙之印"、"深柳讀書堂程氏藏書"、"阮齋所見書畫金石"各印。

按：此書極罕見，擬爲涵芬樓收之。(辛酉)

　　　　　　　　　　以上外紀

藏園羣書經眼録卷六

史　部　四

職　官　類

大唐六典注三十卷 <small>唐李林甫等撰　存卷三後十葉,卷二十八至三十,計四卷</small>

△一一三〇六

宋紹興四年温州州學刊本,半葉十行,每行二十字,注雙行二十三字,白口,左右雙闌。版心下方記刊工姓名,有万兊、万正、方中、毛祖、林允、范元、郭實、郭敦。<small>内范元爲補板。</small>宋諱徵、敬、玄、殷、恒、署皆缺末筆。卷三十後有刊書題記,録如後,凡十四行:

> "唐六典載古官制度,備因革,成一王書,
>
> 可爲後世標準。比緣兵火,所在闕文。械
>
> 承乏永嘉,得本于州學教授張公,同以
>
> 白　太守徽學新安程公,一見蕭然曰:
>
> 周公之典所謂設官分職,以爲民極,蓋
>
> 具體矣。其階品有制,其尊卑有序,其名
>
> 官有義,公等能廣其傳則
>
> 朝廷於焉若稽□□於焉巨義士□□
>
> 　□究□□□□□□□歟□□□□

其訛闕而□□鏤板幾年□□□乃

藏諸學以傳久遠,資其直以□士類。

紹興四年歲次甲寅七月戊申朔

左文林郎充溫州州學教授張<small>希亮</small>校正

左宣教郎知溫州永嘉縣主管勸農公事詹<small>械</small>題誌。"

卷首尾鈐有元代官書木記一方:

"國子監崇　借讀者必須愛
　　　　　護損壞闕失典
文閣官書　掌者不許收受"

沈曾植氏有跋云:

"辛酉歲冬至前四日,沈曾植敬觀於海日樓,於是世間唐六典遂無闕文,甚難得也。"

王秉恩氏有跋云:

"案:王本三卷缺葉在此本三卷之第二十一葉,今以王本暨日本天保九年覆王本勘之,日本正文俱全,惟敚二句及小注四段。至第七卷所挩一葉兩本均同,茲得補缺,當續綴羣書拾補矣。統檢此二冊,計三卷存十葉,廿八卷十三葉,廿九卷十一葉,卅卷廿二葉,均凡五十六葉。尚有一冊未見。此二冊刻工姓名爲方中、林允、范元、毛祖、万正、万兌、江青、郭實、郭敦等九人。郭實刊最多,廿七葉。林允十一葉,訛尚少。惟方中僅刊一葉,而誤至五處,如"關內"誤"開內","工商"誤"二商","丁之田"誤"丁之由","女冠"誤"女官",注"織紝"誤"織綻",此亦宋本之塵見者。冊中有舊籤數處,係據職官分紀校者,頗有可採,惜不多耳。王本、日本本誤字校正不少,未及覼縷。另爲校記。惟卷末"大唐六典三府都護州縣官吏卷第三十"一行在詹械題誌前,王本同日本本均只唐六典卷幾數字,茲得此本一一斠者,裨益宏多,不僅補七卷之一葉已也。辛酉長至,秉恩識於上海後梧溪草堂。"

按：此書麻紙廣幅蝴蝶裝，紙背鈐有國子監崇文閣朱文大印，審爲元代官書。現存十五卷，均出內閣大庫。戊午歲，余長教部時，發敬一亭所庋內閣紅本蔴袋，檢出數冊，命儲之歷史博物館。其散于廠市者，李木齋先生收得數冊，爲卷一至三，十二至十五。余亦收得二冊。其卷三十一卷則張君庚樓允亮所貽也。余報之以初印胡刻文選。通計所存爲卷一至三、七至十五、二十八至三十，凡十五卷，已得全書之半矣。以校正德刊本，匡糾不可勝計。其最要者卷三補一葉，正文二百五字，注文三百七十二字。卷七補一葉，正文八十一字，注文七百二十字。余別有跋詳之，此不贅。

忠謨謹按：此跋收入藏園羣書題記初集卷三。

大唐六典注三十卷 唐李林甫等撰　存卷七至十一，計五卷

宋紹興四年溫州州學刊本，半葉十行，行二十字，注雙行二十三字，白口，左右雙闌，板心題六典幾，上記字數，下記刊工人名，字體方嚴厚重。

戊午十月廿二日在午門樓上內閣紅本袋中檢出，付歷史博物館藏之。

大唐六典注三十卷 唐李林甫撰　　　　　　　　　九二

明正德十年席書、李承勛刊本，十二行二十字，注雙行，白口，左右雙闌。版心上記字數，下記人名。前正德乙亥王鏊序，序後有"吳郡陳怡書"五字。本書首行題"大唐六典三師三公尚書都省卷第一"，次行低一格題"御撰"，第三行題"集賢院學士兵部尚書兼中書令修國史上柱國開國公臣李林甫等奉敕注上"，次篇目，接連正文。卷末有紹興四年甲寅溫州永嘉縣主簿勸農公事詹棫題誌，并溫州州學校授張希亮校正共十三行。

卷後鈐有"積書巖"印。（余藏）

大唐六典注三十卷 唐李林甫撰　缺七卷

明嘉靖甲辰浙江按察司刊本,十一行二十字,注雙行同,白口,單闌,
其各卷缺葉墨釘與正德本同,第版匡展大四周約寬寸許。缺卷一至
三,廿七至三十,蓋佚去首尾冊也。(壬申一月)

大唐六典注三十卷　唐李林甫撰

傳寫明嘉靖二十三年浙江按察司刊本,九行二十字。末題:"辛丑三
月孟亭居士校。"

麟臺故事五卷　宋程俱撰　存卷一至三,計三卷　　　△七四五四

影寫宋刊本,十行二十字。卷尾有"隆慶元年八月十日蘇州府前杜
氏書鋪收"一行,爲錢叔寶穀筆。

次行題"紹興元年七月朝請郎試秘書少監程俱記",前有俱奏章及中
書省劄一葉。有黄丕烈跋:

> "是書爲影宋舊鈔,惜止三卷,蓋未全本也。然實世間希有之書,
> 與聚珍本不同,其中命篇敘次多異。初書買携來,手校一過乃知
> 其佳,旋因議價未諧後携去,後知歸於西昀草堂,遂倩余友胡葦洲
> 轉假影録一册,積熱頓慰。還書之日,敬誌數語,以拜嘉惠。是書
> 陳録云五卷,爲書十有三篇,今劄云三卷,就不全本影寫時改五爲
> 三也。於每卷填上中下字,欲泯不全之迹爲之耳。隆慶云云一行
> 的係叔寶手蹟,尤爲可寶貴。書之可珍在真奇,此種是也,毋以不
> 全忽之。嘉慶甲戌六月十有一日復翁。"

藏印如下:"紅豆山房校正善本"、"秘本"、"仲遵"、"陳氏家藏"、"西
昀草堂"、"塙印"、"陳塙私印"、"仲遵"、"仲遵攷藏"、"西昀草堂攷
藏"、"文登于氏小謨觴館藏本"、"戴芝農收藏書畫記"、"池北書庫收
藏"、"惠棟之印"、"字曰定宇"、"居易"、"中吳錢氏收藏印"、"錢穀"、
"叔寶"。(此書歸蔣孟蘋。己未)

麟臺故事五卷　宋程俱撰　存卷一至三,計三卷　　　李□四三

影寫宋刊本,十行二十字。前録紹興元年程俱進書奏劄。卷三末有

"隆慶元年八月十日蘇州府前杜氏書舖收"一行。後錄黄丕烈跋，言是錢叔寶所書。鈐有"馬玉堂"、"笏齋"二印。（李木齋遺書。辛巳）

麟臺故事五卷 宋程俱撰 存卷一至三

影寫宋刊本，十行二十字。錄有黄丕烈跋。（古書流通處送閲。壬戌）

翰苑羣書上下卷 宋洪遵輯 △一一三一六

明寫本，墨格，十行十八字，似嘉靖間内府寫本。

上卷：翰林志、承旨學士院記、翰林學士記、翰林院故事、翰林學士院舊規、重修承旨學士壁記、禁林讌集。

下卷：續翰林志、次續翰林志、學士年表、翰苑題名、翰苑遺事。

鈐有"楊焕之印"及盛伯羲藏印。又朱文大長方印。文曰：

　　"寒可無衣，飢可無食，至於書

　　　不可一日無，此昔人詒厥之名言，

　　　是可爲拜經樓藏書之雅則"（丙寅文友堂見，已收得）

忠謨謹按：此書有跋，收入藏園羣書題記初集卷三。

翰苑遺事一卷 宋都陽洪遵景嚴撰

舊寫本，九行二十一字。有"黄直亭藏書記"、"古潭州袁卧雪廬收藏"各印。（王培初送閲。丙寅）

中興館閣錄十卷 宋陳騤等撰 缺卷第一 續錄十卷 缺卷第九

宋刊本，半葉九行，行十八字，注雙行，白口，左右雙闌，版匡高六寸五分，闊四寸八分，版心闊五分，下記刊工姓名，字體方嚴。續錄每門類後有補字，頗粗大。有黄丕烈跋二則。鈐有黄丕烈、汪士鐘及不夜于氏各印。（癸丑）

中興館閣錄十卷 宋陳騤等撰 續錄十卷

毛氏汲古閣寫本，九行二十一字。（顧鶴逸藏書。癸丑）

中興館閣續錄十卷

清吳焯瓶花齋校本。（李木齋藏書。壬子）

中興館閣續録十卷

清寫本，九行十八字。

鈐有“鎮江揚州寧國三郡太守”、“樹經堂藏書”兩印。（臨清徐坊遺書。癸亥）

中興館閣續録十卷 _{存卷八九十，共三卷}

清盧文弨手校本，有跋，又識語二則：

“乾隆四十二年十二月朔後四日丁酉范陽盧文弨閲竟。”

“嘉慶十一年十一月二十四日靈石山樵施紹武閲重校一過。”（戊午翰文齋見）

秘書志十一卷 _{元王士點，商企翁撰}

舊寫本，九行十六字。題承務郎秘書監著郎王士點，承事郎秘書監著作佐郎商企翁編次。前有至正二年編集本書公文。

卷一職制　卷二禄秩　卷三印章廨宇公移分監什物紙劄食本公使守兵工匠雜録　卷四纂修　卷五秘書庫　卷六秘書庫　卷七司天監興文署　卷八進賀　卷九題名　卷十題名　卷十一題名

鈐有“巴陵方氏功惠柳橋甫印”_白、“巴陵方氏珍藏秘笈”_朱、“方柳橋家藏本”_朱三印。（裴英閣送閲已收，辛巳十月）

秘書志十一卷 _{元王士點、商企翁撰}

舊寫本，九行十六字，前有至正二年秘書監牒文。

題“承務郎秘書監著作郎王士點　承事郎秘書監著作佐郎商企翁 編次”（辛酉）

使職文獻通編正編十卷外編十二卷 _{明行人司行人嘉禾嚴從簡輯}

明嘉靖乙丑刊本，有從簡自序。正編分職原、禮式、公署、受員、貯書、叙命、使範、人物、文藝、緒論，爲十類。外編分東夷三、南蠻三、西戎三、北狄三，爲十二類。（日本内藤虎博士藏書，己巳十月二十八日閲）

吏部職掌八十卷

明刊本，十行二十二字。

車駕職掌三卷 明祁承爜等撰

舊寫本。明萬曆三十四年署郎中事主事祁承爜等纂,有公文在前頁。　　鈐有宋筠藏印。(盛昱遺書。壬子)

館閣類錄二十二卷 明呂本輯

明刊本,十行二十字。題"少傅太子太傅禮部尚書兼武英殿大學士臣呂本編輯","禮部祠祭清吏司郎中臣呂元校錄","光禄寺署丞臣王元貞校梓"。卷一至九爲歷朝諭對,卷十經筵日講,卷十一東宮講讀,卷十二東宮官屬,卷十三上、下纂修,卷十四上、下開科首甲館選首科館選,卷十五翰林,卷十六部堂,卷十七國學官屬,卷十八殿閣大學士,卷十九特恩賜賚,卷二十佚老優賢,卷二十一卹典贈謚祭葬身後敍廕,卷二十二建祠書院堂樓額名。鈐有"京江燕翼堂錢氏藏書印"。(乙亥)

鴻臚寺志五卷 明渤海楊爾繩撰　卷一缺二葉,卷三首缺五葉、下缺二葉

明崇禎刊本,九行十九字。前有崇禎癸酉光禄寺卿掌鴻臚寺事楊爾繩序,言本寺前本無志,後將何師! 故勉圖而襄其成。卷一宣宗御製箴、聖諭、奏疏、鴻臚考。卷二禮儀,自登極以至於頒曆,凡十七類。卷三禮儀,自太廟祭祀至頒恩詔。卷四彙纂,自朝儀稽略新舊事例至公儀帖式,凡十類。卷五題名,前有江汝璧撰記。每卷前爾繩有記述。按:黃俞邰千頃堂書目有鴻臚寺志四卷,不著撰人姓名,其卷數不合,決非此書。四庫存目載南京鴻臚寺志四卷爲濮州桑學夔撰,學夔萬曆壬辰進士,則千頃堂所記必桑氏作也。楊氏謂寺本無志,自指永樂北遷後而言。奏疏初無重要,惟儀制及題名可資攷證,惜殘葉無從補訂耳。此書爲李芍農師文田舊藏,其孫椷出以見示,爲記之如下。(沅叔。乙亥)

辟雍紀事八卷 明盧上銘撰

傳鈔德化李木齋藏本。前有張四知序,又自撰引言。次紀事述言,

並凡例七則。次辟雍考四則：一官秩，二職掌，三創修，四錢糧。次辟雍紀事原始。本書卷一洪武戊申至壬午，卷二永樂癸未至甲辰，卷三洪熙乙巳，卷四宣德丙午至乙卯，卷五正統丙辰至己巳，卷六景泰庚午至丙子，卷七天順丁丑至甲申，卷八成化乙酉至丁未。按年月紀事，所述頗詳。（乙亥）

忠謨謹按：此書有跋，收入藏園群書題記三集卷二。

皇明太學志十二卷　明王材、郭鎜等纂修

明嘉靖三十六年國子監刊本，十行二十一字。（徐坊遺書。癸亥）

皇朝太學志一百八十卷

紅格原稿本。國子監祭酒陸宗楷等輯以進呈，而所述沿革故實濫載及唐宋以前，殊失斷限，乃詔重爲改定，斷自元明，即今所通行之國子監志是也。見四庫總目七十九。自國子監志行而太學志遂不傳。茲得覯原稿本，爰詳紀編次條如下，俾後世有考焉。一至三、綸章　四至六、綸章附歷代詔諭　七至九、綸章皇朝睿製　十、皇朝詔定釋奠先師樂章及頒樂器等詔令　十一、建置皇朝　十二、建置歷代建學　十三、建置皇朝設官　十四、建置歷代設官　十五、建置皇朝廨舍　十六、建置歷代廨舍　十七、祀典皇朝廟制　十八、十九、同　二十、二十一、歷代廟制　二十二、二十三皇朝襃崇　二十四、祀典歷代襃崇　二十五、祀典皇朝配饗從祀　二十六、二十七、祀典歷代配饗從祀　二十八至三十四、祀典皇朝祭器祭典　三十五、三十六、祀典歷代祭器祭品　三十七至四十一、皇朝祀位輯略　四十二、祀典歷代祀位輯略　四十三、詣學皇朝臨雍　四十四、詣學歷代臨雍　四十五、詣學皇朝親祀　四十六、詣學歷代親祀　四十七至四十九、禮儀皇朝釋奠　五十至五十四、禮儀歷代釋奠　五十五、禮儀皇朝釋菜　五十六、禮儀歷代釋菜　五十七、禮儀皇朝釋褐　五十八、禮儀歷代釋褐　五十九至六十、禮儀皇朝蒞官　六十一至六十四、禮儀歷代蒞官　六十五、六十六、歷代樂律　六十七、皇朝樂器　六十八、六十

九、歷代樂器　七十至八十一、樂律皇朝律呂　　八十二、八十三、樂律歷代律呂　　八十四、樂律皇朝舞器　　八十五、歷代舞器　　八十六皇朝舞節八十七歷代舞節　　八十八、博士廳綸音　　八十九、博士廳列聖御製　　九十、官師皇朝典守　　九十一、官師歷代典守　　九十二、官師皇朝典守　　九十三、官師歷代典守　　九十四、官師皇朝題名　　九十六至一百〇四、官師歷代題名　　一百五、官師皇朝傳略缺　　一百六至一百八、官師歷代傳略　　一百九至一百十一、生徒皇朝員額　　一百十二、一百十三、生徒皇朝考校一百十四、一百十五、生徒歷代考校　　一百十六至一百二十一、國子監則例檔子房　　一百二十二、選舉皇朝鄉試　　一百二十三、一百二十四、選舉歷代鄉試　　一百二十五至一百二十八、選舉皇朝甄用　　一百二十九、一百三十、選舉歷代甄用　　一百三十一至一百三十三、藝文皇朝經籍　　一百三十四至一百三十六、藝文歷代經籍　　一百三十七至一百四十、藝文皇朝奏議　　一百四十一至一百四十六、藝文歷代奏議　　一百四十七至一百四十九、藝文皇朝詩賦　　一百五十至一百五十四、藝文歷代論著　　一百五十五、一百五十六、藝文歷代詩賦　　一百五十七、藝文皇朝詩賦　　一百五十八至一百六十、藝文歷代詩賦　　一百六十一、一百六十二、藝文皇朝碑碣　　一百六十三至一百六十六、藝文歷代碑碣　　一百六十七、經費皇朝恩賚　　一百六十八、經費歷代恩賚　　一百六十九、經費皇朝歲支　　一百七十、經費歷代歲支　　一百七十一、經費皇朝俸秩　　一百七十二、經費歷代俸秩　　一百七十三、經費皇朝廩給　　一百七十四、經費歷代廩給　　一百七十五、經費皇朝繕葺　　一百七十六、經費歷代繕葺　　一百七十七、雜識皇朝紀事　　一百七十八至一百八十、雜識歷代紀事(己巳三月)

歷代官制考

舊寫本。鈐有休寧汪季青藏印。(壬子)

畫簾緒論一卷 宋胡太初撰　　　　　　　　△一二二六九

明成化刊本，九行二十字，黑口，四周雙闌。次行題"後學河東謝庭桂校正"。前有成化辛卯南京國子祭酒晉陵王俅序，後有庭桂跋，言授宜興何令刊之，以示楷四邑云。有葉奐彬跋語二則，言爲天一閣散出之書。（己巳四月）

牧民忠告二卷風憲忠告一卷廟堂忠告一卷　元張養浩撰

△七四五五

元刊本，八行十七字，黑口，四周雙闌。字大如錢，間有明補。

牧民忠告題"齊東野人張養浩"。風憲忠告題加"經進"二字，下結銜稱"資善大夫陝西諸道行御史臺御史中丞臣張養浩著"。目後有其子張引進書引一段。廟堂忠告結銜及進書引與上同。

有辛卯五月郭尚先跋一則。（癸丑）

政　書　類

通典二百卷　唐杜佑撰　存一百七十三卷。缺三十六至四十一、一百四十六至一百五十、一百八十四至二百，共缺二十七卷

宋紹興刊本，配元元統三年重修本。半葉十五行，每行二十七八字，注雙行三十三至三十七字，白口，左右雙闌。版心記第幾册每五卷爲一册，次卷數，次葉數，次刊工姓名。紙背每葉均鈐有"進齋"白文鼎式印。

前有貞元十年進書表，半葉十行，每行十九字。

宋刊本刊工可辨者有王政、周志、蔡通、洪等。其補板刊工可辨者有李良。

元刊本十四行二十六字，注雙行同，白口，左右雙闌。補板黑口。版心上記字數，下記刊工姓名，上魚尾記第幾册，猶存宋本舊式。書衣內裱元至順二年錢糧票。鈐有"清樂軒"、"姜氏圖書"、"姜氏家藏"各朱文印。

元修本存目錄一册,卷六至二十五,卷一百一至十,卷一百八十一至八十三,共三十三卷。元修本目後有銜名六行,錄後:

"元統三年十月　日　刊補完成

儒司該吏　高德懋、樊道佑

所委監工鎮江路丹徒縣儒學教諭楊文龍

江浙等處儒學提舉司吏目　阿里仁美

登仕郎江浙等處儒學副提舉　陳旅

承事郎江浙等處儒學提舉　余謙"

全書麻紙蝶裝,藍繭紙書衣。鈐有"薛玄卿印"、"洞玄沖靖崇教真人"、"朝陽"、"晉府書畫之印"、"敬德堂圖書印"、"子孫永寶用"朱文各印。

沈曾植氏有跋曰:

"光緒乙巳冬,見朝鮮國庫所藏有大遼統和二十□年使臣購入題字者於東瀛,當時默有神劍歸吳之祝。越今十有六年,煥若神明,頓還舊觀,則又不無延津重合願也。餘齋老人觀記,庚申五月晦日。"

按:此書余庚申夏游黃山雁蕩,歸途迂道維揚,獲之於寶應劉翰臣啟瑞家。後又得元統補修本三十三卷審其版式,仍多南宋翻刻,元統所補衹十之一二。目後題記六行與余藏南監本史記集解銜名脗合,第後此數月耳。紙背"進齋"小印或是造紙人名,余藏北宋末刊本廣韻每葉有"程氏"朱記。卽其例也。薛玄卿元季道流,有名於時,揭文安、楊鐵崖諸人集中均有投贈之作。"朝陽"及"洞玄沖靖崇教真人"二印款亦玄卿所鈐,此書先藏於薛氏,繼歸明晉府,後庋內閣大庫,光宣之交流入私家,其流傳之緒可考見如此。余嘗取校明刊大字本,正誤乃不可勝計,每卷多者或至二三百字,如卷一百二十八、二十九、三十各卷增訂達六百六十餘字。卷九十四補行間夾注三百一十一字。

其詳擬別爲校記，臚列異詞，是亦治史者之一助也。

忠謨謹按：此書有跋，收入藏園羣書題記初集卷三。

通典二百卷 唐杜佑撰　存卷一至一百，一百後抄配

宋紹興刊本，版匡高八寸，寬五寸四分，半葉十五行，每行二十七至三十字不等，注雙行三十四五字，惟第二十六卷第八葉半葉十三行，每行二十四五字。白口，左右雙闌，版心上記字數，中記第幾册每五卷爲一册，下記刊工姓名，有趙宗、李懋、雍卞、徐仝、洪坦、施寔、潘亨、李恂、李正、趙亨等名。前有序，半葉八行，行十九字。每册鈐有“高麗國十四葉辛巳歲藏書大宋建中靖國元年大遼乾統元年”朱記正書三行。

按：是書敝藏亦有此宋刊本，凡缺佚二十有七卷，爲明代晉府藏書。寮本卷一百以下咸屬鈔補，敝藏可補入者近八十卷，且紙係白麻，韌潔殊常，篇幅寬展，印本清朗，均似勝過一籌。余曾取嘉靖大字本校勘一過，改訂者殆逾萬字。卷九十四首二葉奔喪及除喪而後歸制凡二十行，宋本經句下注文明本皆失去。第一百二十六至一百三十各卷舛謬尤多。真世間之瓌寶。余本固推甲觀，寮本亦當雁行。乃閲島田翰古文舊書考中竟指此本爲朝鮮翻刊，且以字體之方嚴，雕工之樸厚而以爲似麻沙本，且推而至於孝經、姓解、說文解字、中說、荀子、列子、傷寒論凡八通皆定爲朝鮮所覆。更反覆考辨，以實其說，自詡精確不移。夫不諳風氣，不識刀法，橫逞臆臆，强詞武斷，其能免於不知妄作之譏乎！嗚呼，回惑至此，余欲無言矣。（日本帝室圖書寮藏書，己巳十一月十一日觀）

通典二百卷 唐杜佑撰　存卷一百六至十，共五卷　　　　　△七四五六

宋刊本，半葉十五行，行二十五至二十八字，注雙行三十三至三十九字不等，白口，左右雙闌，版心上記字數，次册數、次卷數、次葉數，最下記刊工姓名。原版者有王政、朱池、朱桃、朱言、朱祥、沈□、毛、陳。避諱至桓字止，是紹興時刊本。有補板，亦宋刊，刻工有凌宗、

王琠、楊榮、楊潤、何澄、何澤、陳彬、李成、世榮、毛興祖、沈思恭等。
（乙卯）

通典　唐杜佑撰　　存卷十九至二十三，一百七十七至八十二，共十一卷

元刊本，十四行二十六字，注雙行同，白口，左右雙闌，版心上記字
數，下記刊工姓名，上魚尾記第幾册，猶宋本舊式也。鈐有“清樂
軒”、“姜氏圖書”、“姜氏家藏”各印。（劉啟瑞藏，内閣大庫佚書，其子劉文興
持來求售，戊寅元日）

通典二百卷　唐杜佑撰

明嘉靖刊本。首卷題“明文林郎巡按廣東監察御史連江王德溢懋中
校”，“奉議大夫廣東提督學校僉事秀水吳鵬萬里同校”。十一行二
十字。前有嘉靖十八年己亥方獻夫序。

鈐印列後：

“傳經後人”、“傳經堂鑒藏印”、“石林”、“蓉峰”、“曾在東山劉惺常
處”、“彭城伯子”、“空翠閣藏書印”、“仙桂堂藏書印”、“榕齋”、“花步
劉氏家藏”、“花步寒碧山莊”。（邃雅齋送閲。乙亥）

新刊浙本通典二百卷　唐杜佑撰　　　　　　△一一五七四

明寫本，棉紙藍格，十一行二十四至二十七字不等。

按：此書壬子癸丑間見於同好堂書坊，旋爲人購去，今由黄岡劉氏家
散出。（邃雅齋送閲。乙亥）

文獻通考三百四十八卷　元馬端臨撰　　有抄配

元泰定元年西湖書院刊元明遞修本，大版心，十三行二十六字，細黑
口，左右雙闌。（余藏）

文獻通考三百四十八卷　元馬端臨撰　　存四十二册一百七十九卷

明棉紙墨格寫本，十三行二十六字，板心上記字數，下記刊工姓名，
蓋從元泰定本鈔出也。存卷列後：卷二十四至二十七、三十四至三
十七、三十八九、四十至四十二、四十三至四十六、五十四至五十七、

五十八至六十、六十一至六十七、六十八至七十四、七十五至七十九、八十至八十二、八十三至八十六、八十七至九十、九十八至一百〇五、一百〇六至一百十二、一百十三至一百十五、一百十六至一百十九、一百二十至一百二十三、一百二十四至一百二十七、一百二十八至一百三十一、一百三十二至一百三十四、一百三十五至一百三十七、一百三十八至一百四十一、一百四十二至一百四十、一百四十二至一百五十五、一百五十六至一百五十八、一百五十九至一百六十一、一百六十二至一百六十七、一百六十五至一百六十八、一百六十九至一百七十一、二百十三至二百二十一、二百二十九至二百三十五、二百四十三至二百四十九、二百三十一至二百三十八、二百五十八至二百六十三、二百六十九至二百七十一、二百七十二至二百七十七、二百八十四至二百八十九、二百九十至二百九十二、二百九十三至二百九十四、二百九十八至三百、三百〇一至三百〇四、三百〇五至三百〇七、三百〇八至三百十、三百十一至三百十四、三百十九至三百二十一、三百二十二至三百二十三、三百二十四至三百二十九、三百四十二至三百四十五、三百四十六至三百四十八。（文友堂見，庚午六月二十二日收得）

西漢會要七十卷 宋徐天麟撰　殘存卷三十三至三十五，又六十三至六十七，凡八卷

題"宋從事郎前撫州州學教授臣徐天麟上進"。宋嘉定建寧郡齋刊本，版式闊大，半葉十一行，每行二十字，注雙行同，細黑口，左右雙闌，版心上記大小字數，下記刊工姓名，有余仁、余士、余岩、李生、吳才、虞安、余孝、葉渙、范志、應祥、連于及劉、周、葉、思、魯、慶、堅、圭、王、丙、吳、仁、呂、傅各一字。卷六十三至七影宋，精寫本。

按：兩漢會要四庫所據出傳鈔本，各家書目亦不見著錄，惟近時莫友芝經眼錄稱見應敏齋賣時藏宋刻本，乃馬笏齋玉堂故物，旋歸之持靜齋丁氏。丙辰歲暮入都，於廠市同好堂獲此殘册，考其行格與丁目

同。裝訂籤題猶存内式，聞庚子之變自定王府散出，徐梧生坊曾收得數册，昨歲袁寒雲克文亦收得一册。昔人於此本影寫補完，不知耗幾許精力，曾幾何時而風飛雨散，渺不可尋，未審何年始得延津之合也。

西漢會要七十卷　宋徐天麟撰

舊寫本，九行二十一字。前徐天麟進書序，嘉定四年永嘉戴溪序，嘉定乙亥春巨野李詉序，嘉定五年秘書省劄徐天麟進書表。

鈐有"雪苑宋氏蘭揮藏書記"、"龢松庵"、"筠"、"宋氏蘭揮藏書善本"各印。

按：此書己未閏月廿六日見於肆雅堂，相其行款亦非自宋本出，但卷首之進書序表二首序二首今刻本皆無之，因鈔存而以原本歸之。(己未)

西漢貫制叢録七十卷

舊寫本，題"皇宋袁應詳夢麟上進"。有紹興十五年五月十七日應詳自序。鈐有長塘鮑氏藏印、錢唐何氏夢華館藏印。

按：此書卽西漢會要，當是書賈變幻以欺人者。然抄手甚舊。(古書流通處送閱。壬戌)

東漢會要四十卷　宋徐天麟撰　存卷一至八，十六至二十五，三十一至四十，凡二十八卷　　　△七四六〇

題"宋奉議郎武學博士臣徐天麟上進"。宋寶慶二年建寧郡刊本，半葉十一行，每行二十字，注雙行同，細黑口，左右雙闌，版心上記大小字數，下記刊工姓名，有余嵩、余武、余秀、胡朋、吳元、吳圭、陳元、陳至、劉洪、劉右、劉永、劉生、葉文、莊奉、翁正、共文、丁和及文、何、孫等一字。首葉時序，行書大字，半葉五行。鈐有晉府藏印數方。

按：東漢會要四庫著録本缺三十七八兩卷，三十六、四十兩卷亦各佚其半。別下齋得舊鈔本補其缺佚，刻入叢書，世始得見全帙，嗣後廣

州蘇州二刻皆因之。然展轉繕寫，脫誤亦恒不免。庚申歲南游返棹，迂道維揚，因至寶應訪劉君翰臣，得見此本。余愛不忍釋，遂割愛以相畀。北還，以蘇州本勘誦一通，其拾遺補缺，多不勝計，茲舉其大者言之：卷首葉時序近刻本佚去。卷二顯宗女平氏公主下有"不言所適，史闕文。後仿此"十字，宋本不脫。卷五迎氣下"章帝建初五年冬以馬防上言始施行月令迎氣樂詳見樂類獻帝建安八年十月公卿初迎冬於北斯禮久廢，故曰初。總章始復備八佾之舞紀"，凡二條五十六字，宋本不脫。卷六朝會下，"百官受贈宴饗大作樂，其每朔唯十月旦作樂"，"朔唯"四字宋本不互誤。卷七獻帝禪陵下不脫"□禮儀□注"五字。卷八樂舞門，建武十三年四月下不脫"景弁罷"三字。卷十六聲如雷下不脫"火犯太微西南角"七字。卷二十三建康元年正月詔敗壞城市下作"殺害民庶夷狄叛逆"八字，不作"民壓死者甚衆"。又外戚貴盛條明德馬皇后作"□在克己"，不作"正位中宮"。卷二十四竇武誅宦官條"設樂飲宴"不在"多取掖庭宮人"下。卷二十五常賜條，"安車"下不脫"駟馬"一項。卹典蓋勳條不脫"舊典二千石卒，官賻錢百萬羊續傳"十三字。誤入袁夢麟論文內。卷四十"密因北使"下不脫"人詣北虜令"五字。"以竇憲爲車騎將軍"下不脫"伐北匈奴"四字。"雜畜百餘萬頭諸"下不脫"禆小王"三字。"發廣陵、漁陽、涿郡甲卒"下不脫"分爲兩道"四字。至於避諱謹嚴，若桓之爲威、或爲亘，慎之爲真、或爲謹、或爲審，巡之爲循，敦之爲享、或爲淳，貞之爲正，潁之爲景、或爲冏，旭之爲明，讓之爲遜，耿之爲景，完之爲全，恒之爲常，雛之爲噪、或爲鳴、或爲鳩，軒之爲車，匡之爲康，徵之爲祉、或爲證、或爲正、或爲召、或爲調，胤之爲嗣，醞之爲酢，竪之爲宦、或爲官、或爲孺，朗之爲明，署之爲著、或爲書、或爲置、或爲題、或爲值，澍之爲霆，褠之爲襦，樹之爲植，竟之爲徑，懸之爲垂，郭之爲理，玄之爲元，桔之爲陪，購之爲犒、或爲重，煦之爲吹，洭之爲汪，滇之爲真，槙之爲真，皆他書所罕見。惜缺卷十有二，不獲竟體改定，爲足恨也。此書友人蔣孟蘋君堅求相讓，因詳校一本後以歸之。

東漢會要四十卷 宋徐天麟撰　　　　　△七四六一

明末毛氏汲古閣影宋影鈔本，十一行二十字，細黑口，左右雙闌，版心上記字數，下記人名。前有寶慶葉時序。鈐有"宋本"、"希世之珍"及毛氏各印。（戊午見）

唐會要一百卷 宋王溥撰

舊寫本，十二行二十五字。每卷纂書人官銜三行，次列子目，今聚珍本則皆删去，逕接本書矣。卷中"貞觀"皆作"正觀"，尚是從舊本所出。其文字亦略有異處。（戊午見，已收）

唐會要一百卷 宋王溥撰

舊寫本，十二行二十五字。彭芸楣元瑞手校，有跋：

"是書傳鈔都無善本，舊曾有一部，雜取新舊兩書、六典、開元禮、元和郡縣志、册府元龜、通典、通鑑、唐鑑、玉海、通考及諸說部文集校改十餘年，頗覺爽豁，間爲友人借去，不戒於火，以是本見歸，脫誤與舊略相等，就所記憶，少加訂改，俯仰二十年，手眼俱退，不能如向之精密也。芸楣"此跋朱筆所書（徐梧生遺書，己巳三月翰文齋送閱）

五代會要三十卷 宋王溥撰

清寫本，十行二十四字。寫手甚舊。（藏園收。癸亥）

建炎以來朝野雜記甲集二十卷 宋李心傳撰　存卷一、二、十二、十四至二十，計十卷　　　　　△一〇五五五

明寫本，棉紙藍格，十行二十一字。其卷次爲惡估剜改。余嘗取校聚珍本，增補糾正不可勝紀。（余藏）

建炎以來朝野雜記甲集二十卷 宋李心傳撰　卷九至十一、十四至二十卷

別手抄

清鮑廷博手寫本，並録吳繡谷焯校。有吳城、周星詒跋，録後：

　　"建炎以來朝野雜記四十卷宋布衣李心傳伯微著，有自序，上自帝
　　系、帝德、朝政、國典，下及見聞瑣碎皆録之，野史之最良者。竊歎
　　南渡君臣偏安游逸，心傳能留心世故，悉著於篇，有心哉，其不忍
　　君父之讎乎？惟是第七卷目録下一行云‘此卷與後十一卷舊鈔已
　　載，言宋板原缺，但廢作者之心，姑録其目以備參考’。第十一卷
　　目録下一行云‘宋板原缺’今查二卷俱全，蓋從他本補鈔者。文獻
　　通考題甲乙二集共四十卷，其自序云類載凡六百五事，驗之相符，
　　當是足本。心傳號秀巖、隆州井碑人，趙氏垿志作字微之，疑誤。
　　錢唐吳城誌。"

　　"此爲兒子紹寅自廣西左江寄本，舊是鮑淥欽傳寫吳尺鳧校本，續
　　又以趙清常本補校者也。惜佚去乙集尾帙六卷爲可恨耳。予有
　　轉録查氏本，經前輩借萃古齋補完缺佚，有識語云借花山馬氏寒
　　中本校勘，不知出何人手，脱衍舛誤可互相補正，因檢校一過。垂
　　老多病，不耐久坐，殊多疏陋也。周星詒辛巳閏月"

卷首有翰林院官印，又浙江巡撫三寶進書木記。每卷後有惇典堂、
蘆浦寓廬、知不足齋、繡谿寓舍等志，均在乾隆丙戌丁亥間，皆淥欽
筆也。（直隸書局送閱。丙寅）

　　忠謨謹按：此書別有跋，收入藏園羣書題記初集卷二。

建炎以來朝野雜記乙集二十卷　宋李心傳撰　存卷一至十四

舊寫本，十行二十字，語涉宋帝空一格。清吳焯校，鮑廷博朱筆過
録。

按：此本張菊生元濟自上海携至蘇州，得觀於錢萬里橋客邸，因假歸
　一閱，擬用聚珍本臨之。同時所觀者有宋寫本太宗實録十二卷、沈
　寶硯巖校宋本世説新語各種。（己未）

大元聖政國朝典章六十卷附新集至治條例不分卷

元至治二年刊本，十九行三十字，細黑口，左右雙闌。門類大字占雙行。條例目前有牌子六行，與新刻同。鈐有"毛晉私印"、"汲古主人"二印。（丁卯七月見，故宮藏書）

皇明大政纂要□□卷 存六卷

明棉紙藍格寫本。取校新刊本，每條有增至三千字者。（余藏）

大明令一卷

舊寫本。以六部分列。前列總裁官議律官銜名，後列萬曆三十二年左都御史温純等銜名。（甲子）

國朝典故十九卷

明藍格棉紙寫本。鈐有"啟迪寶藏"朱、"徐坊"白各印。

按：此書不完。（丙寅）

皇明藩府政令六卷 明皇甫録輯

明紅格寫本，十行二十一字。題"禮部尚書臣白鉞上"，"儀制清吏司郎中臣皇甫録輯編"。前皇甫冲序涍之父也，皇甫濂序涍之弟也。又禮部題疏一道。後有華亭沈東校正識語。（戊午）

以上通制

大唐開元禮一百五十卷 唐蕭嵩等撰

舊寫本，十行二十字。鈐有四明盧氏抱經樓藏印。（癸亥）

政和五禮新儀二百二十卷 宋鄭居中等撰

明初刊本。清汪琬依傳是樓藏宋本校。（王鴻甫書。甲寅）

皇朝五禮精義註十卷

舊寫本，九行二十五字。自儒行、儒修至齋儀廟制等凡七十類。題"龍圖閣直學士左諫議大夫兼侍講檢討官兼禮儀事臣韋彤編纂"。前有彤自序，莫郘亭題字其上，謂乃節鈔叔上太常因革禮序文，與本書全不契勘。次宋敏求序，審其文義，亦似未完，疑自他書掇取者。宋序後題字一行，云此本傳自四明范氏天一閣，要不可信。此

恐是僞書,取古人所撰他書改名以欺人者。(庚午八月)

金集禮四十卷

明寫本,棉紙藍格,七行二十字。鈐有"梅谷"葫蘆形朱文印、"陸烜子章之印"朱、"用□圖書"朱、"奇晉齋"各印。

大金集禮四十卷

影鈔本,中版心,九行十八字,楷法精美,似毛鈔。鈐有"怡府世寶"、"安樂堂藏書記"均朱、"明善堂覽書畫印記"、"宗室盛昱收藏圖書記"均白等印。(景樸孫遺書,文德堂送閱。丙寅)

金集禮四十卷

舊寫本,十五行二十二字。鈐有曹棟亭藏印及長白敷槎氏藏印。(壬子)

大金集禮四十卷　卷十二至十七原有缺文,卷二十六、三十三原缺,存三十八卷

舊寫本,九行十七字。

藏印有:"曾寄申江郁氏處"朱方、"戈小蓮秘笈印"。

皇明典禮二十卷　明江夏郭正域撰

明刊本,十行二十字。前有萬曆庚戌夏邑彭端吾序,次自序。卷一登極,卷二朝覲,卷三享宴,卷四上尊號,卷五册后妃,卷六册東宫,卷七册親王公主,卷八加元服及冠禮,卷九婚禮,卷十喪禮,卷十一耕耤,卷十二親蠶,卷十三講筵,卷十四東宫親王讀書,卷十五巡狩,卷十六監國,卷十七鹵簿儀仗,卷十八冠服,卷十九宫殿第宅,卷二十雜典禮。(乙亥八月)

雜鈔一册

明藍格寫本。首宗法,次謚法,次避諱,最詳,亦鈔自他書者,竢別考之。(夏閏枝孫桐守四明時所得天一閣佚書,己巳三月持來託售)

雩史四卷　明海鹽錢琦撰

舊寫本。記歷代旱災祈禱諸事。有黃之璧序、林集鳳跋,皆萬曆時

人。（辛未）

以上典禮

海運備採十四卷 清江蘇松江府青浦縣增貢生高培源撰

精鈔本，卽進逞之原本也。似嘉慶時人。凡例十二條，卷一圖，卷二論議，卷三海運水程，卷四同，卷五海運船式，卷六、七、八海運本末，卷九疏議，卷十護防，卷十一祀典，卷十二、十三占候，卷十四雜錄。（戊辰）

以上邦計

馬政志四卷 明遂寧陳講編次

明刊本，十行二十一字。分茶馬、鹽馬、牧馬、點馬四類，類爲一卷，每卷又列子目。有嘉靖甲申蘭溪唐龍序，嘉靖三年陳講自序，嘉靖二十九年廬陵劉崙重修序，重修者郭君也。嘉靖壬辰黃崗賈啟序。鈐有季滄葦各印、璜川吳氏收藏圖書印。（遼雅齋送閱。丙寅）

陝西四鎮軍馬數

明刊本，十一行十八字。書分陝西、延綏、寧夏、甘肅四鎮，詳記其官軍員數及錢糧邊倉之數。後有會兵禦虜圖及當時供報咨札各件。皆嘉靖八年事。吳方山岫跋附後：

> "陝西設總制自石淙楊公始，嘉靖七年召歸，晉溪公王瓊繼之，撰爲此書。公由謫所起用，一平吐番，再平套虜，實以兵馬素練，錢糧敷足，根本已固故也。下有會禦事宜，乃其經略，故並刊焉。繼其政者當珍藏檢閱勿忽。姑蘇末學吳岫題"

鈐有"姑蘇吳岫家藏"及季振宜大印二方。（潘氏滂喜齋遺書）

忠謨謹按：此書有跋，收入藏園羣書題記三集卷二。

楚邊餉二冊 明新安吳國仕撰

明萬曆刊本，八行十六字。前有萬曆丁巳吳國仕自序。首沅鎮，次沅州衛，次平溪衛，次鎮遠衛，次偏橋衛，附楚邊餉條約。末附放餉銀封式，摹如下：

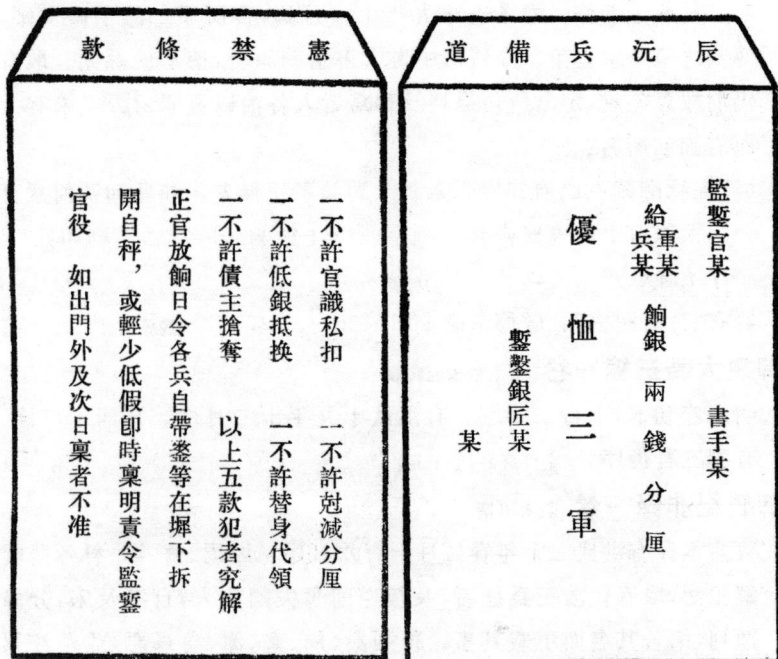

憲禁條款

一不許官識私扣　一不許尅減分厘

一不許低銀抵換　一不許替身代領

一不許債主搶奪　以上五款犯者究解

正官放餉日令各兵自帶鈐等在堦下拆

開自秤，或輕少低假即時稟明責令監鑿

官役　如出門外及次日稟者不准

辰沅兵備道

監鑿官某　　書手某

給軍某　兵某　餉銀兩錢分厘

優恤三軍

鑿鑿銀匠某　某

鈐有"楝亭曹氏藏書"朱文印。（乙亥正月見於李棪家，若農先生遺籍）

以上軍政

御製大誥一卷　明太祖朱元璋撰

明內府刊本，十行二十字。有洪武十年御製序。共七十四條。

頒行大誥第七十四

朕出是誥昭示禍福。一切官民諸色人等戶戶有一本，若犯笞杖徒流罪名每減一等。無者每加一等。所在臣民熟觀爲戒。（盛昱遺書，壬子見）

御製大誥續編一卷　明太祖朱元璋撰

明洪武二十年太原府翻內府刊本，十行二十字。有洪武十九年御製序。凡八十七條。卷末有十九年十一月諭，言所頒二誥字微畫細，傳刻之際是致差訛。今特命中書大書重刻頒行，使易於翻刻。敢有仍前故意差訛，定拿所司提調及刊寫者人各治以重罪云云。末有太原府翻刻銜名：

> 「提調翻刻太原府知府張景哲　對讀較正無差陽曲縣知縣何素直
> 　太原府學訓導安處善　刻字匠（共七行，列二十一人。）　刷印匠（二
> 行，列四人。）」

鈐有"晉府圖書"、"敬德堂圖書印"二印。蝴蝶裝。（盛昱遺書）

御製大誥三編一卷　明太祖朱元璋撰

明內府刊本，十行二十字。有洪武十九年十二月序。凡四十三條。有劉三吾後序。（盛昱遺書，壬子見）

御製紀非錄一卷　明太祖撰

舊寫本。有洪武二十年春二月十有六日序。因周、齊、潭、魯各藩驕縱犯法，取歷代藩王爲惡者，及叛逆削奪失國諸人，自漢及宋，分條類列，第著其名而不載其事。後列秦、周、齊、潭、魯爲惡，並靖江累惡不悛，臚列事狀，頒發前去，朝暮熟讀，以革前非云。

有"潘氏淵古樓藏書記"、"叔潤藏書"、"潘介祉印"、"潘叔潤圖書記"諸印。（徐梧生遺書，翰文齋閱，己巳見，已錄副）

以上法令

營造法式三十四卷　宋李誡撰　存卷八首葉前半

宋刊本，半葉十一行，行二十二字。

余收得此殘葉，爲卷八首葉前半。陶蘭泉重刻此書，卽據此葉以定版式，眞零璣斷璧，可貴也。

營造法式三十四卷　宋李誡撰

影寫宋刊本，十行二十二字。

按：此書鈔手甚新，是光緒時重録者，決非張芙川影寫之本也。(日本静嘉堂文庫藏書，己巳十一月十五日閱)

兩宫鼎建記二卷 明賀仲軾養敬録

舊寫本。記其父盛瑞營建乾清坤甯兩宫事。

鈐有宋筠藏印。(壬子)

以上工藝

明吏部考二司題稿十册

舊寫本。起嘉靖二十年十一月，訖廿二年五月。有許文簡公讚塗改筆。(盛昱遺書。壬子)

刑部事宜一册

明藍格寫本。大率嘉靖間公牘，三法司外，亦有兵部奏疏，如安南用兵、北邊防秋、北虜修貢數本，于史事有關。(夏閏枝孫桐守四明時得之天一閣者，己巳三月持來託售)

欽明大獄録二卷

明寫本。張璁審理妖賊李福達案題奏等件。天一閣佚書。(辛酉)

魯府招詞一册

明藍格寫本。記魯王觀熄館陶王當𣿭等控告事，派刑部左侍郎楊志學會同撫按查勘，詳録各犯供詞及審結罪名，亦嘉靖時刑部案牘之一也。(夏閏枝孫桐守四明時所得天一閣佚書，己巳三月八日持來託售)

河南布政司議稿

明寫本。皆當時公牘文字。(甲寅)

以上公牘

宫中現行則例 四册，不分卷

新鈔本。自康熙起至道光止，分目如下：

訓諭、名號、玉牒、禮儀、宴儀、册寶、典故、服色、宫規、宫分、車輿、鋪宫、遇喜、安設、進春、謝恩、錢糧、歲脩、太監、門禁、處分。(涵芬樓藏

書）

内庭體制備考一册

舊寫本。（潯喜齋藏書。丁卯）

内庫珍藏款識八册

精鈔袖珍本。記宮中陳設，凡金珠寶玉磁銅木石彫綉字畫書籍經卷
佛像文玩器具，皆記其件數，或分兩、人名、時代，又記其某宮、某室、
室之某處，最爲細密，蓋敬事房之底簿也。惜只存梵華樓、佛日樓、
閲是樓、景福宮諸處耳。（粵中黎氏藏書。丙寅）

鞍庫則例一册

大糧庫則例一册

高麗厚皮紙烏絲闌宋體字精鈔本。鞍庫四十一則、續例五則。糧庫
五十一則、續例十四則。存之可備掌故。（甲戌十二月）

以上檔册

金　石　類

籀史二卷 宋翟耆年撰　下卷缺佚

舊寫本，九行十七字。録漁洋山人跋，又吳枚菴跋，録如下：

"乾隆四十年，余抄得是書。後晤武林鮑君以文，云家藏毛斧季書
目載此書，乃是全本，惜其書不知散落何處矣。友生王範賢舊與
毛氏有連，曾有是書，今亦散佚，未知是全書否耳！珠還劍合何日
得遂，書此以誌奢望。吳翌鳳記，時辛丑冬盡。"

"辛亥十月借褚蒙泉本又校正數字。"（得自南京保文堂，十五元）

籀史二卷 宋翟耆年撰　存上卷

大末吾氏精寫本，九行十七字。鈐有"紫清散吏大梅秘玩"朱文印。
（己巳）

金石録三十卷 宋趙明誠撰

清吕無黨手寫本，十行二十字。吕氏各跋録後：

　"壬午八月諸弟及兒子入場，余於寓所抄得金石録二卷。因思閩
　　中萬三千手，使皆爲余抄未見之書，豈非快事。無黨記。"_{卷三}

　"壬午八月十二日，雨窗。"_{卷五}

　"八月二十六日夜"南陽吕公_{白文}。_{卷七}

　"壬午十月望日録，連日苦雨"_{卷九}

　"以下接楚鍾銘。乾隆五十三年四月八日李聘用善本率筆補鈔"_卷
　　_{十一第四葉　按：此李聘筆也。}

　"壬午十月借鈔金石録，時方北行，止抄此十卷，南還當續筆，卽望
　　雨中記""無黨手鈔"_{卷十朱文。}

　"臘月廿一日霰，涸池捕魚而雨水復滿，無功。"_{卷十三}

　"癸未十二月廿二日抄""觀稼"_{白文橢圓。卷十五}

　"臘月廿三日黄昏"_{卷十六}

　"二十五日抄，是日捕魚頗多"_{卷十七}

　"癸未十二月廿七日燈下録畢。是日雨。""吾研齋"_{朱文。卷十八}

　"癸未十一月廿七日抄"_{卷十九}

　"癸未臘月四日逞清谿，六日從清谿還，録畢此卷，小舟觭脆，字畫
　　傾欹。"_{卷二十}

　"十二月十日。""吾研齋藏書記"_{朱　卷二十一}

　"癸未十二月十三日命工吕建侯造日離海硯成，試筆書此，甚樂。"
　　"無黨手抄"_{朱　卷二十二}

　"癸未冬甚暖，十二月十九日乍作風霰，頗栗烈，抄畢是卷。"_{卷二十}
　　_三

　"以上二十四卷皆係冰遲翁手抄。辛丑觀稼樓翻閲謹識。""景印"
　　_{白、"含譽"朱　卷二十四}

按：卷二十三第七葉後缺一葉二十行廿一格，有人以朱筆補十四行
貼於後，不知爲何人筆也。沅叔記。

各家藏印如下：“南陽”朱圓、“無黨較正圖書”朱方、“禦兒南城呂氏家藏印”朱、“呂氏藏書之印”、“平江袁氏五硯樓攷藏金石圖書印”朱、“袁又愷藏書”朱、“袁廷壽印”朱、“五硯主人”朱、“平江”朱、“古鹽張氏”朱白、“松下藏書”朱長方、“千墨菴”朱、“平江貝氏文苑”朱、“平江貝塘”朱、“貝居士”白、“見香”朱、“定父居士”朱、“臣塘之印”白、“貝塘所藏”白、“貝塘”白、“見香居士”朱、“塘印簡香”磚文朱印、“千墨弇藏”朱、“開卷一樂”朱、“玉乳山房主人”朱、“易安”朱、“守真空空子”朱、“湘蘭”白、“嘉穀”朱、“農師”白、“馥芝”朱、“劉履信印”朱、“馥芝鈔賞”朱、“林少穆珍藏印”朱。

前趙明誠自序，後政和七年九月十日河間劉跂序，紹興二年玄黓歲牡月朔甲寅易安室後序。此帙張孟嘉自長安故家獲之，以示余，云將斥以易米。假歸案頭細讀一過，卷中朱墨批校處甚多，且有夾籤，不知何人筆也。（乙丑）

金石録三十卷 宋趙明誠撰

精鈔本，十行二十字。前十卷依宋本校過，並録何義門焯跋。卷末有成化九年葉仲盛甫跋，又義門跋三段，末有校記四葉，題崇禎甲子夏日，薛澱湖楊弘較。對面飛白題書名，乃乾隆甲午張燕昌所書，上歀署以方三兄，不審何人。鈐有“甬東大某山館姚氏金石書畫圖籍藏印”。義門跋録後：

　　“丙戌冬日，以錢罄室借文休承宋雕本手鈔十卷粗校一過，其中如彭王傅、韋渠牟不得不以意改也。　焯記。”

　　“此本真從葉書鈔録者，其脱誤至少。丙戌冬日又得陸勑先以錢罄室手鈔本校勘者，粗校後二十卷一過，亦以意改正數字，庶乎爲善本矣。焯記。”

　　“康熙乙丑葉文莊公原本亦歸余家，余之貧儉雖過于德夫少時，獨此書庶無遺憾云。重陽後三日，焯又記。”

“庚寅夏日無事偶取第十四卷至二十卷前三碑其説載於隸釋者互
勘之,改正數十字。隸釋乃盛仲交從吾宗柘湖孔目所傳,出吳文
定家,亦爲善書,常熟錢楚殷以贈余者也。焯又記。”（己巳）

金石録三十卷　宋趙明誠撰

清鮑廷博鈔校本。盧文弨借校,葉志詵復校。（王鴻甫書。甲寅）

隸釋二十七卷　宋洪适撰

明寫本,棉紙藍格,九行十七字。前有洪适序,目後有盤洲老人書五
行。卷末有盛時泰記如下:

“右隸釋二十七卷共六册,乃雲間何元朗所收本,前爲吳文定公故
物,余得借之,久欲抄而力不能。昨友人劉少峰自高淳還,遂托書
之,以藏蒼潤軒中,後之覽者尚知余苦心也。
嘉靖甲寅八月二十三日盛時泰仲交甫記事。”（辛巳八月二十三日友仁
堂取閲）

隸釋二十七卷　宋洪适撰

明寫本,棉紙朱格,十行二十字。宋諱缺末筆。
鈐有“武林高瑞南家藏書畫印”。（庚午）

隸釋二十七卷　宋洪适撰　殘存卷二十一二,集古録上、下

明寫本,棉紙藍格九行十七字,宋諱缺筆。（庚午）

隸釋二十七卷　宋洪适撰　　　　李□六○七八

明寫本,九行二十四字,藍格紙,板心上方有“玄覽中區”四字,盖秦
西巖四麟抄本也。舊人識語録後:

“崇禎辛未夏五寓黄子羽婁關書舍,借廣陵善本授周云洛校過,六
月初九寄至故鄣。徐波記。”

“是歲新秋自閲一過。”

鈐有“李鑑之印”白、“明古”白、“一龍”朱、“玄悟齋居士印”朱文明人印、
“顧捷印”白、“養拙”朱,又有玄悟齋木記,録顔氏家訓數語。（李木齋師

藏。辛酉）

隸續二十一卷 宋洪适撰

影宋寫本，十行二十字。碑文皆依原隸書仿撫，最爲精雅。鈐有"琪園李鐸收藏圖書"印。（庚午）

隸續二十一卷 宋洪适撰

影寫曹楝亭刊本。前人以朱筆臨何義門焯校，有跋：

"隸續二十一卷，康熙丙戌楝亭曹子淸刻於揚州使院，内缺第九第十兩卷。按中興藝文志及陳直齋書録解題皆稱二十一卷，元泰定間刻本只存前七卷，而范氏天一閣、曹氏古林、徐氏傳是樓所藏亦皆七卷，無全本者。朱檢討竹垞從栞川毛氏得舊抄，七卷之外增多一百一十七番，末有乾道三年弟邁後序、淳熙六年喻良能跋尾，然後二十一卷幾全。此本卽依毛氏本付梓，殘缺譌脱，悉仍其舊。予間取石刻及他書校勘，譌字之多如掃敗葉，隨掃隨有，不能盡去，然諸跋亦稍稍可讀。又，竹垞謂，繹邁後序，尚有隸韻、隸圖、而今不可得見，跋尾稱隸釋二十七卷、隸續十卷，既墨於板，復冥搜旁取，又得九卷，則當時所刻亦止一十九卷，將毋餘二卷爲隸韻隸圖歟？考第八卷載三畫像，末云在隸圖中卷，則當有上下兩卷，合有三卷。而十七十八兩卷俱係畫像，其爲上下卷無疑，是隸圖固未嘗缺也。錢氏讀書敏求記云：景伯又集字同體異參差不可齊者，以聲類而彙之，曰隸韻，余家有其半，洵宋搨中之奇寶也。則隸韻乃別爲一書，亦不在所缺二卷内矣。婁氏漢隸字源目録所缺二卷本無碑目可考，恐屬碑圖、碑式之類，而無全本可證，良可惜云。

康熙丁酉長至後二日義門迂士識。"（己巳）

金石古文四卷

舊寫本，九行十八字。題"雙華山人喬編訂"。

"乾隆乙卯冬日從孫轂得此以見遺，第不審雙華山人誰氏也　騫"

後鈐"墨陽小隱"、"吳騫清秘"二印。

鈐有："周元亮鈔本"、"周雪客家藏書"、"龔氏墨稼軒珍藏圖書印"各印。（癸未）

金石韻府五卷　明毗陵朱雲時望輯篆　雲間俞顯謨子昭校正

朱寫本，半葉六行。有嘉靖十九年豐坊序，又俞顯謨序。（丙寅）

欣賞編

明刊本，中板式，圖繪頗精雅，甲集集古考圖，乙集漢晉印章圖譜。（徐梧生藏書。乙丑）

寒山堂金石林時地考一卷金石林一卷　明趙均

舊寫本，墨格，九行二十字。前有萬曆己未九月墨丘生趙均自序。鈐有"忠壯世家"白文大印，"汪士鐘印"朱文大印。金石林亦有題詞。（海源閣遺籍。庚午）

金石文字記六卷　清顧炎武撰

舊寫本。前三卷黃小松所藏，以贈李克正，後三卷乃李氏所補鈔。

跋語錄後：

"金石文字記顧寧人原撰六卷，攷核周詳，有功後學，惜乎黎棗湮沒，無從購求，嘗以闕此爲歎。嘉慶丁巳僑寓任城，素與錢塘黃小松交善，以前三卷抄本見贈。越二載己未夏日，友人李半山王澤普鈔補後三卷，合成全璧，因書册末，以誌一時之快云。"

鈐有"翁方綱印"、"覃溪審定真蹟"、"小蓬萊閣金石文字"、"梅村珍藏"、"臣李煒印"、"桃坪披覽"諸印。補遺有潘末跋語。（己巳）

海東金石記五册

翁覃溪方綱手稿本。（葉定侯藏書，甲戌四月閱）

考古圖記十卷　宋呂大臨撰

元刊本。莫氏經眼錄曾記此書，但卷首二酉主人小象爲陳抱之經，邸

亭未之知耳。(乙卯)

嘯堂集古錄二卷　宋王俅撰

影宋精寫本，翁方綱跋十三行。又題云：

> "辛酉十二月，以宋芝山所得宋槧本校，此蓋亦影宋本寫也。方
> 綱。"

又手書補寫干文傅一跋。卷中陳鱣校改加簽甚多，又有跋。(戊午)

歷代鐘鼎彝器款識二十卷　宋薛尚功撰

舊寫本。張蓉鏡手校，有跋。

> "嘉熙三年冬十有一月望後十一日，外孫朝請郎新知臨江軍事楊
> 伯嵒拜觀於廿四叔外翁書室。"

> "後二十年弁陽周密得之外舅泳齋書房。"

> "集金石錄者多矣，尚功所編尤爲精詣，況其墨迹乎！余舊於山陰
> 錢德平家屢閱之，誠奇書也。至正元年十二月甲子鑑書博士柯九
> 思書於吳氏遜學齋。"

張蓉鏡跋錄下：

> "丙辰十月二日從友人處假得顧雲美先生手抄本對校一過。此書
> 向藏士禮居，自石鼓第九後疑又一人書，釋文多所删節，不知據何
> 本，想未經蕘翁眼者，故多訛至此。"

> "此書自以宋刻爲最佳，精抄次之。明刻有二：一爲硃印本，陸刻
> 是也；一爲墨印本，朱刻是也。在明刻朱又勝陸，以多節文也。此
> 抄十七卷尚屬精整，自十八卷始當屬補抄，遂從陸本因陋就簡，不
> 可爲訓矣。余一一校正庶成全璧，四日又書。"

藏印如下："天錄校書"白、"錢泳"白、"某谿借看"朱、"子子孫孫世寶"
朱、"士禮居藏"朱隸、"芙川"白、"虞山張蓉鏡鑒藏"朱、"曾藏張蓉鏡
家"朱、"善本"朱、"芙川聚好"朱、"中心藏之"白、"家住栞川第六弦"
朱、"石友"白、"小嫏嬛福地"朱。(己卯)

石雲先生金石評考一卷印譜考釋二卷 明□仲廥撰　存上、中兩卷

明刊本。鈐小學齋印。（癸亥）

寶刻叢編二十卷 宋陳思撰　存卷一、五，計二卷　　　△八一一五

宋寫本，烏絲闌，半葉十行，行二十字，白口，左右雙闌，版心上魚尾
下記叢編卷幾，下記葉數。本文每條標題頂格，文字另行低二格。

按：此書出內閣大庫，秋浦周君叔弢收得二卷，余亦獲散葉數葉。歷
年閱肆所見亦不下十數葉。

寶刻叢編二十卷 宋陳思撰

明寫本，十行二十字。前有紹定二年鶴山翁小跋，紹定五年孔山居
士書，紹定辛卯直齋陳伯玉序，又一序未完。

鈐有"晉府圖書"朱文大方印、"燕府"大圓印，"魯王之寶"朱文大印，
又兼牧堂二印。（海源閣書。庚午）

寶刻叢編二十卷 宋陳思輯

舊寫本，十行二十字。翁覃溪、程瑤田、丁小疋、錢綠窗四人批校。
（葉定侯藏書，甲戌四月閱）

寶刻叢編二十卷 宋陳思輯

舊寫本，十行十八字。各卷粘簽甚多，校筆有朱墨二色，凡衍文錯簡
皆詳爲更訂，舛訛之字亦有據別本校正者。

鈐有"粵人吳榮光印"、"曾在吳石雲處"、"吳氏筠清館所藏書畫"各
印。（保古齋閱。癸酉）

寶刻叢編二十卷 宋陳思撰

舊寫本。　有"沈松礀收藏印"、秦聲印。（古書流通處送閱。壬戌）

寶刻類編八卷

舊寫本，十行二十字，盧文弨以朱筆校。（王子展藏。丁巳見）

輿地碑記目四卷 宋王象之撰　金石文字記補遺一卷 邰陽趙希謙六吉輯

袁氏貞節堂寫本。錢竹汀大昕跋錄後：

"王象之興地碑記目四卷,乾隆戊子借鈔於南濠朱文游氏。鈔畢粗讀一過,中多訛字,由轉寫失真所致,惜無宋槧本校正,僅以意更定百十處而已。錢大昕書"(李紫東寄來。庚申)

金薤琳瑯二十卷 明都穆撰

明正德刊本,十行十七字。後有南陽道毂跋,卽葉樹廉,題己丑端午日與馮定遠讀一次。(獨山莫棠藏書,丁巳歲獲觀)

金薤琳瑯二十卷 明都穆撰

明正德刊本,十行十七字。

鈐印列後:

"錢光繡生平真賞"、"楚襗"、"許子松年"、"維梃私印"、"李山義"、"質夫"、"尹彭壽印"、"尹興寶藏書印"。(述古堂見。戊午)

吳下冢墓遺文三卷續一卷 明都穆輯　葉恭煥續

明寫本,版心有"賜書樓"三字。半葉十行,行十九字,前有吳寬序,又玄敬題詞。續集有隆慶庚午葉恭煥序。

鈐有"葉子寅"、"葉德榮"、"菉竹堂"、"蒼山"、"春玉圃人"、"文卿孺子"各印,又"稽瑞樓"印。(海虞瞿氏藏書。癸酉)

石刻便覽四卷拾遺一卷 吳興蘊真施文藻輯

舊寫本,卷中有施氏印,是手稿也。(己巳五月見於直隸書局,葉奐彬藏書)

國山碑釋文蒼頡廟碑釋文 合一冊

翁覃溪方綱手稿本。(葉定侯藏書,甲戌四月見)

瘞鶴銘攷補一冊

舊寫本。翁覃谿方綱朱筆校改滿紙。鈐有葉東卿印。(丙寅)

光堯閣石經殘本目附宋太學石經記 撰人未詳

舊寫本。題乾隆戊子之夏錢泉張秀才廷謨爲余搨得墨本云云。(壬子)

古甎錄四冊 陳寄蟠撰

原稿本。有顧廣圻跋。朱筆,題於書衣上。

“道光乙酉歲滬上百甓齋主人示我，並屬點定一過。一雲散人顧
千里記於邗江寓館。”（柳蓉春處見。乙卯）

歷代鍾官圖經八卷　海寧陳萊孝雝園撰

舊寫本。前有萊孝自序一篇，言錢貨爲吉金第一，與山陰童處士鈺、
同里周進士春、張茂才光正有同嗜，共拓存若干品。嗣寓陝之鍾官
署，於庫中得古品數十枚，因手輯古刀布秦漢迄元明各正僞，合外國
及不知年代諸品，共成八卷云云。此書張叔未廷濟舊藏，卷中泉文皆
叔未手摹補於上方。鈐有：“新篁里”白、“嘉興張廷濟字叔未行三乾
隆戊子生嘉慶戊午科浙江鄉舉第一”朱文小印、“八甎精舍履仁鄉張仲
乾隆丙辰五月五日生名鎭字起心亦字芍野近號南亭”朱各印。（寶瑞
臣藏書。戊辰）

古泉苑目録　原一百卷

清諸城劉氏嘉蔭簃綠格寫本。題咸豐乙卯夏六月中伏宸卿手録於
諸城雙門後。（丁巳）

嘉蔭簃古泉隨筆八卷

清劉喜海嘉蔭簃寫本，紅格，版心有“燕庭叢録”四字。封面有劉喜
海識語，録後：

“道光初元從葉東卿處假得大興翁宜泉古泉彙考稿本八册，手自
編香，成書後，有所聋見，綴書於簡端，積有年所，未曾收拾。丙午
春日，吳我鷗觀察借彙考付鈔，因將余所綴之説都爲一册，名曰隨
筆。余亦録此本以備增益改削也。燕庭志於西川臬廨來鳳堂。”
卷中眉間亦有劉氏手録考證語至多。（丁巳）

目　録　類

欽定天禄琳瑯書目十卷　清于敏中等編

清内府寫本，朱絲闌，十行二十字。每卷首尾均鈐“天禄琳瑯”小璽、

“乾隆御覽之寶”橢圓璽。首御題昭仁殿詩，次聯句，次凡例。卷中各家藏印皆用木刻正書墨記印之，行間以朱圈斷句。據廠估言是熱河行宮之書。（丁巳歲文友堂見）

欽定天禄琳瑯書目十卷 清于敏中等撰

清朱秋厓邦衡手寫本。有跋録後：

“嘉慶紀元之戊午，假館太原王氏。主人月軒先生，博雅好古之士也，精於書畫，以天禄琳琅乞余抄録，因從友人袁又愷假得内閣原抄本書之，五匝月而畢，其中不免魚魯豕亥。今歲春初，余久疾後愈，重理舊業，適朝廷有采訪字畫遺書之命，士大夫家皆尊重是書，復從友人借原抄本及黄氏未見書齋本、周漪塘本參校，改正頗多，惟原抄之惧闕焉。傳寫之本當以此爲最善。戊辰十月望秋厓朱邦衡識。”

俄羅斯進呈書目不分卷

舊寫本。記書籍、地圖、儀器等，凡三百五十七號。前歲文友堂書坊收得舊鈔目録一册，書衣題云：“道光二十五年俄羅斯進呈書，交理藩院收。”余因屬趙生録存此副本。頃閲吳振棫養吉齋叢録，亦記及此事，其言曰：“道光二十五年俄羅斯國進呈本國書籍一種，由薩那特衙門移送庫倫辦事大臣，委解京師，計三百五十七號，八百餘册，圖二十二，儀器二具。奉旨交理藩院收藏。其書皆俄羅斯字，譯出書目凡天文、地理、兵書、戰法、礮械、醫藥、種樹、本國各國史傳、詩文集、性理、經解、律例之類，宏纖畢陳，地圖尤爲詳悉。”今以此册證之，其號數册數一一符合，知卽當時譯出之目也。第自宣統時理藩改院爲部，入民國後又廢部爲蒙藏院，展轉改併，曹署遷移，此等巨帙散落何許已無可追尋矣。附志於此，以竢有志史乘之學者得以按籍而稽焉。癸酉二月十九日傅增湘記於長春室”

以上政府收藏

隸竹堂書目一卷　題明葉盛藏並撰

舊寫本。鈐有四明盧氏抱經樓藏印。（陳立炎送閱。己未）

絳雲樓書目二冊　清錢謙益藏

舊寫本。前有曹溶倦圃題詞，陳文道先生行略，後有曹倦圃跋。吳
翌鳳以朱筆錄陳少章評注，題識錄後：

> "此冊爲張子白華所藏，予嘗借閱，癸巳秋日，得陳丈少章閱本，愛
> 其博洽，爰抄錄如右。張子疑余有藏匿不返之意，索取甚急，幾至
> 面赤不顧，因錄置別本，亟將此冊還之。張子博雅多聞，獨於書斤
> 斤護惜，古人所謂讀書種子習氣未除，然卽此知張子能謹守勿替
> 者矣。丙申秋七月二十四日燈下，枚庵漫士吳翌鳳記。"（乙丑）

絳雲樓書目一卷　清錢謙益藏

舊寫本。四明盧氏抱經樓藏印。（陳立炎送閱。己未）

牧齋書目一冊　清錢謙益藏

舊寫本。有盛昱跋。云爲李南澗文藻藏本，批校皆其手跡，不知何時
入吳中云云。（壬子）

也是園藏書目十卷　清錢曾藏並撰

錢遵王原稿本。卷中增改皆遵王手跡。（張庚樓允亮藏，己卯十二月見）

述古堂藏書目錄十卷　清錢曾撰

清錢曾述古堂寫本，藍格，半葉八行，版格有"述古堂"三字。前自序
一首，又後序。

卷一　經　易　書　詩　春秋　禮　禮樂

卷二　易數　儒學　韻學　六書　金石　書畫　小學　數術

卷三　史　雜史　傳記　編年　政刑　儀注　職官　科第　兵家
　　　營造　姓氏　譜牒　年譜　雜編　女史　校書　外夷　釋
　　部　仙傳　神

卷四　國朝　地理總志　別志　輿圖　名勝　山志　游覽　人物

　　　　志　文獻　掌故　書目

　卷五　子　子雜　小說家　天文　占驗　六壬　太乙　奇門　軍

　　　　占　曆法　刑家

　卷六　醫書　卜筮　星命　相法　藝術　文房　器玩　博古　農

　　　　家　歲時　清賞　服食　花木鳥獸

　卷七　文集　詩集　疏諫　類書　詩話　四六　詞

　卷八　佛藏

　卷九　道藏　符籙

　卷十　曲　古今雜劇　續編雜劇　宋人詩話

　鈐有“汪”、“喜孫”、“周玉齊金漢石之館”、“揚州汪喜孫孟慈父印”各

印記。

　按：粵雅堂叢書刻本只四卷，其中缺失頗多，如雜劇傳奇皆不載是

也。玉簡齋刻也是園目，分卷門類均與此略同，然每書下無宋元本

抄本小注，且此本續編雜劇十一葉亦無之，則此目之可貴不獨正誤。

兼可補遺矣。癸酉十一月四日文友堂見。（已收）

　忠謨謹按：此書有跋，收入藏園羣書題記三集卷二。

北平謝氏藏書目

　藝風堂傳鈔本。所載絕少舊刊，每書下各附案語。（庚午）

竹罨盦傳鈔書目 仁和趙魏撰

　舊寫本。蔡瀬手校。（己巳五月十三日見，葉奂彬藏書）

何子貞手寫家藏書目 清何紹基藏並撰

　紅格本，手鈔，凡九十號。雖宋元本甚少，然亦多罕見之書。（長沙葉

定侯藏，甲戌四月）

　　　　　　　　　　　　　　　　　　　　以上家藏

昭德先生郡齋讀書志四卷後志二卷 宋晁公武撰 附志一卷考異

一卷 宋趙希弁撰

宋刊本,十行二十字,白口,左右雙闌,版心上記字數,下記刊工人名,版式甚寬大。前附衢本原序及二十卷目錄,次杜鵬舉序,次淳祐己酉日南至宜春郡假守番陽黎安朝序。後志附二本考異,次淳祐庚戌黎安朝跋,次淳祐己酉夏五郡守南充游鈞跋,附墨記二行,文曰:

書表司劉瑜等楷書
刊字匠黃應等刊板

杜序陳刻本不載,錄存於右:

"門人承議郎新奏辟通判茂州軍州事賜緋杜鵬舉序:先生姓晁氏,名公武,校井氏書爲讀書志凡四卷。鵬舉作邑峨下,望先生滄洲之居,雞犬相聞,暇卽問奇字於古松流水之間。一日叩以此書,忻然相付。先生博物洽聞,雅稱海内,孰知萬籍樓中先生所得蓋已超出文庫,而此筌蹄尚足爲貧子之光。因廣其後,庶吾儕晚學,於未見書略知其概,尚先生刮蒙發蔀之意云。"

按:此亦故宮博物院之書,天禄琳琅所未收也。袁守和欲以印行,余力贊之,屬京華印書局估價,須八元餘一部,致書菊生再估,並商合印辦法。沅叔(丁卯七月)

昭德先生郡齋讀書志 　宋晁公武撰

舊寫本,十行二十字。前自序一首,又錄衢本自序一首,杜鵬舉、黎安朝序各一首,又錄衢本目錄。鈐有"秀水朱氏潛采堂圖書"、"秀水朱彝尊錫鬯氏"、"何焯之印"、"崍瞻"朱文各印。(徐梧生遺書。庚午)

讀書敏求記四卷 　清錢曾撰

趙刻本。胡菊圃重據裘杼樓汪氏寫本校勘,改正二百餘字,補入二百十餘字。末有嘉慶丙辰重五日曲寮居士胡重跋此跋章式之鈺從鄧孝先邦述校本傳錄,不更複寫。鈐有古懽居陸氏藏書記。(庚午)

讀書敏求記四卷 　清錢曾撰

清吳興沈曾侯祖彬手寫。嚴修能先生元照批校,勞氏丹鉛精舍藏。(楊耀松物。壬子)

四庫全書考證一百册

清內府寫本，朱闌精楷，是乾隆修書底本，在聚珍版前。（余藏）

以上提要

古今方輿書目一卷　清顧祖禹撰

舊寫本。鈐有"玉案西頭舊講官"一印。與諸蕃志、崑崙河源考合訂一册。（辛酉）

四部寓眼錄二卷　清海寧周廣業耕厓

舊寫本。後附知不足齋叢書目序，附目祇十八集，每種下間注數語，周氏父子跋錄後：

"右從事校讐所錄，起甲辰仲夏，訖乙巳季冬，合官書及友人惠借共若干部，於四部僅百之一耳。嘗謂書之於人猶飲食，然一日不得飲食則飢，一日不得書則俗，甚者心放軼而無所歸，否亦冥冥無所覺悟，其害益甚於飢。顧得書矣，而境遇有豐嗇之殊，姿賦有敏鈍之殊。豐且敏者縹囊緗帙，坐擁百城，淨几明窗，朗吟默會，日盡數寸也可，日記一事也可，既歷歷於心目，殆其出之，如就釀室，惟所斟酌。顧郇廚羅珍羞，咄嗟立辦，故其事逸而爲功多。若嗇與鈍則反是，覊旅奔走困其體，離索困乏擾其胸，幸獲書本，無擇恒奇，而寫刻動有紛歧，閱緻限以時日，抹改手生胝，諷念口流涎，昕昕孜孜，掩卷盡失。譬猶使目短人驟馬花叢，祇覺白白朱朱，疲於應接，問以白者云何，朱者云何，卒茫無以應。非不欲審諦，力限之也。特視並此不得者差免俗耳。古云愚夫千慮，必有一得，雖偶見瞥觀，每書大意不可不知，因撮錄之，取蘇文忠詩中寓眼字名之，庶異日披覽當屠門之嚼焉。丙午二月望日周廣業耕厓甫識於聽雨樓之北小書屋。"

"壬戌十月初六日男勳懋重校訖。此本五月間勳懋將北游，屬陳子建邦抄謄，多錯落訛字，途中曾粗校一過，今復細讀，因謹識

之。"(丁巳)

以上其他書目

時 令 類

歲時廣記四十二卷 <small>宋陳元靚撰</small>

清劉喜海嘉蔭簃寫本,十行二十五字,闌外有"東武劉燕庭氏校鈔"一行,劉氏手題從四明范氏天一閣鈔本過録。

缺第五卷,第六卷亦缺首葉,自屠蘇散起。十萬卷樓陸氏刊本乃言缺第六卷,何也!(丙子)

革節卮言一卷 <small>七閩漳南戴庭槐著</small>

舊寫本。四明盧氏抱經樓舊藏。

專記歲月名干支節令而加以訓解。(辛酉)

史 評 類

史通二十卷 <small>唐劉知幾撰</small>　　　　△一一三一二

明嘉靖十五年陸深刊本,十行二十字,白口,左右雙闌。有陸氏後序,稱嘉靖乙未,承乏西來,得因舊刻校之,補殘刓繆,又訂其錯簡,還其缺文,於是史通始可讀云。(余藏)

史通二十卷 <small>唐劉知幾撰</small>　　　　△一一三一三

明萬曆五年張之象刊本,何焯手校。竟體評點,并録馮舒評語。有顧廣圻跋,又鄧邦述跋。何、顧跋録後:

"蜀本第五卷第七卷皆有錯誤,此本於第五卷已刊正,惟此曲筆篇中十一行誤在鑒識篇者賴得馮氏閱本正之,後有重刻史通者可取徵也。康熙丙戌中秋,焯識"

"從見萬曆中郭氏刊本已正其違錯,書固須遍觀也。癸巳冬至又識"<small>均卷七後</small>

"先王父有節録内篇,乙亥初夏得之篋衍,用以參校,復改數字。烼書"

"甲申冬日重閲,又改數字。戊戌春日重閲,又改數字,仍多疑而未定者,可以驗吾學之陋,老而無聞。書示餘兒,庶用爲鑒誡,早自鞭策也。"卷十後

甲戌十二月歸自臨沂,整比家中舊書,因抽此帙以消殘臘。按張氏謂曾得宋代刻本,乃譌舛正待點勘,何歟?爲卽其顯著者雌黃數處,疑者則仍缺焉。廿又八日烼書於貞志居"

"觀玉海中所引史通,亦有譌字脱文,乃知此書自宋時卽尠善本,或不至若是甚耳。甲申除夕重閲竟此卷,因而識之。時住八貝勒邸中,烼"

"己丑重陽,從錢楚殷借得屋守居士閲本,因録其評語。其在行側者,録之闌下,議論亦多英快,虞山學者極称重之,僅季滄葦侍御一人嘗通假爾,非楚殷好我,末由見也。始誤以爲牧翁初入史館時所閲,故闌上下皆寫錢評,詳質之楚殷,乃改正云。烼"

"曲筆鑒識二篇並無錯簡,馮氏閲本、萬曆所刻皆誤,而何氏跋語尚失之。顏黃門云,校定書籍亦胡容易!泃然。道光癸未觀于揚州洪氏之續學□并記。六月一日思適居士顧千里"均卷七後

鈐有"顧苓之印"白、"云美"朱、"謙齋"朱、"陳中鑑印"白、"尹從之印"白、"漢陽葉名澧潤臣甫印"白。有顧廣圻跋。(盛昱鬱華閣遺書,索八十元,已收得。壬子)

史通二十卷　唐劉知幾撰

明張之象刊本。唐翰題以宋刊本校卷一至八,又卷十一,或宋本不完耶?唐氏題識録下:

"此本據梁溪秦氏家藏宋刊本。雖經校勘而以宋本爲正,當尚不失原書本真也。古本不易覯,得此已足珍矣。丁卯三月十八日"

"王君惟儉有注,與文心雕龍同例,極称是本爲善,則史通原本之

傳於今世者當推是刻矣，讀者審之。”

“張君是本在明代校刊古本中爲最，非以宋本重校亦烏知其苦心哉！”在張之象序後

“新豐鄉人據宋本校改，更以抱經校本參之。”在目後

“時在縣任，塵氛堆案，未獲卒業，今十四年矣，偶一繙閱，思之爽然。”

按：此亦吳仲懌侍郎家書，取來臨校於吳佩伯校本上。只取宋本異字，其以盧校參訂者皆不取。然亦偶有異字在影宋本之外者，惜其未全校，且不記宋刊板式，殊使人失望。然據此可知同治時尚有宋刊存世，距今不過六七十年，或者猶可踪迹乎？藏園老人記。乙亥二月。

史通二十卷　唐劉知幾撰　存内篇十卷

明萬曆壬寅張鼎思重校刊陸氏本，九行十八字。錢遵王舊藏，鈐有“吳越王孫”、“述古堂印”。又“彭城臣昌霖印”、“季振宜讀書”、“御史振宜之章”各印。

卷中經朱筆點定，丹筆評論，書衣題爲牧齋先生評點。辛巳十二月八日沅叔記。（東來閣閱，索一百六十元，已收）

忠謨謹按：此書有跋，收入藏園羣書題記三集卷二。

史通二十卷　唐劉知幾撰　　　　△八一三○

明葉林宗家寫本，十行二十字，烏絲闌，左闌外有葉氏藏書四字。前雲南按察副使成都王閣撰刊正史通序，陸深書後，嘉靖乙未内江高公韶跋，又漢嘉彭□序。末有“葉林宗藏本子孫寶之”朱文九字一行。卷中有舊人朱筆校語。

鈐有：“虞山錢曾遵王藏書”、“宋蔚如收藏印”。（徐坊梧生遺書。乙丑）

史通通釋二十卷　清浦起龍撰

周星詒校，並臨盧文弨校及陳鱣識語，跋録後：

"劉氏史通文詞古雅,論説辯博,抉摘精當,詒甫髫歲恒喜覽讀,舟車道路,篋衍挈隨,如影與形,垂二十六年矣。閲習既夥,旁覽少多,時恨浦氏之揚波助瀾,意改妄增,未臻盡美,頗誤後來,因求善本,以冀訂正。丁卯在福州見一舊寫帙,似源宋槧,索價過重,苦窘未諧,匆匆取去,不得對勘,每以爲恨。魏親家自潮來,携得陳仲魚臨抱經先生校本,從借得讀,大慰宿志,屬内子手摹藏之。猶憶少日家有獻縣削繁一書,欲并臨寫,以便披閲,苦自喪亂,藏籍多佚,所官地僻,借買路窮。去年不意有客携售,遂向假獲,與幕客段生、兒子喜寅分卷併力,三日而竣,此書於是無遺憾矣。魏本印行在前,凡經校改,此多改正,較先爲善,故不盡臨,原用朱筆臨亦仍之。削繁爲盧氏在粤校刻,紫緑筆所識,概從删汰,但留朱筆,嫌與舊雜,識别爲難,今改以墨筆,使不相混。原有序跋另紙寫入帙尾,以見獻縣删削例意。古人著述於意不可,批抹之可也,汰薙其全文不可也。此詒不存盧本之所以也。"此題周星詒墨筆書,在卷首。

"劉氏精議名論,日月不刊。其間粃糠繁冗,不免恒厠行間。浦於注釋采博析微,考文訂義,寔爲是書功臣矣。顧其妄删憶改,助瀾揚波,亦有莫可爲解者。昔曉嵐中堂嘗有削繁之撰,盧制府坤如梓之粤中,備録諸家評論,極爲精確。少以其删削古書,疑爲專妄,不以措意,辛酉來閩,未携行篋。年來三閲是書,頗覺中堂之筆削未可厚非,而惜其書之不存矣。因以意節其文之必不可從者,兼及浦氏之釋,若語句文字,則未敢及也。"此題在卷首,周季貺朱筆。

"此書原有句讀數卷,今悉補之。顧先生稱鍾廣漢齋中經史句讀爛然,絶無繆誤,謂生平所見惟此一人,則知此事殊非容易,況此書徵引博富,蕙之薄弱,舛錯必多。人苦不自知,深望閲者匡正耳。柞子。"此周星詒夫人筆。

"丙寅秋日季君借魏親家菲見齋藏本屬臨,十日而訖,并加句讀。向山閣藏本爲浦氏初印,其與宋本異者,此多改正,而以誤字列之"一作",入注。蓋後又刊訂,較勝原印本矣。浦氏所據僅止明槧,沿訛襲誤皆所不免,其難通率憑臆改,良由未見善本故耳。今得傳臨此本,庶還劉氏舊觀。季君有善本書數千卷,恒思効羣書拾補之例,以惠藝林。蕙請懷鉛提槧從事此書,以襄盛業,何如?"此亦周夫人筆。

"少喜讀史通,苦無善本,既得浦二田通釋,以爲精審絕勝諸刻,惟厭其多綴評語,近于村學究習氣耳。復從同郡盧弓父學士假得校本,蓋從何義門以朱文游家藏印宋寫本細校,而弓父學士手臨于北平黃氏刊本者,歎其盡善。又假學士所校通釋本合而訂之,始知通釋妄改妄删處正復不少。嗟乎!讀書難而校書更難,微學士之功,幾何不爲其所欺耶。至唐時書籍今已太半失傳,通釋有未詳者,亦因其所……學士已補考出數條,間有鄙見,亦附載諸書眉,其猶有未知者,俟續考焉。乾隆四十九年春日陳鱣識　丙寅大冬十七日季貺星詒録於五福巷廎齋。‘因其所’下當有脱文　並識"

"詒好讀史,十五六歲卽有志爲三國志補志表,爲遼金兩史輯紀事本末,匆匆廿年,舟車奔走,簿書期會,卒病未暇,而篋衍之載此俱行者,蓋再三讀而紙弊墨渝矣。聞先人言通釋所據未善,心識之,而顧所見摠亦不能勝,恒悵悵也。今年從魏稼孫借得校本,内子素從事於此,欣然爲任臨寫之勞,既訖,欲詒先以刻行。詒舊有見紀相公削繁,今失之,又陳氏目有舊抄,擬得此二者再校,卽如所請耳。"(癸丑)

東萊先生音註唐鑑二十四卷　宋吕祖謙撰　　　　△七四七六

元刊本,十一行十九字,注小字二十三,低一格,白口,左右雙闌,版心上方陽面記字數,下方記刻工劉姓一字,卷四後有"恩州郘安刊"五字木記。卷末有墨書在第一本籤"永樂二年七月二十五日蘇叔敬買

到”十五字。（庚申四月初九日見於寶應劉翰臣家）

東萊先生音註唐鑑二十四卷　宋呂祖謙撰

明弘治十年刊本，九行十八字，註雙行同，黑口，四周雙闌。題“承議
郎行秘書省著作佐郎騎都尉賜緋魚袋臣范祖禹撰”。“朝奉郎行秘書
省著作佐郎兼國史院編修官兼權禮部郎官臣呂祖謙註”。卷一三、四
行，卷二以下無。卷一後題四行，文曰：

> “大明弘治十年六月　　日　賜進士出身奉訓大夫刑部員外郎徐紘
> 校正　　前纂修儒士朱昱重校　繕書秀才陳立甫”

鈐印有：“松籟園”朱長、“晦齋”鑪式印、“坡平後人”白方、“尹溉汝汭”朱
方。（甲寅）

東萊先生音註唐鑑二十四卷　宋呂祖謙撰

明刊本，九行十八字，大黑口，四周雙闌。前范祖禹自序，次進書表，
又上太皇太后表，次紀元傳世二圖。首卷祖禹及呂祖謙皆署官銜，
共三行。

鈐有“北平孫氏珍藏書畫印”、“孫承澤印”、“退谷逸叟”、“保三圖書
翰墨之印”、“米仲詔收藏圖書”、“孫氏萬卷樓印”、“于崇圖章”、“可
厚寓目”各印。（庚午）

唐史論斷三卷　宋孫甫撰

舊寫本，用宋本校。宋本九行十七字。前有孫甫之翰自序。本書結
銜“朝散大夫尚書刑部郎中充天章閣待制侍讀上輕車都尉賜紫金魚
袋孫甫之翰撰”。後附曾南豐爲孫所作文、詩，紹興丁丑新安張敦頤
後序，司馬光題跋，歐陽修撰墓志，蘇軾答李廌書節錄。有南劍州州
學牒文，別錄。後有端平乙未郡丞黃準跋，云刊于東陽倅廳之雙檜
堂。（涵芬樓藏書。己未）

唐書直筆新例四卷新例須知一卷　宋呂夏卿撰　　　△七四七七

清影寫宋刊本，十四行二十五字。

有朱筆校,審其字迹是沈寶硯嚴筆。又有肥朱字,則顧竹泉錫麒筆,然鹵莽甚矣。(涵芬樓藏書,丁巳見)

四明尊堯集四卷 宋陳瓘撰　　　　　　△一一三一四

明初本,十一行二十字,黑口,四周雙闌。

鈐有"茂苑香生蔣鳳藻秦漢十印齋秘篋圖書"。(余藏)

四明尊堯集四卷 宋陳瓘撰　　　　　　△七四七五

明刊本,十行二十一字。前有歲在己卯後至元之五年夏六月十又二日,前奉政大夫德安府隨州知州兼勸農事三山林興祖序。每卷題"後學孫堉蕭甫重刊","裔孫載興校正"二行。卷首有咸豐丙午乳溪漁隱劉惇福跋。(涵芬樓藏書。己未)

致堂讀史管見三十卷 宋胡寅撰　存卷一至十五

元刊本,十二行二十三字,白口,左右雙闌,版心中上記字數,下記刊工姓名。前有嘉定著雍攝提格日南至猶子大壯序,行書半葉六行。後寶祐二年閏六月壬辰,渤海劉震孫跋。徵字缺末筆。鈐有"瑞軒"朱文印。(丙寅)

致堂讀史管見三十卷 宋胡寅撰　存卷十七、十八

元刊本,十二行二十三字。蝴蝶裝。(正文齋壬子見)

涉史隨筆一卷 宋葛洪撰

舊寫本,九行十八字。前賴洪序,七行十四字。

鈐有"翰林院印"朱、"吳焯之印"白、"尺鳧"朱、"西畯"朱、"願流傳勿污損"朱。(繆荃孫藏書。辛酉)

舊聞證誤十五卷 宋李心傳撰　殘存卷一、二,凡二卷

明活字本,九行十七字,按語低一格,黑口,左右雙闌,版心魚尾下題證誤卷幾。卷二第三葉只存首一行,餘空白,第四葉缺首一行。

有魏稼孫錫曾跋,錄如下:

"此書舊藏愛日精廬,世無二本,後歸硤石馬氏,乙丑之秋,余爲松

生購之。今借至閩中，手臨一過，其中譌字如"面縛"作"縛"，_{卷一}第一葉。"奔競"作"兢"，_{第五六葉}。"樞密"作"蜜"，_{第六葉}。"著姓"作"娃"，_{第七葉}。"沂公"作"祈"，_{第十三葉}。"二官"作"宮"，_{卷二、十一葉}。皆顯然筆誤。盍取四庫本校而梓之。同治戊辰重九前三日錫曾識。"

乙卯八月二十九日晨在蘇州靈芬閣徐敏甫處購得鈔本舊聞證誤二卷，云是魏稼孫所鈔，姑妄聽之，未敢以爲實也。晚至虞山，宿丁秉衡先生齋中，因出藏書相眎，則此本儼然在焉。卷後魏氏跋語筆跡亦與鈔本合，爲之忻喜不已。沅叔燈下書。

按：此書號爲宋刊，然余詳審再三，實明活字本也。重違其意，僅告以是活字本而已。

收藏印記列後：

"愛日精廬藏書"_朱、"張月霄印"_朱、"八千卷樓藏書印"_朱、"子晉"_朱、"汲古主人"_朱、"兒自常印"_白、"聖雨齋"_朱、"楊灝之印"_白、"繼梁"_朱、"濟陽文府"_朱。（乙卯）

舊聞證誤十五卷 _{宋李心傳撰　存卷一、二，計二卷}

汲古閣影宋寫本，九行十七字。鈐有"甲"、"毛晉私印"、"子晉"、"汲古主人"、"毛扆之印"、"季斧"，均朱文。

此書有人自山西收得，交文友堂代售，云非百四十元不可也。二卷共三十五番，擬影刊入蜀賢叢書中。沅叔（丁卯四月十五日）

舊聞證誤十五卷 _{宋李心傳撰　存卷一、二，計二卷}

清魏錫曾影寫明活字本，九行十七字。有丁鈞跋并錄魏錫曾題活字本跋。二跋錄後：

"此書舊藏愛日精廬，世無二本，後歸硤石馬氏，乙丑之秋，余爲松生購之，今借至閩中，手臨一過，其中譌字如面縛作縛，_{卷一第一葉}。奔競作兢，_{第五、六葉}。樞密作蜜，_{第六葉}。著姓作娃，_{第七葉}。沂公作

祈，第十三葉。二官作宮，卷二十一葉。皆顯然筆誤，盍取四庫本校而
梓之。同治戊辰重九前三日錫曾識。"余舊藏宋刻舊聞證誤二
卷，爲汲古閣、愛日精廬、善本書室所著録，末有魏氏錫曾跋，所謂
世無二本者也。乙卯中秋後十四日，沆叔先生從蘇來虞，晚宿余
齋，見之，定爲宋活字本，且出此鈔本相示，蓋先生卽晨購于蘇估
者。早得精鈔，晚見原刻，機緣巧合，洵爲藝林佳話。蘇估以此爲
魏稼孫手鈔，以宋刻跋尾證之，知卷一實爲稼老手跡，惜已缺八
頁，先生屬余抄宋刻補之，因并録稼孫跋一通附後，而記其緣起如
此。古重陽日秉衡丁鈞記於荷香館"（乙卯八月得於吳門靈芬閣）

忠謨謹按：此書有跋，收入藏園羣書題記三集卷二，詳記溢出三十一條之目於後。

小學史斷上下卷 <small>宋南宮靖一撰</small>

宋刊本，半葉九行，行二十字，黑口，左右雙闌，板心上記字數，大小分
記，在陰葉半面。下間記刊工人名一字。有黃丕烈、張蓉鏡跋。鈐有朱
彝尊、黃丕烈、張蓉鏡藏印。（癸丑）

史學提要三卷 <small>宋黃繼善撰</small>

元刊本，十一行二十二字，黑口，四周雙闌。題"臨川黃繼善成性
編"，"盱江吳志尹此民校勘"二行。起上古訖宋，以四言歌訣括之，
爲便初學記誦耳。（日本帝室圖書寮藏書，已巳十一月十一日觀）

新刊點校諸儒論斷唐三宗史編句解九卷 <small>存卷四至九，計六卷</small>

△七四八一

元刊本，十二行二十三字。（吳昌綬藏。壬子）

通鑑博論三卷 <small>明寧王朱權奉勅編　存上、下兩卷</small>

明永樂刊本，十五行二十八字，黑口雙闌。（涵芬樓藏，丁巳）

通鑑博論三卷 <small>明朱權撰　存卷上、卷下</small> △八一三三

明洪武二十九年寧王朱權撰。舊寫本，上卷論歷代事，下卷爲紀年
表。宋蘭揮篔手校，鈐宋氏印。（癸丑）

宋論三卷 明永新劉定之撰

明成化八年刊本，十行二十字。（癸丑）

續宋論三卷 明蔣誼撰

明紹興府推官淮南蔣誼著，蓋續永新劉定之先生宋論而作也。明刊本，半葉十行二十字，黑口，四周雙闌。前有成化丙申仁和夏時正序，後有成化丙申嵊縣訓導金陵王洪跋。本書凡論二十四篇。鈐有謝在杭氏白文印。（徐梧生遺書。丁卯）

宋紀受終考三卷 明程敏政撰

舊寫本，十行十九字。前有程敏政自序。鈐有“宋筠”、“蘭揮”二印，又“一官常憎處非才”朱文印。（癸酉）

元史闡幽一卷 明許浩撰

題餘姚復齋許浩撰。舊寫本，九行二十字。前有弘治十七年門生錢如京序。次元世系圖。後有弘治庚子浩自跋一首，言著宋史闡幽既成，又取元史著論五十二條附宋史後云云。

鈐有翰林院官印。（丙子九月見於遼雅齋）

學史十三卷 明邵寶輯

明嘉靖刊本，分寅至丑十二篇，末爲閏，凡十三類，分類鈔集經史百家之言。而附以所見論説于後。低一格題曰格子曰云云。（己巳正月）

世史積疑二卷 明豫章李士實撰

明藍格寫本。前有正德七年壬申七月朔自序。

鈐有“詩龕書畫印”朱，法梧門所藏也。（聚珍堂送閲，索卅元。乙丑）

宋史筆斷十二卷 題正誼齋編集

明刊本，十行十九字，大黑口，四周雙闌。鈐有“朱氏萬卷家藏”白文印。（癸亥）

元史論贊四卷 明項篤壽輯

明嘉禾項氏萬卷堂刊本，十行十九字。（戊午）

玄羽外編四十六卷 <small>明眉州張大齡玄羽撰</small>　　　　　△二八六九

明萬曆刊本，十行二十字。凡史論四卷，説史雋言十八卷，晉五胡指
掌六卷，唐藩鎮指掌六卷，隨筆八卷，支離漫語四卷。有曹學佺序，
言張㧑思侍御爲刻之金陵。張養正㧑思序，言尚有搜奇瑣語、玕琦
碎玉、止止亭雜言共八十餘卷，更竢續後云。（已收，丙子）

<small>忠謨謹按：此書有跋，收入藏園羣書題記三集卷三。</small>

遠鑑録三卷

舊寫本。一卷言唐玄宗事，二卷言晉元帝事，三卷言漢光武帝事。
每條有按語，有臣按云云。（壬子見於杭州）

余子説史十卷 <small>清江表余懷澹心氏纂</small>

舊寫本。後有長洲徐晟序。全書皆論斷紀述前史之事，亦多明代故
實。（庚申十一月初三日得）

史　抄　類

十七史詳節二百七十三卷 <small>宋呂祖謙輯</small>　　　李□七三九○

明正德丙子劉弘毅慎獨齋刊本。（李木齋藏書。壬子）

東萊先生增入正義音註史記詳節二十卷 <small>宋呂祖謙輯　存卷第六，一卷</small>

元刊本，十三行二十四字，黑口，左右雙闌，闌外記篇名。（海虞瞿氏書，
<small>出以助賑者，號爲宋刊，索一百二十元。辛丑）</small>

東萊校正晉書詳節三十卷 <small>宋呂祖謙輯</small>

元刊本、小板心，十四行二十四字。（壬子）

諸儒校正唐書詳節六十卷

宋刊巾箱本，十四行二十四字，注雙行同，黑口，左右雙闌，闌上標舉
事要，左闌外標篇名。前曾公亮進新書表、進釋音表，次世系地理各
圖，一太宗分十道圖，二高祖開基圖，三太宗混一圖，四唐世系傳授

圖,五唐地理圖,六唐藩鎮圖。次目録。凡舊史、唐鑑、通鑑、唐書糾
繆及諸儒議論皆小字注,每朝後有互注,低一格,則摘録要政及當時
名言。宋諱偶有缺筆,中多元代補板。(辛未)

古今歷代十八史略二卷綱目一卷　元曾先之撰

元刊本,十八行三十三字。前有大德丁酉豫章周天驥序。(甲子)

澬東山房批校廬陵曾氏十八史略八卷　元曾先之撰

明萬曆刊本,九行十八字,有上闌。前有萬曆甲申膠東趙慎修序。
鈐安樂堂、明善堂藏印。(潘伯寅遺書,辛巳十一月六日見)

諸史提要十五卷　宋錢端禮撰　　　　　　　△七四二一

宋乾道間紹興府學刊本,九行十四字,注雙行二十八字,白口左右雙
闌,板心記刊工姓名。卷中轂、頊、恒、貞、讓、慎、弘、殷、勗皆爲字不
成。又鏐、瓘、佐、佽亦爲字不成,則避錢氏家諱也。前門生劉孝韙
序,次總目,每卷目録接連本書,卷末有校刊官銜名三行:
　　"迪功郎前監潭州南嶽廟　　　　　李龜朋　校正
　　從事郎前平江府吳縣尉主管學事徐似道校正
　　迪功郎紹興府府學教授　　　　　胡　紘　校正"
鈐印列後:"橫經閣收藏圖籍印"、"華亭朱氏"、"文石朱象玄氏"、"高
陽郡圖書印"、"商丘宋犖書畫府印"、"湘雲館"。
按:康熙時曾刻此書,當時内府據鈔本付刊,故不知爲何人所撰。天
禄琳琅書目卷二載此書亦宋刻本,據陳振孫書録解題知爲吳越錢端
禮撰。端禮於紹興間通判明州,累遷至端明殿學士簽樞密院院事兼
權參知政事,故序中有參政錢公之語。書中避諱至慎字,當是孝宗
時所刻,天禄目謂刊於高宗時,則偶失考也。全書擷史籍之清詞麗
句,供文人漁獵之用,實開子史精華之先路。第其采輯有法,每卷前
附諸帝名字、世系、母后姓氏、陵名、年號及崩葬在位年歲,特爲詳
核,足資考證。天禄琳琅鑒藏舊版書籍聯句詩英廉所詠:"提其要取

括繁冗",即指此書也。

丁巳冬十一月聞魏經腴言,廠市賞奇齋寶華堂合購宋元本書若干種,往探之不可得見,其來路殆不可詰也。既而展轉得見宋本青山集、周曇詠史詩,揚子法言、昌黎外集等及明本書共八種,寶沈庵為諸價,至除夕不得當而罷。會春初偶還津門,晤周叔弢世兄,談及新獲秘本數部,有宋本諸史提要、寒山子詩,其見而未收者則青山集諸帙亦在焉。各書中如揚子法言、昌黎外集、周曇詠史詩、寒山子集等書皆有御覽之寶及天祿琳琅、天祿繼鑑各印,至青山集、諸史提要雖無印記,審其裝訂標題,決為當時宮廷陳列之本,未經收入天祿目中者也。戊午冬十一月,叔弢忽以書來,言其夫人妙顏示疾,願以最心愛之書易資以流傳經典,於是以諸史提要議歸於我,余亦以元本廬山復教集贈之。

古今紀要十九卷 宋黃震撰　存十七卷,至真宗止

元刊本,十行二十字、黑口四周雙闌。目錄十二行。(癸丑)

通鑑總類二十卷 宋沈樞撰

元刊本,十一行二十三字。英煦齋和藏印。(南皮張氏藏書,壬戌見於日知報館)

兩漢博聞十二卷 宋楊侃撰　　　　　　　　△八六九

宋乾道八年壬辰胡元質姑孰郡齋刊本。半葉十行,行十九字,白口,左右雙闌,版心下記刊工姓名。字體瘦勁,初印精湛,麻紙細潔可愛。卷中避宋諱亦謹。(海源閣書,辛未二月十二日觀於天津鹽業銀行庫房)。

兩漢博聞十二卷 宋楊侃撰

明刊本,八行十六字,白口,左右雙闌。

余藏有明影宋鈔本,十行十九字,末卷有乾道壬辰胡元質記四行,為黃汝成藏書,有印記。(友仁堂閱。辛巳十月)

兩漢博聞十二卷 宋楊侃撰

明寫本,十行十九字,版心有刊工姓名。每卷前有目,原文頂格,引
史低一格,註低二格。審其行格似影宋刊本。宋諱殷、徵、樹、桓、匡
皆缺末筆,足爲影宋版之證。末有胡元質跋四行。

鈐有"黃氏汝成"、"日升"、"庚戌進士"、"秋官大夫"等印。

忠謨謹按:此書有跋,收入藏園羣書題記續集卷二。

漢雋十卷 　宋林鉞輯

宋刊本,九行,註雙行三十字,正文大字一約占小字二,白口,左右雙
闌。版心雙魚尾,上魚尾下記卷數,下魚尾下記葉數,再下記刊工姓
名,有龔旻、龔亮、蕭茂、黃昇、龔以達、鄧昇、鄧俊、鄧鼎、蔡恭、蔡昌、
蔡懋諸人。宋諱間有缺筆,殷、桓、鮑、慎皆爲字不成,廓字不避。前
有紹興壬午六月朔括蒼林鉞序,每行十八九字不等。

按:是書闊版大字,疏朗而精勁,寫刻俱工,與世傳元本迥異,審其字
體刊工,當是孝宗時江右刊本也。(翰文齋送來,云是徐梧生之書。乙丑)

漢雋十卷 　宋林鉞輯

宋刊本,九行十八字,註雙行三十字,白口,左右雙闌。鈐有徐乾學、
季振宜、三鳳堂、玉蘭堂、張允清、石川張氏崇古樓珍藏印、敬勝堂、
桐軒各印。又"宜齋文府"朱文大印、北平邵氏家藏印。(清宮藏書,付
廠市裝訂,因得見之。壬戌)

漢雋十卷 　宋林鉞輯

元刊本,九行,黑口,四周雙闌。鈐"陳氏昌齋"白文印。(葉定侯藏)

漢雋十卷 　宋林鉞輯

明翻元刊本,半葉九行,行小字雙行三十字,大字一當小字四,黑口,
左右雙闌。前延祐七年袁桷序,後淳熙十年楊王休序。鈐有安樂
堂、明善堂藏印。(述古堂送閱。戊午)

漢語二十七卷

明寫本,棉紙藍格,半葉十行。題東安許應元次。卷一、二高帝,三

惠帝,四、五文帝,六景帝,七至十一武帝,十二昭帝,十三、十四宣帝,十五、十六元帝,十七、十八成帝,十九、二十哀帝,二十一平帝,二十二、二十三大記,二十四、二十五猥,二十六、贊述,二十七傳敍,皆采輯漢書爲之,以帝爲綱,而凡當時臣工事蹟屬之。不知曾付刊否,竢再考焉。鈐有"大□堂藏書印"、"辟疆園藏書記"。（富晉書莊送閱,盱眙吳氏藏書。壬戌）

永嘉先生三國六朝五代紀年總辨二十八卷目錄四卷 題朱黼文昭撰

汲古閣影寫宋刊本,十四行二十三字。

按:此書摹寫工妙,已自足珍,況又爲乙部之佚典乎！（日本靜嘉堂文庫藏書,己巳十一月十三日閱）

晉書鈎玄 明晉陵守錢□輯

明萬曆刊本,九行二十一字。前有萬曆六年順德推官虎林陳與郊序,亦宋人史記法語、兩漢博聞之類,掇取雋詞,供臨文之蒐討耳。（甲戌）

南朝史精語十卷 宋洪邁撰

舊寫本,十行十八字。鈐有朱氏潛采堂藏印。（辛酉）

元史節要二卷附釋文一卷 明張美和輯　　△七四二四

明洪武三十年丁丑建安書堂刊本,十七行二十九字。前有洪武甲子清江劉季鵬序,又有洪武甲子張美和自序。前附元朝王裔圖及元朝世譜,後有釋文及美和後序。世譜後有牌子,文曰:

"洪武丁丑孟夏建安書堂新刊"（陰文）

有宋筠跋錄後:

"金華宋氏所編元史篇帙灝衍,文繁卷富,不便於行橐檢閱,喜得張美和刪本,簡而要,約而該,書凡一册,舉元朝一百六十三年行事犖然在目。至其鑴法紙色,明初本尤有古氣可愛。余宦游南北,肩輿行笈挾以自隨,雍正辛亥歲協理河務,駐轡清江,公退稍暇，溜鑒青緗故物，逐日假之丹黃，點閱一過，三逾月而畢，遂援毫識數語於後。梁園宋筠。"

"辛亥六月十八日閱於清江浦館舍，九月初七日畢事。"此二行在後序末，朱筆。

鈐有長官印一方、大方印一方，又"宋筠"白、"蘭揮"朱、"黃門給事"白、"巡察三晉"朱、"三晉提刑"白、"聖清宗室盛昱伯羲之印"朱。（盛昱遺書，索三十元）

元史節要十四卷　明張九韶美和輯

明刊本，十行二十字。前有九韶自序，又正德甲戌龔守愚序。鈐有："晉江黃氏父子藏書"、"蕢齋監定"、"宛平王氏家藏"、"胡氏茨邨藏本"各印。（壬午）

元史節要十四卷　明翰林編修張九韶美和編輯

題"七世孫進士克文宗質重刊"，"庠生兗文宗周校閱"。明刊本，十行二十字，白口，四周雙闌。（余藏）

元史備忘錄一卷　明王光魯編

舊寫本。鈐有袁氏臥雪廬藏印。（滬市見。壬戌）

通鑑紀事本末摘要二卷　雷士俊纂

舊寫本。題"涇陽雷士俊伯籲纂述"，"新安門人壇洛瞻參補"。鈐有"宋犖之印"、"西陂詩老書畫府印"。（古書流通處送閱。壬戌）

歷代史譜不分卷　元括蒼鄭鎮孫撰

明刊本。有至正五年乙酉河南楊恩序，秘書卿薛起吾序，鎮孫自序。起三皇世譜，訖元末紅巾諸軍。後有宣德元年丙午匡我生序，言鄭書終宋金，予續以元之世代及僭亂寇盜。舊本只作一圖，予分別爲二，提頭。舊本歷代帝王以格□填寫橫看，予則易以系而直觀。又成化乙未廣西按察僉事崇仁羅明序。（海虞瞿氏藏書。癸酉）

歷代帝王編年互見之圖一卷　題繁臺馬仲虎編

日本刊本，八行十六字，細註四十三字。後有永和第二丙辰重刊於洛
之大用菴。次寬永己巳謙菴道慶跋語，次寬永己巳朝鮮李真榮跋。
有自序一首，起三皇，訖皇宋理宗。有乾道三年贊皇李□跋。

按：經籍訪古志所載與此正同，此書吾國久未見傳本，故特記之。（日
本內藤虎博士藏書，己巳十月二十八日閱）